진로교육개론

한국생애개발상담학회
진로진학상담총서 01

진로교육개론

2017년 2월 28일 초판 1쇄 찍음
2024년 3월 25일 초판 5쇄 펴냄

지은이 김봉환 · 김은희 · 김효원 · 문승태 · 방혜진 · 이지연 · 조봉환 · 허은영

책임편집 임현규
편집 정용준
디자인 김진운
본문조판 디자인 시
마케팅 김현주

펴낸이 윤철호
펴낸곳 ㈜사회평론아카데미
등록번호 2013-000247(2013년 8월 23일)
전화 02-326-1545
팩스 02-326-1626
주소 03993 서울특별시 마포구 월드컵북로6길 56
이메일 academy@sapyoung.com
홈페이지 www.sapyoung.com

진로교육개론

김봉환·김은희·김효원·문승태·방혜진·이지연·조붕환·허은영 지음

사회평론아카데미

차례

4부　진로교육의 발전 방향

_____

서문

몇 년 전부터 시작된 진로교육의 활성화를 위한 노력이 결집되어서 이제는 학교 현장에 서서히 그 뿌리를 내리고 있습니다. '진로와 직업' 교과 운영도 점차 내실을 기하고 있고, 진로진학상담교사들의 역량도 매우 높은 수준으로 향상되었다고 생각합니다.

진로교육에 관심을 갖는 많은 분들의 헌신적인 노력으로 '진로교육법'이 시행되기에 이르렀습니다. 이 법에서는 진로전담교사에 대해 명시하고 있습니다. 진로진학상담교사 양성 초창기에는 내용이 합리적으로 갖추어진 교재가 드물었고, 이 분야의 교수학습 방법에 대해서도 명시적인 가이드라인이 없었습니다.

그래서 교육을 운영하는 주체가 교육과정을 마련하고 강좌를 맡은 각 강사들이 나름대로 전문성을 발휘하여 교육 내용을 구성해서 교육에 임했습니다. 이러한 상황에서도 강사들의 노력과 진로교육에 대한 남다른 열정을 지닌 수강생들의 학구열로 인해 소기의 목적을 달성할 수 있었다고 평가할 수 있습니다.

이제 어느 정도 시간이 흘러서, 초창기에 비하면 많은 부분에서 상당한 진전이 이루어졌다고 생각합니다. 그동안 진로진학상담교사 양성체제에 관한 연구도 진행되었고, 교육과정 구성에 대한 연구와 논의도 다양한 측면에서 이루어졌습니다. 아울러 진로진학상담교사의 업무 수행을 도와주기 위한 매뉴얼도 개발되었습니다.

진로전담교사를 양성하기 위한 교재를 개발한다는 취지로 이 책을 집필했습니다. 따라서 이 책은 진로전담교사 양성 교재 시리즈 중의 하나라고 보면 됩니다. 이 책의 제목이 '진로교육개론'이기 때문에, 다른 교과를 학습하기에 앞서서 진로교육에 관한 필수적이고 기초적인 내용을 습득할 수 있도록 구성했습니다.

이 책은 총 4부 12장으로 구성되어 있습니다. 제1부 '진로교육의 기초'는 진로교육의 개념과 중요성 등을 포함하는 진로교육의 개요와 학교급별로 진로교육이 추구하는 바가 무엇인지를 알아보는 진로교육의 목표로 구성되어 있습니다.

제2부 '진로교육의 내용'에서는 진로교육에서 반드시 다루어야 하는 내용을 선별해서 제시했습니다. 여기에는 자기이해, 직업세계 이해, 교육세계 이해, 진로의사결정 등이 포함되어 있습니다.

제3부 '진로교육의 운영'에서는 효과적이고 합리적인 진로교육 운영 방법과 관련된 사항을 논의했습니다. 이를 위해 진로교육 제도와 정책, 교과통합 진로교육, 진로체험활동, 진로교육 평가 등에 관한 사항을 심도 있게 다루었습니다.

마지막 제4부에서는 '진로교육의 발전 방향'에 대해서 살펴보았습니다. 이를 위해서 먼저 우리나라보다 진로교육에 대한 역사가 깊고 방법론에서도 앞서가고 있다고 판단되는 몇몇 해외 진로교육 동향에 대해 알아보고, 우리나라의 진로교육이 지향해야 할 방향이 무엇인지에 대한 연구 결과를 근거로 논의했습니다.

진로교육에서 다루는 영역과 내용의 다양성 때문에, 이 책의 집필에는 많은 분이 참여했습니다. 교육부에서 진로교육정책을 다루는 전문가, 대학에서 초·중등교사가 될 사람들을 대상으로 진로교육 및 진로상담의 이론과 방법, 평가 등을 가르치는 교수, 연구기관에서 진로교육 방법을 개발하고 효과를 검증하는 연구원, 학교 현장에서 진로교육 활성화에 앞장서고 있는 교사 등입니다.

짧은 기간에 할당된 원고를 잘 작성해 주신 집필진 여러분께 진심으로 감사드립니다. 특히 막바지에 집필진이 교체되는 우여곡절 속에서도 싫은 내색을 안 하시고 묵묵히 시간을 지켜서 원고를 잘 마무리해 주신 집필진께는 더욱더 고마운 마음을 전하고 싶습니다.

아울러 늦어지는 원고 마감을 인내를 가지고 지켜봐 주신 사회평론아카데미 임직원 여러분에게도 감사드립니다. 특히 촉박한 시간 속에서도 완성도 높은 책을 만들기 위해서 최선을 다해 주신 장원정 선생님께 고마운 마음을 전합니다.

2017년 2월
집필자 대표 김봉환

1부

진로교육의
기초

1장

진로교육의 개요

김봉환

우리 모두는 생을 영위하는 동안 행복한 삶을 원한다. 행복이란 일반적으로 삶 전체에 대해한 인간이 느끼는 보람과 깊은 만족을 뜻한다. 학자들은 행복의 기본조건으로 건강, 경제적 안정, 자아실현, 봉사, 원만한 인간관계 등을 꼽는다.

진로교육은 '현명한 진로선택과 진로발달을 통해 생산적 사회 구성원으로서, 행복한 개인으로서 삶을 살 수 있도록 성장을 돕는 교육과정'으로 정의된다. 이러한 개념 규정은 교육관, 교육내용 및 방법을 포괄하는 새로운 교육의 틀(paradigm)을 요구한다.

진로교육의 기본원리를 살펴보면, 진로교육은 전 인생에 걸친 교육, 자기탐색과 이해의 교육, 진로인식의 교육, 정의적 측면을 강조하는 교육, 일의 올바른 의미를 이해하도록 하는 교육, 직업에 대한 편견으로부터 탈피한 교육, 의사결정기술을 증진하는 교육, 가정과 학교, 지역사회를 연계하는 교육, 범국가적 차원에서 인력의 효율적 운영에 초점을 두는 교육으로 요약된다.

학교급별 진로교육의 초점을 알아보면, 초등학교는 진로인식 단계로 규정되며 삶의 문제와 방향에 관해 초보적인 인식을 성숙시키는 단계이다. 중학교는 초등학교의 진로인식 단계와 고등학교의 진로선택 및 준비 단계의 매개적 단계로서의 역할을 수행한다. 따라서 중학교에서는 초등학교에서 이루어진 진로인식 활동의 기반 위에서 그 폭과 깊이를 확대해 진로교육을 실천해야 한다. 고등학교는 진로선택 및 준비 단계에 해당되며 직업적 진로를 선택하고 준비하는 시기로 규정된다.

진로진학상담교사의 역할에 따른 직무활동은 개인 특성의 진단 및 평가, 직업정보 제공 및 관리, 진학정보 제공 및 관리, 진로지도 프로그램 개발 및 운영, 진로 및 진학 상담, 진로결정 및 실행 지원, 지역사회 네트워킹, 진로교육 실무 행정 등으로 다양하게 나타난다.

진로진학상담교사의 직무수행을 위해 도출된 역량으로는 진로이론 이해 및 활용, 상담과 교육 프로그램의 원리에 대한 이해, 개인차 및 다양성에 대한 이해, 진로상담 역량, 진로검사 역량, 진로정보 역량, 진로프로그램 역량, 연계 역량, 홍보 및 대외관계 형성, 교수활동 역량, 학습촉진, 교육과정 운영 역량, 진학관련 이해 및 활용, 테크놀로지 이해 및 활용, 요구분석, 고용 가능성 개발, 업무처리 능력, 개인자질 역량, 전문가 윤리 역량, 사회적 책임감, 성찰 및 자기계발 역량 등이 있다.

1 행복한 삶

우리 모두는 생을 영위하는 동안 행복한 삶을 원한다. 아리스토텔레스도 일찍이 모든 사람의 삶의 궁극적인 목적은 '행복의 추구'에 있다고 했다. 즉, 사람들은 각각 다른 길에서 다양한 모습으로 생활하면서 무엇인가를 성취하려 애쓰고 있지만, 결국 모든 사람이 행복을 추구하고 있다는 것이다. 그러나 행복은 객관적인 것이라기보다는 주관적인 것이기 때문에 행복의 개념과 수준에 대해서 명확한 답을 내리기는 쉽지 않다.

행복이란 일반적으로 삶 전체에 대해 한 인간이 느끼는 보람과 깊은 만족을 뜻한다. 즉 자신의 삶이 소중하고 가치 있음을 깨닫고 만족할 때에 행복을 느낄 수 있다. 그런데 사람에 따라 보람과 만족을 느끼는 대상이 서로 다를 수 있다. 그 만족의 대상을 돈, 명예, 지위와 같은 외면적 가치에서 찾는 사람이 있는 반면에, 사랑과 우정, 인격과 사상, 학문과 예술 같은 내면적 가치에서 찾는 사람도 있다

행복한 삶에도 조건이 있을까? 행복을 주관적인 지각이라고 본다면 사실 그 조건을 따지는 것이 무의미할 수도 있을 것이다. 그러나 평범한 삶을 살아가는 우리들이 공통적으로 생각하는 조건은 있을 수도 있다. 행복의 기본조건에 대해 김태길(1986)은 건강, 경제적 안정, 자아실현, 봉사, 원만한 인간관계를 제시했다(교육과학기술부, 2012).

1) 건강

인간이 행복하기 위한 첫 번째 조건은 건강이다. 건강을 잃고서는 진정한 행복을 맛볼 수 없기 때문이다. "재산을 잃는 것은 조금 잃는 것이고, 명예를 잃는 것은 많이 잃는 것이며, 건강을 잃는 것은 모두를 잃는 것이다"라는 말이 있다. 이 말이 의미하는 바는 건강이야말로 모든 사람에게 가장 소중하다는 것이다. 사실 건강을 잃고 진정한 행복을 찾는다는 것은 매우 어려운 일이다. 그러므로 진정으로 행복하고자 원하는 사람

은 나이의 많고 적음을 막론하고 건강해야 한다. 그런데 자신이 건강하지 못하면 주위 사람들의 행복을 해치는 경우도 많다. 따라서 개인의 건강은 본인뿐만 아니라 가족, 더 나아가 주위 사람들의 행복에도 크게 영향을 미치는 요소라고 볼 수 있다.

2) 경제적 안정

만족한 삶을 누리기 위해서는 기본 생활을 영위할 수 있는 경제적 안정이 있어야 한다. 굶주리거나 배고플 때에도 만족을 느낄 경우가 있을 수는 있다. 그러나 그러한 만족은 일시적인 것이며, 계속되는 빈곤 속에서 삶 전체에 대한 지속적인 만족을 느낀다는 것은 아주 어려운 일이다. 그렇다고 필요 이상의 물질적 풍요가 행복을 더 가져다주는 것은 아니며, 물질적 풍요에 비례해서 만족이 늘어나는 것도 아니다. 따라서 물질적 풍요는 인간의 기본 생활 영위를 가능하게 하는 수준에서도 만족을 줄 수 있다.

3) 자아실현

매슬로우(Maslow)는 인간의 욕구를 단계별로 나누어 제시했다. 그는 생리적 욕구, 안전의 욕구, 소속감과 애정의 욕구, 자존과 존경의 욕구, 마지막으로 가장 높은 욕구로 자아실현과 지적, 심미적 욕구를 들었다. 자아실현의 욕구란 우리 스스로 정신적 또는 육체적으로 발전하고 있음을 의식할 때 인간으로서의 만족, 즉 행복을 느낀다는 것이다. 자신의 능력이나 기량 또는 신망 등이 어제보다 오늘이 낫고, 오늘보다 내일이 낫다는 것을 의식할 때, 인간은 삶 전체에 대해 깊은 만족감을 느끼게 된다.

4) 봉사

인간은 혼자서 살 수 없고, 인간의 행복 또한 사회적인 삶 속에서 실현할 수 있다. 그러므로 우리는 자신이 속해 있는 공동체나 집단을 위해서 떳떳한 구실을 하는 필요한 존재라고 스스로 인정할 때 인간으로서의 깊은 만족과 행복감을 느낄 수 있다. 자신이 속해 있는 집단에서 그 집단과 그 집단에 속해 있는 사람들에게 무엇인가를 할 수 있다는 것은 그 집단을 위해서나 본인을 위해서나 매우 중요하다. 왜냐하면 집단 속에서 자신의 존재가치를 인정받을 수 있을 뿐만 아니라, 자신의 자아실현을 위해서도 봉사는 매우 큰 역할을 하기 때문이다.

5) 원만한 인간관계

인간은 사회적 동물이다. 그러므로 인간은 태어나면서부터 가족, 친구, 이웃, 시민 등 여러 사람들과 관계를 맺으면서 살아간다. 원만한 인간관계는 자신뿐만 아니라 주위 사람들의 행복에도 영향을 미치는 요소들 중 하나이다.

여기에서 대인관계가 원만하다는 것은 넓은 의미에서 사랑으로 맺어진 관계가 많다는 것이고, 대인관계가 좋지 않다는 것은 넓은 의미에서 미움으로 맺어진 사람과의 관계가 많다는 것을 말한다. 그런데 인간이 인간으로서의 환희를 가장 훈훈하게 느끼는 것은 사랑의 감정 속에서이며, 인간이 인간으로서의 비애를 가장 심각하게 느끼는 것은 미움의 감정 속에서이다.

진로교육의 의미는 무엇일까? 그리고 진로교육은 어떤 원리로 운영되어야 하는가? 이러한 질문에 대한 답은 물론 학자들에 따라서 다양하게 제시될 수 있다. 여기에서는 그동안 우리나라에서 보편적으로 수용되었던 견해들을 중심으로 살펴본다.

1) 진로교육의 개념

우리나라 진로교육의 발전을 위해 오랫동안 이론적 연구와 실제적인 기법연구를 주도해 온 한국진로교육학회(2011)에서 저술한 『진로교육의 이론과 실제』에서 장석민은 진로교육을 "현명한 진로선택과 진로발달을 통해 생산적 사회 구성원으로서 그리고 행복한 개인으로서 삶을 살 수 있도록 성장을 돕는 교육의 과정"으로 정의했다. 이러한 개념 규정은 교육관, 교육내용 및 방법을 포괄하는 새로운 교육의 틀을 요구한다. 지금까지의 전통적 교육과는 근본적으로 다른 측면에서 교육의 중요성을 새롭게 인식하고자 한 것이다. 이러한 정의에 포함된 의미를 장석민은 아래와 같이 서술했다.

첫째는 삶에서 현명한 진로선택과 진로발달의 중요성에 대한 새로운 인식이다. 진로발달은 일과 직업세계와 관련된 자아발달의 연속된 과정으로 볼 수 있다. 근대 학교교육이 제도화되기 이전에는 일과 직업, 학습 및 삶의 세계가 한 장소에서 통합적으로 이루어졌다. 예를 들어 농사를 짓든, 장인으로서 목수 일을 하든 간에 집에서 자녀들을 데리고 생업의 기술을 가르치고 배우면서 함께 생활했다. 그러나 근대 사회가 되면서부터 부모는 직장에 출근하고 자녀들은 학교에 가서 공부하고 집에 돌아와 함께 생활하는 형식의 삶을 살게 되었다. 일과 직업세계가 학습세계와 철저히 분리된 것이다. 청소년은 생활 속에서 자연스럽게 일 및 직업세계와 상호작용할 수 있는 기회를 상실하게 되었다. 학교에서도 교과서 중심의 학습만 강화함으로써 일과 직업세계를 체험하지 못했다. 이러한 원인으로 인해 일과 직업세계를 이해하고 이에 적응할 수 있는 청소년의 능력과 태도의 발달이 지체되거나 결핍되었다.

진로발달은 일과 직업세계와의 상호작용을 통해 적성과 능력, 가치관, 태도 등을 포함하는 자아개념 및 자아특성을 발전시켜 나가는 과정이며, 궁극적으로 직업선택 및 직업적응 능력에 크게 영향을 미친다. 이러한 점에서 진로발달을 도모하는 교육이 오늘날 새롭게 강조되기 시작한 것이다.

현명한 진로선택은 진학과 취업에서뿐만 아니라 모든 삶의 단계와 과정에서 중요시된다. 현대사회에서는 과학기술의 발전, 문명의 진보, 인구 증가 등으로 인해 삶의 문제가 매우 복잡해졌다. 당면한 문제를 포함해 자신과 환경에 대한 객관적인 정보를 체계적으로 수집하고 과학적으로 분석해 보지 않으면 현명한 삶의 선택을 위한 의사결정을 하기 어렵게 된 것이다.

삶은 중요성에 차이가 있다고 하더라도 언제나 크고 작은 선택을 하는 연속된 과정으로 이루어진다. 우리의 삶은 이러한 크고 작은 선택의 결과가 인과적 관계를 이루면서 성취되어 나간다. 현대 사회에서는 생산성에 대한 경쟁이 치열하면서도 동시에 행복한 삶을 실현해야 하는 어려움에 직면한다. 시행착오에 의한 시간과 노력의 낭비가 허용되기 어려운 사회가 된 것이다. 이러한 면에서 볼 때 한순간 한순간의 선택과 결정이 중요하며 이것이 인생살이 전체에 큰 영향을 미친다는 점을 인식해야 한다. 어려서부터 선택의 중요성을 인식하고 합리적 의사결정 능력과 태도를 육성해 나가야 하는 이유가 여기에 있다. 이러한 합리적 의사결정에 더하여 진로를 선택하고 계획해서 삶을 살아가는 능력과 태도는 21세기의 새로운 요구로, 진로교육에서 핵심적 영역으로 인식된다.

둘째는 삶에서 생산적인 사회적 역할의 중요성에 대한 새로운 인식이다. 우리는 일생을 살아가면서 여러 가지 사회적 역할을 수행해야 한다. 직장의 일원으로서, 가족의 일원으로서, 각종 사회집단의 한 사람으로서, 더 나아가 국민의 한 사람이며 동시에 세계 시민의 한 사람으로서 우리의 역할을 잘 수행할 수 있어야 한다. 특히 직업적 역할의 수행은 개인 발전을 위해서뿐만 아니라 사회 발전을 위해서 매우 중요하게 생각된다. 우리 모두가 직업적 역할을 포함한 사회적 역할을 생산적으로 수행할 수 있을 때 우리

사회는 발전할 수 있으며, 개인적으로도 만족한 사회생활을 할 수 있게 된다. 사회적 역할을 생산적으로 수행할 수 있으려면 각자에게 알맞은 사회적 역할을 발견하고, 그러한 역할 수행을 위해 충분히 준비해야 한다. 직업적 역할을 포함해 일생 동안 살아가면서 수행해야 할 사회적 역할에 대해 생각해 보게 하고 각자에게 가장 알맞은 역할을 발견하고 준비해 나가도록 교육한다면, 학생들은 좀 더 생산적인 사회의 일원으로 성장할 수 있을 것이다.

오늘날 많은 청소년이 사회에 나와 방황하는 원인 가운데 하나는 자신에게 알맞은 직업과 사회적 역할에 대한 인식과 준비 없이 학교를 졸업하는 것이다. 학교에서는 아직도 구태의연하게 사실적 지식의 항목들을 암기시키는 일에만 열중하고 있다. 이러한 교육은 삶이 단순하고 장식적 효과만을 위해 지식을 가르치던 시대에는 타당성을 지닐 수 있었다. 삶이 단순하고 사회적 역할이 미분화된 사회에서는 그러한 지식교육을 받았다고 하더라도 사회적 역할을 발견하고 수행하는 데 별다른 지장이 없었다.

그러나 사회적 역할이 고도로 분화되고 전문화된 현대 사회에서 그러한 지식 교육은 더 이상 효과를 발휘할 수 없게 되었다. 더욱이 지식기반 첨단기술 사회로 급진전됨으로써 고도의 창의성과 응용성이 요구되는 상황에서 구태의연한 교육은 지속할 수 없게 되었다. 각자에게 알맞은 직업 및 사회적 역할을 의도적으로 탐색하도록 하고 그에 맞는 고도의 지식과 기술을 창의적으로 응용할 수 있도록 교육을 하지 않으면 안 되게 되었다.

현대 사회는 다 함께 잘살기 위해서 모든 사회 구성원으로 하여금 생산적으로 각자의 사회적 역할을 수행하도록 요구하고 있다. 이러한 사회적 요구에도 오늘날 많은 청소년이 각자에게 알맞은 직업과 사회적 역할조차도 발견하지 못하고 방황하고 있는 까닭은 무엇인가? 학교가 이러한 사회적 요구를 외면하고, 구태의연하게 전통적 지식교육만을 하고 있기 때문이다. 새로운 사회에 적응할 수 있고 나아가서 생산적으로 이바지할 수 있는 인간을 육성하기 위해서, 학교교육은 학생들로 하여금 각자에게 알맞은 직업 및 사회적 역할을 발견하고 준비하도록 하는 데 역점을 두어야 한다. 단순한 지식교육이 아닌, 각자에게 맞는 직업과 사회적 역할을 발견하고 수행하는 데 도움이 되는 살아 있는 지식을 가르쳐야 한다. 이렇게 할 때만이 학교교육은 21세기를 지향한 새로운 사회 발전의 요구에 부응할 수 있다.

셋째는 행복한 삶에 대한 새로운 인식이다. 현대인의 삶은 물질적인 풍요에도 더욱 메말라 가고 각박해지는 경향을 보인다. 삶을 합리적으로 영위하고 스스로 행복을 창출하고 관리할 수 있는 지혜가 부족하기 때문이다.

우리는 나름대로 행복하게 살 수 있어야 한다. 그렇게 살기 위해서는 삶의 목표를 바르게 세우고 현명한 삶의 방법을 터득해 자아실현을 할 수 있어야 한다. 적성, 능력, 성격, 흥미, 신체적 특성 등을 포함한 자아의 특성을 바르게 파악하고 가꾸어 나갈 수 있고, 가정환경 및 사회환경 등 주어진 여건을 객관적으로 평가하고 그 장점을 활용할 수 있어야 한다. 결과적으로 자신에게 맞는 생애 목표를 세우고 진로를 개척해 나갈 수 있어야 한다.

21세기의 사회는 개성화가 확산되고 촉진되는 시대이다. 각자의 개성적 특성과 여건에 맞는 진로개척이 이루어지고 행복이 추구되는 사회가 될 것이다. 각자의 개성을 최대한 살리고 그 바탕 위에서 자기식의 행복한 삶을 설계하고 추구하는 데 도움이 되는 교육이 이루어져야 한다.

넷째는 교육과정에 대한 새로운 인식이다. 이는 교육이 일과 직업세계를 포함한 현실적 삶의 세계를 경험하고 이해하며 준비하는 과정이 되어야 한다는 새로운 자각을 의미한다. 삶과 유리된 죽어 있는 지식(inert knowledge)의 암기과정이 되어서는 안 된다는 것이다. 삶과 유리된 죽어 있는 지식(흔히 고도로 이상화되고 개념화되며 추상화되고 이론화된 지식으로 표현되는)만을 강요함으로써 학생들에게 학습이 무의미해지는 교육을 해서는 안 된다는 것이다.

일과 직업세계를 포함한 삶의 현실세계에서 지식을 경험하고 획득함으로써 현실적 삶의 세계에 다시 응용할 수 있는 지식 교육을 해야 한다. 경직된 지식체계가 학생들의 삶을 압도하는 교육을 해서는 안 된다. 오히려 지식 교육은 학생들의 삶을 넓혀 주고 깊이 있게 만들어 주며 새롭고 의미 있게 인식시켜 주는 수단으로 행해져야 한다. 이렇게 할 때 학교교육은 앞으로의 사회 발전적 요구에 부응할 수 있을 것이다.

2) 진로교육의 기본원리

　개인의 진로발달을 이끌어 주기 위한 다양한 조력활동은 진로교육이 지향하는 기본원리에 근거해 실시해야 좋은 결과를 기대할 수 있다. 이와 관련해 김충기(1995)는 선행 연구에 바탕을 두고 진로교육의 기본원리를 아래와 같이 제시했다.

　첫째, 진로교육은 전 인생에 걸친 교육이다. 진로교육은 인생의 모든 단계에 걸쳐서 실시되어야 한다. 일반적으로 진로교육을 고등학교 졸업반에서 졸업 직전에 행해지는 것으로 생각하는 경향이 지배적이었다. 그러나 진정한 의미의 진로교육은 일생을 통해서 개인적으로 만족스럽게 생산적인 활동에 참여해 커다란 공헌을 할 수 있도록 의미 있는 생활을 영위하도록 하는 것이다(Marland, 1974). 진로교육은 발달과정상 어느 특정 단계에서만 요구되는 활동이 아니다. 모든 단계에 나름대로의 교육이 필요하듯이, 진로교육 또한 마찬가지로 생의 모든 단계에 필요한 교육이다. 따라서 진로교육은 인생의 초기 단계에서부터 시작해서 말기까지 지속되는 교육과정이라고 할 수 있다. 적어도 유치원에서부터 시작해서 대학원 교육에 이르기까지 단계적으로 실시되는 교육이다. 다만 각 발달 단계마다 해당 단계에서 중점적으로 다룰 내용은 다르다고 할 수 있다.

　둘째, 진로교육은 자기탐색과 이해의 교육이다. 진로교육은 학생들로 하여금 자신에 대한 탐색을 통해서 자아를 발견하고 이해하도록 하는 교육이 되어야 한다. 즉, 나를 아는 교육이 되어야 한다. 나의 신체적 조건, 적성, 흥미, 성격, 능력 등에 대해서 정확하게 알도록 해야 한다. 이 외에도 내가 중요시하는 것, 즉 나의 가치관과 태도에 대해서 정확하게 인식해야 하고, 나의 사회적인 역할에 대해서도 정확하게 인식해야 한다. 즉 나는 어떤 인간이며 앞으로 어떤 인간이 되고 싶은가? 나는 나를 어떻게 보고 있는가? 나의 가정에서의 위치는? 나의 학교에서의 역할은 무엇이고, 사회에서의 역할은 무엇인가? 나의 남자 또는 여자로서의 역할은 무엇인가? 학생들로 하여금 여러 측면에서 자신을 있는 그대로 정확하게 인식하도록 하는 경험을 제공하는 것이 진로교육이다. 자신에 대한 탐색과 이해를 위해서는 생활지도나 상담을 할 때 우선 과학적인 심리검사나 다른 진단 방법을 통해서 학생의 특성을 발견할 수 있다. 또한 개별상담이나 집단상담, 집단지도 등을 통해서 학생들이 자아를 발견하고 인식하도록 할 수 있다. 즉 가치관 명료화 프로그램이나 심성계발 프로그램 등을 활용해서 자신의 가치관과 태도 등을 발견하고 이를 수용해서 자아정체감(ego identity)을 확립할 수 있다.

셋째, 진로교육은 진로인식의 교육이다. 진로인식은 개인이 진로선택을 하는 데 필요한 일의 세계에 대한 이해를 의미한다. 학생들은 나름대로 진로에 관한 지식과 태도 및 흥미 등을 가지고 있다. 즉 학생들은 진로의 종류, 진로와 관련된 생활양식, 여가시간, 작업환경, 직업에서 요구되는 교육과 훈련 등에 관해서 나름대로의 지식을 가지고 있다. 진로교육을 통해서 학생들로 하여금 좀 더 광범위한 직업세계를 인식하도록 하고, 각 직업과 관련된 성숙단계, 보상 등에 관해서 제대로 이해할 수 있도록 정보를 제공하고 교육해야 한다. 즉 일의 세계의 다양성과 복합성, 다양한 진로준비와 관련된 특성들, 개인의 진로와 생활양식과의 관계 등에 대한 이해를 돕도록 교육을 실시해야 한다.

넷째, 진로교육은 정의적 측면을 강조하는 교육이다. 일반적으로 진로를 선택할 때 고려하는 요인은 주로 적성이나 지능 등과 같은 인지적 측면의 요인이다. 이러한 인지적 요인들은 주로 일의 능률과 관련되어 있다고 볼 수 있다. 그러나 일이 갖는 또 다른 중요한 의미는 개인에게 의미와 보람, 행복감, 즐거움 등을 주는 기능이다. 이러한 보람, 행복, 즐거움 등과 관련된 요인들이 정의적인 요인이다. 사실 진정한 의미의 일의 능률은 인지적 요인뿐만 아니라 이러한 정의적 요인에 의해서 좌우된다고 할 수 있다. 학생들로 하여금 올바른 가치관, 특히 직업가치관을 개발하고 확립하도록 하며 일에 대한 긍정적인 태도를 갖도록 해야 한다.

다섯째, 진로교육은 일의 올바른 의미를 이해하도록 하는 교육이다. 학생들로 하여금 직업을 가지고 일을 하는 것은 생계유지뿐만 아니라 사회적 역할 분담 그리고 삶을 좀 더 보람 있고 의미 있게 하는 자아실현의 과정임을 이해하도록 해야 한다. 즉 직업(일)이란 경제·사회·심리·종교적 의미를 갖는 것임을 이해하도록 해야 한다.

여섯째, 진로교육이란 직업에 대한 편견에서 탈피하는 교육이다. 현대 사회에서 모든 직업은 나름대로의 전문성을 가지고 있다. 수많은 직종에 다 특성이 있고 존재의 의미가 있다. 즉 직업에 귀천은 없다. 편견 없이 바르게 보면 모든 직업의 특성을 이해할 수 있고 자신에게 적합한 직업을 선택할 수 있다. 직업에 대한 편견에는 우리가 직업에 대해서 가지고 있는 뿌리 깊은 고정관념이나 의식, 성에 따른 편견 등도 포함된다. 학교에서의 진로교육은 학생들로 하여금 직업에 대한 모든 편견에서 탈피하고 모든 직업을 있는 그대로 수용해서 다양한 직업의 가치를 발견하고 인정해 자신에게 가장 적합한 진로를 선택할 수 있도록 하는 경험교육이 되어야 한다.

일곱째, 진로교육은 의사결정 기술을 증진하는 교육이다. 즉 합리적인 진로결정을 내릴 수 있도록 의사결정 기술을 증진시키는 경험을 제공하는 데 역점을 둔 교육이다. 진로교육에서는 개인에게 과학적이고 합리적인 자료에 기초해 자신의 진로를 스스로 결정할 수 있는 능력을 키워 주어야 하는데, 이를 위해서는 진로에 관한 정보를 합리적으로 수집·분석하고 자신의 경험을 과학적으로 조직·해석하며 자문과 상담을 활용할 수 있는 지식과 기능을 배양하는 것이 중요하다. 또한 합리적인 진로의사결정이 이루어지는 과정, 진로의사결정에 영향을 미치는 요인과 고려해야 할 사항에 대한 전반적인 이해가 요구된다.

여덟째, 진로교육은 가정, 학교, 지역사회가 연계되는 교육이다. 진로교육은 무엇보다도 학생들이 직접 체험하는 교육이 되어야 한다. 자기탐색이나 일의 세계에 대한 탐색 등도 자신이 직접 체험하는 방법을 통해서 이루어져야 한다. 따라서 진로교육은 교실이나 학교의 울타리 안에서만 행해질 수는 없다. 우선 가정과 연계해 부모와 의사소통을 해야 한다. 부모가 적극적으로 진로교육 프로그램에 참여할 수도 있고, 필요하면 학교에서 자녀진로에 관해서 부모교육을 실시할 수도 있다. 또한 학교는 지역사회와 밀접한 유대관계를 갖고 지역사회의 모든 자원을 활용해야 한다. 즉 학교에서 지역사회의 자원인사를 진로교육 활동에 활용할 수 있고, 학생들이 지역사회에 있는 진로에 관한 자료를 활용할 수 있으며, 지역사회의 기업체나 산업체 등과 연계를 맺고 현장견학이나 현장훈련 등을 실시할 수도 있다.

아홉째, 진로교육은 범국가적 차원에서 인력의 효율적 운영에 초점을 두는 교육이다. 개인이 적재적소에 알맞은 유능한 직업인이 될 수 있도록 이들을 양성해야 한다. 따라서 진로교육은 합리적 선택에 의한 직무를 수행할 때 만족감과 행복감을 느끼고 보람 있는 삶을 추구하도록 도와주는 교육이다.

3 진로교육의 필요성 및 목적

 우리나라에서 진로교육의 필요성과 목적을 논의할 때 가장 보편적으로 인용되는 것이 한국진로교육학회(2011)에서 발행한 『진로교육의 이론과 실제』에서 장석민이 서술한 견해이다. 그는 진로교육의 필요성과 목적을 개인 발달적 측면과 국가 사회적 측면으로 구분해서 언급했는데, 여기에서는 개인 발달적 측면에서의 필요성 및 목적만을 살펴본다.

1) 적성과 능력을 포함한 자아특성 및 개성의 발견과 계발

 진로발달의 관점에서 보면, 현대 사회를 살아가는 시민이 절실히 필요로 함에도, 오늘날 학교교육이 제대로 대응하지 못하고 있는 문제점 가운데 하나는 일과 직업세계와 관련된 올바른 자아특성 및 개성의 발견과 계발의 기회를 제공하지 못한다는 것이다. 현대 사회는 과학기술의 발전으로 인해 산업이 고도로 분화되고 발전했다. 정보화 사회를 넘어 지식기반 사회가 친환경 녹색기술 사회로 발전해 나가고 있다. 이에 따라 직업의 종류가 수없이 많아졌고, 계속해서 전문화되는 추세를 유지하고 있으며, 일의 내용도 복잡해지고 있다.

 이와 같이 복잡한 직업세계에서 자신에게 가장 알맞은 직업을 선택하고 성공적인 직업 생활을 영위한다는 것은 결코 쉬운 일이 아니다. 직업의 종류에 따라 요구되는 능력과 적성, 기능, 역할은 다양하다. 따라서 자신에게 맞는 일과 직업을 택하기 위해서는 무엇보다도 자신의 개성, 적성, 흥미, 인성, 신체적 적성 등에 대해 올바르게 이해하고, 자신이 원하는 인생의 목표와 직업에 맞게 능력과 적성을 가꾸어 나가도록 해야 한다.

2) 다양한 일과 직업세계에 대한 이해

개인적 측면에서 진로교육의 필요성과 목적은 현대 사회의 복잡하고 다양한 일과 직업의 종류 및 본질에 대한 객관적 이해가 절대적으로 요청되고 있다는 점에서 찾아볼 수 있다. 산업혁명 이래 세계는 급속하게 발전했다. 최근에는 지식기반 산업사회에서 앞에서 언급한 녹색 산업사회로 발전이 가속화하고 있다.

이에 따라 직업의 전문화와 고도화가 급속하게 진전되었다. 선진국의 경우에는 2만에서 3만 종류의 직업이 존재하게 되었고, 우리나라의 경우에도 앞으로 이에 버금가는 직업의 종류가 존재할 것으로 인식되고 있다. 그리고 일부 미래학자들의 예측에 따르면, 21세기에는 현존하는 직업의 50% 정도가 없어지고, 새로운 직종이 생겨나며, 존속하는 직종의 경우에도 일의 방법이 많이 바뀌게 된다고 한다.

이러한 상황에서 장래성이 있고 자신에게 맞는 직업을 선택한다는 것은 결코 쉬운 일이 아니다. 일과 직업세계에 대한 객관적인 정보와 이에 대한 체계적인 탐구 없이 직업을 선택한다는 것은 앞으로는 불가능해질 것이다. 이런 점에서 오늘날 진로교육의 필요성은 절대적이라고 판단된다.

3) 일과 직업에 대한 적극적 가치관 및 태도 육성

개인적인 측면에서 진로교육의 필요성과 목적은 일과 직업에 대한 올바른 가치관 및 태도 형성에 대한 요청이 절실하다는 점에서 찾아볼 수 있다. 역사적으로 볼 때 일과 직업은 천민에게만 부과되었다. 고대 그리스나 이집트에서도 일은 노예에게 부과되는 벌의 일종으로 인식되었다. 우리나라의 경우, 사농공상의 신분 중에서 선비는 학자로서 벼슬길에 나아가 세상을 다스리는 자로서의 신분을 부여받았다. 그러나 이들은 이러한 책무를 일이나 직업으로 의식하지는 않았던 것으로 판단되며, 농공상의 신분을 가진 사람들에게는 신분에 따라 그에 맞는 일거리와 직책이 부여된다는 인식을 지니고 있었다.

이와 같은 전통 속에서 우리 사회는 8·15 해방과 더불어 민주 개방 사회로 옮아가게 되었다. 그러나 일과 직업에 대한 우리의 가치 인식은 전통적 구습을 벗어나지 못하고 있다. 현대 사회에서 일이란 부를 창조하는 원천이며, 직업은 생계의 수단으로서뿐만 아니라 사회봉사와 자아실현의 수단으로서 그 중요성이 더욱 증대되었다. 그러나 아직도 우리 사회는 일을 천시하거나 가볍게 여기는 풍조를 추방하지 못하고 있다. 학교의 입시경쟁이 치열하게 된 원인 가운데 하나도 따지고 보면 직업을 사회봉사나 자아실현의 수단으로 보기보다는 돈과 권력을 획득하는 수단으로 보려는 생각에서 비롯되었다고 볼 수 있다.

전통적인 직업의식 중에도 우리가 계승하고 발전시켜야 할 좋은 점이 없는 것은 아니나, 우리 사회에 만연되어 있는 지위 지향적 직업관, 직업에 대한 전통적 귀천 의식, 기술직에 대한 천시 풍조, 화이트칼라 직에 대한 지나친 선호 경향 등은 현재 개인과 사회 발전에 장애가 되는 가치관 또는 태도라고 판단된다. 이와 같은 가치관 또는 태도가 불식되어야 우리 사회가 좀 더 건전하고 생산적인 사회로 발전할 수 있을 것이다.

이와 같은 가치관과 태도를 불식시킬 뿐만 아니라 나아가서 일과 직업에 대한 적극적인 가치관 및 태도를 길러 주고 일에 대한 올바른 습관을 어려서부터 길러 주기 위해서는 진로교육의 관점이 학교교육뿐만 아니라 가정교육과 사회교육 속에서도 뿌리를 내려야 한다. 일과 직업에 대한 올바르고 적극적인 가치관과 태도를 길러 주기 위해서 진로교육은 절대적으로 요청되고 있다. 오늘날의 학교교육은 이러한 요구에 제대로 대응하도록 노력해야 할 것이다.

4) 진로선택의 유연성과 다양성의 제고

개인적 측면에서 진로교육의 필요성과 목적은 학생들이 인생의 목표 설정과 직업 선택을 할 때 유연성과 다양성을 결여하고 있다는 점에서 찾아볼 수 있다. 사회가 다양화되고 발전됨에 따라 수많은 직업이 존재하게 되었다. 이 세상에 존재하는 직업은 그만큼 필요성이 있기 때문에 존재하며, 존재하는 모든 직업은 소명의식을 가지고 수행할 만한 가치가 있다.

어떤 직업이 자신의 인생관이나 가치관과 맞지 않는다고 해서 천한 직업 또는 불필요한 직업으로 단정할 수는 없다. 사람은 누구나 그 나름대로의 가치관과 인생 목표를 지니게 마련이며, 이러한 가치와 목표를 실현하기 위하여 노력하고 그에 맞는 직업을 선택하려고 노력하게 마련이다. 이러한 노력의 과정에서 오늘날 청소년이 갖는 인생의 목표와 가치관, 직업 선택 능력이 매우 편협하고 편파적이라는 점에서 우리는 진로교육의 필요성을 발견할 수 있다.

많은 학생들은 입시 준비에 여념이 없다 보니 자신의 인생 목표와 진로에 대해 깊이 고려하거나 탐색하지 못하고 대학에 진학하거나 사회에 진출한다. 대부분의 학생들은 자신의 적성이나 가치관에 대한 이해 없이, 직업과 일의 종류 및 내용에 대한 객관적 정보도 없이, 오직 점수에 따라 그리고 입신출세 지향적인 사회적 통념 및 학부모의 권고에 따라 순간적이고 우발적으로 인생의 진로를 결정하고 있다. 이러한 이유로 학생들은 진취적이고 도전적이며 미래 지향적이라기보다는 안정적이고 출세 지향적인 쪽으로 편향되고 있다. 그리고 대학의 학과 선택에서도 이러한 이유로 인해 소위 인기학과라는 곳으로만 지원이 몰리는 쏠림현상을 빚고 있다.

인생의 목표가 반드시 대학에 진학해서만 실현되는 것은 아니다. 자신의 인생 목표에 따라서 대학에 구태여 가지 않아도 되며, 경우에 따라서는 먼저 취업을 하고 안정된 생활 기반을 형성한 뒤에 대학에 진학하는 인생 진로를 택할 수도 있다. 그러나 우리 사회와 학교교육은 이와 같이 인생 진로가 다양하고 자신에게 주어진 조건에 따라 유연성 있게 진로를 선택하는 것이 바람직하다는 사실을 학생들에게 확실하게 인식시키지 못하고 있다.

이러한 다양성과 유연성 위에 인생 목표를 설정하고 그에 맞는 직업을 탐색하며 준비할 수 있도록 학교에서 어려서부터 학생들에게 교육시킨다고 하더라도, 그들이 나름대로 인생의 성공을 만족스럽게 거둘 수 있는지에 대해서는 의문의 여지가 많다고 생각된다. 하물며 오늘날 학교가 이러한 문제에 대해 아무런 인식 없이 학생들을 오직 입시 준비로만 몰아붙인다면 그 교육의 결과는 가히 염려스러울 수밖에 없다.

오늘날 많은 청소년이 학교생활이나 직장생활에서 다른 나라 청소년보다 유독 불만율과 부적응율이 높은 것은 입시위주 교육 및 입신출세주의 때문이 아닌가 짐작된다. 인생을 바르고 현명하게, 그리고 직장생활을 성공적으로 이끄는 데 학교교육이 아무런 도움이 되지 못한다고 느낄 때, 학생들은 오직 입시라는 관문을 통과하는 수단으로만 교육을 인식할 것이며, 그 과정 또한 개인적으로 볼 때 의미 없는 고통의 굴레로만 여겨질 것이다. 이러한 점에서 오늘날 진로교육의 필요성은 그 어느 때보다도 절실한 것으로 판단된다. 말하자면 진로교육은 학생 개개인이 학교교육을 의미 있고 현실적인 생활과 관련된 과정으로 받아들일 수 있도록 하기 위해 필요한 것으로 인식된다.

5) 합리적 의사결정 능력과 태도의 육성

개인 발달적 측면에서 진로교육의 필요성과 목적은 오늘날 대부분의 청소년이 합리적 의사결정 능력과 태도를 결여하고 있다는 점에서 찾아볼 수 있다. 직업을 포함한 삶의 문제는 언제나 우리에게 어려운 선택을 요구하며, 인내와 용기를 가지고 극복해 나갈 것을 요청한다. 이러한 삶의 과정에서 진로를 현명하게 선택하고 개척해 나가기 위해서는 객관적 정보를 토대로 과학적으로 분석하고 판단해 합리적으로 진로를 선택하는 능력과 태도를 갖추어야 한다. 진로선택 및 진로발달 이론들은 이러한 문제점 등에 대해 많은 교육적 시사점을 제공한다.

합리적 진로선택 능력과 태도를 함양하기 위해서는 어려서부터 많은 정보 가운데서 객관적 자료와 사실을 구분하고 합리적 절차에 따라 의사결정을 해 보는 학습이 필요하다. 이렇게 해서 자신의 문제를 합리적 의사결정을 통해서 주체적으로 해결하고 그 결과를 스스로 평가해 보고 책임을 지는 삶의 경험을 쌓아 나가야 한다. 또한 의사결정을 통해 장기적 안목으로 삶의 계획을 세우고 인내와 용기를 지니고 문제를 극복해 나가는 경험을 갖도록 해야 한다.

그러나 오늘날 학교교육은 이러한 의사결정 능력과 태도를 함양하는 데 매우 소극적이라고 생각된다. 이러한 이유로 오늘날 많은 청소년이 학교를 졸업하고도 스스로 진로를 선택하거나 개척하지 못하고 방황한다고 판단된다. 오늘날 학교는 잡다한 지식을 대량으로 주입하는 데에는 성공적일지 모르나, 이러한 의사결정 능력을 가르치는 데에는 상대적으로 소홀하다고 판단된다.

4 학교급별 진로교육

진로교육은 대상자의 발달 단계에 맞게 내용을 구성하고 방법을 선택해서 실시되어야 한다. 이러한 관점에서 초등학교, 중학교, 고등학교 단계별로 진로교육의 방향을 살펴본다. 아래에 제시된 내용은 교육과학기술부(2012)에서 발행한 『진로교육개론』이라는 저서에서 장석민이 제안한 것이다.

1) 초등학교

진로교육은 흔히 진학지도 또는 취업지도로 오해받는 경우가 많다. 이러한 오해로 말미암아 초등학교 단계에서의 진로교육은 아직도 잘 받아들여지지 못하고 있다. 그러나 진정한 의미에서의 진로교육은 모든 수준의 학교에서 모든 학생에게 절대적으로 필요하다. 진로교육이 태어나서 죽을 때까지의 인생 진로를 스스로 책임지고 개척해 나갈 수 있도록 돕는 교육과정으로 이해되기 때문이다. 삶의 과정은 언제나 중요한 순간들의 연속된 과정이며, 각 순간마다 선택하고 결정해야 할 일들이 삶의 과업으로 존재한다. 고등학교 단계에 가서 취업을 결정하거나 진학을 결정한다고 해도, 그것은 이전까지 살아온 연속된 삶의 결과로 결정되는 것이며 순간적으로나 우발적으로 결정할 수 있는 것은 아니다.

모든 단계의 삶의 과정 속에서 하나하나의 선택과 결정을 신중하고 합리적으로 이루어 나갈 때 우리는 잠재력을 최대한 실현할 수 있다. 삶의 문제에 능동적으로 대처하고 진로를 현명하게 선택하는 것이 어느 특정 단계(예를 들어, 고등학교 단계)에서만 중요시될 수는 없으며, 모든 단계에서 그렇게 되어야 마땅하다고 본다. 초등학교 단계라고 해서 인생살이가 쉽고 삶을 적당히 영위할 수 있는 것은 결코 아니다. 단지 성인의 관점에서 일방적으로 생각할 때 초등학교 단계의 삶이 쉬워 보일 뿐이다. 초등학교 단계의 어린이의 관점에서 보면, 그 나름대로 부딪히는 삶의 문제가 결코 쉽게 결정할 수 있는 것이 아니다.

삶의 문제에 대처하는 일을 어느 단계에서 특별히 쉽다거나 덜 중요하다는 식으로 생각하기는 어렵다. 이러한 의미에서 진로교육은 어느 단계를 막론하고 중요한 것으로 인식된다. 삶이 연속된 인생 과정의 인과관계로 결정된다고 볼 때, 진로교육은 오히려 인생의 출발 방향을 결정짓는 초등학교 또는 인생의 초기 단계에서 더욱 중요하게 생각될 수 있다. 고등학교 단계에서의 진학이나 취업, 기타 진로선택이 그 이전까지의 진로선택에 따른 인과적 관계로 결정된다고 볼 때, 초등학교 또는 인생의 초기 단계에서의 진로교육은 인생 진로의 기초를 마련한다는 점에서 매우 중요하게 인식된다. 중·고등학교 단계에서 학생들이 드러내는 개인차 또는 우열의 차도 이미 초등학교 단계에서 그 차가 잉태되었다가 눈에 드러나도록 확대된 것에 불과하다. 이러한 점에서 진로교육은 오히려 초등학교에서 좀 더 철저하게 이루어져야 한다고 생각된다.

진로발달 이론에 따르면, 초등학교는 진로의 인식 단계(career awareness)로 규정할 수 있다. 삶의 문제와 방향에 관해 초보적인 인식을 성숙시키는 단계라고 볼 수 있다. 진로교육에 포괄되는 영역이 골고루 취급되어야 하나, 초등학교 학생들의 발달적 수준에 맞도록 초보적 인식을 제공하는 범위 내에서 학습활동을 제공해야 한다.

진로교육은 학생들에게 생생한 삶의 현실과 일과 직업세계를 경험하도록 함으로써, 스스로 진로를 선택하고 선택한 진로에 대해 책임을 지고 실현해 나갈 수 있도록 도와주는 과정에 초점을 둔다. 따라서 초등학교 단계라고 하더라도, 진로교육을 할 때에는 개인적으로 의미 있고 생생한 현실적 삶의 문제를 학교교육 속으로 이끌어들이는 데 노력을 집중해야 한다.

이러한 의미에서 초등학교에서의 진로교육은 학생들이 자신의 문제에 관심을 가지고 탐구하도록 지도해야 한다. 환경과의 상호작용을 통해 자신의 문제에 관심을 갖도록 하고 다른 사람과 다른 점을 이해하도록 해서 자기 나름대로의 개성을 발견하고 키워 나가도록 도와주어야 한다. 초보적이나마 자신의 소질이나 적성이 무엇인지에 대해 생각해 보고 발견하려는 노력을 할 수 있도록 학습 기회와 자극을 제공해야 한다. 그리고 각자의 성격, 흥미, 장래희망 등에 대해서도 각자 나름대로 생각해 보고 탐구해 볼 수 있는 기회를 제공해야 한다. 초등학교 시기는 진로에 대한 인식의 단계이므로, 자신에 대한 객관적인 인식의 기초를 마련하도록 해야 한다.

인생 진로를 선택하기 위해서는 일과 직업세계에 대해 잘 알아야 한다. 일과 직업세계에 대한 지식과 정보 없이 자신의 소질과 적성에 맞는 직업을 선택할 수는 없다. 초등학교 단계에서는 장래 직업의 선택을 위한 기초적 단계로 일과 직업세계에 대한 기초적 지식과 정보, 학습 경험을 제공해야 한다. 이러한 지식과 정보, 학습 경험을 토대로 잠정적이나마 자신이 장래에 선택하고자 하는 직업의 영역에 대해 생각해 보도록 해야 한다. 직업사전에 분류되어 있는 직업군 또는 직업 영역 등에 대한 초보적인 인식을 통해 자신의 소질과 적성에 맞고 흥미가 있는 한두 개 영역을 잠정적으로 선택해 보도록 하는 학습활동을 초등학교 단계에서 실천할 수 있다.

일에 대한 기초적 기능과 좋은 습관은 어려서부터 몸에 익히도록 하지 않으면 성인이 된 뒤에 학습하기가 매우 어렵다. 학교활동 또는 가정생활을 통해 일에 대한 기초적 기능과 습관을 형성하도록 지도하는 일은 초등학교 진로교육의 핵심적 활동이다. 이러한 활동을 통해 일에 대한 적극적 태도와 가치관을 길러 주고 일의 중요성을 인식하도록 해야 한다. 이러한 태도와 가치관의 형성은 초등학교 단계에서 가장 효과적이다.

인생의 성공은 책만 읽고 지식을 암기하며 시험만 잘 보면 저절로 보장되는 것이 아니다. 과학적인 자료를 토대로 합리적 과정을 거쳐 인생의 계획을 세우고 노력할 때 성공의 개연성이 높아질 수 있을 뿐이다. 초등학교 어린이에게도 나름대로 인생 목표가 있고, 삶의 현실과 방법이 있다. 따라서 초등학교 어린이에게도 인생의 목표를 세우고 목표 실현을 위해 노력해야 한다는 점을 인식시킬 필요가 있다. 그리고 이러한 삶의 목표를 세우는 과정 및 방법에 대해서도 가르쳐 주어야 한다. 이러한 인생 계획이 성인의 눈으로 보기에는 유치하고 아동이 성장함에 따라 변경될 것이 분명하다고 하더라도, 그것이 나름대로 어린이에게 인생 목표를 세우고 노력하며 살아가는 과정이라는 점을 깨닫게 한다는 점에서 큰 의미를 지닌다. 진로와 교육의 관계, 일과 직업의 경제적·개인적·사회적 의미 등에 대해서도 초등학교 단계에서 초보적인 인식의 기회를 제공해야 한다.

2) 중학교

진로발달 이론에 따르면, 중학교 단계는 진로탐색(career exploration)의 시기로 규정할 수 있다. 중학교는 초등학교의 진로인식 단계와 고등학교의 진로선택 및 준비 단계의 매개적 단계로서의 역할을 수행한다. 따라서 중학교에서는 초등학교에서 이루어진 진로인식 활동의 기반 위에서 그 폭과 깊이를 확대해 진로교육을 실천해야 한다. 그리고 고등학교 단계의 진로 준비활동과 연계될 수 있도록 유의해야 한다.

중학교 단계에서는 자신의 특성에 대한 객관적인 이해가 성숙되어야 한다. 따라서 이 단계에서는 자신의 지적 능력, 소질과 적성, 성격, 흥미, 신체적 적성 등에 대해 객관적으로 이해하고 평가하게 된다. 중학교 단계에서는 자아의 객관적 탐색 활동을 통해 자신을 평가해 보고 그 결과를 자신이 소망하는 직업적 특성과 관련해서 생각해 볼 수 있도록 여러 가지 진로교육 활동이 이루어져야 한다.

중학교 단계에서는 초등학교에서 이미 경험했던 직업군이나 여러 가지 직업 영역 중에서 자신의 소질과 적성에 맞는 한두 개 영역을 선택해서 깊이 있는 탐색을 하고 관심 있는 한두 개의 직종 분야를 발견하도록 해야 한다. 그리하여 잠정적으로 자신의 직업적 진로를 선택해 보는 경험을 갖도록 해야 한다. 그리고 이러한 진로선택에서 고려할 요인과 진로정보의 수집과 분석 방법, 진로결정의 합리적 과정에 대한 인식을 높여 주어야 한다.

중학교의 교육과정을 운영할 때는 주지 교과군, 인문 교과군, 사회과학 교과군, 예체능 교과군, 실용기술 교과군에 대해 편견 없이 균형 잡힌 경험과 체험을 통해 각자의 적성과 흥미가 발견되도록 유의할 필요가 있다. 대학 입시와 연계된 교과들만 강조해서 편중된 경험을 하게 되면 학생들이 각자의 적성과 능력에 대해 왜곡된 판단을 할 수 있으며, 진로선택 또한 왜곡될 수 있다. 학생들의 선천적 능력은 각 분야에 비교적 균형된 분포를 보임에도 진로선택이 일부의 특정 분야로 편중되는 것은 후천적 경험 기회의 왜곡 때문에 비롯되었을 가능성이 크다. 이 점에서 중학교의 교육과정을 운영할 때는 형평성에 유념해야 한다.

중학교에서 진로탐색을 할 때는 구체적으로 어떤 직업을 선택하거나 직업적 기능을 길러 준다기보다는 전반적으로 직업과 관련된 정보를 수집하고 분석하는 능력, 그리고 자신의 소질과 적성, 성격, 흥미 등에 대해 광범위하게 생각해 보고 객관적으로 평가할 수 있는 능력에 초점을 두고 지도해야 한다.

중학교 단계의 학생들은 대체로 직업의식이 발달하는 과정에 있으며 성숙된 상태에 도달해 있지 못하다. 따라서 특정한 직업의 선택을 강요해서는 안 된다. 직업의식의 발달을 장려하기 위한 여러 가지 직업정보의 탐색 활동이 이루어져야 한다. 그리고 자신의 소질과 적성, 인생관 등에 이러한 직업정보를 관련시켜 장래를 생각해 보는 기회를 갖도록 해야 한다.

중학교 학생들의 직업적 성숙도에는 개인차가 많으며, 부모의 사회경제적 지위에 따라 많은 영향을 받는 것으로 보고된다. 많은 경우 학생들은 어른과 비슷하게 직업에 대한 왜곡된 관점을 갖는 것으로 나타난다. 이러한 고정관념을 불식시킬 시기는 초등학교 단계가 더 효과적이라고 생각되지만, 중학교 단계에서도 이에 대한 집중 지도를 해야 한다.

중학교 단계의 많은 학생의 일에 대한 가치관은 부정적인 것으로 파악된다. 그리고 우리나라 중학생의 직업 성숙도는 다른 나라에 비추어 낮은 것으로 인식된다. 이러한 문제는 중학교 단계에서 적절한 진로교육 활동만 제공한다면 어느 정도 해결할 수 있다. 중학교 단계에서는 적성, 능력, 가치관, 태도 등이 모두 발달 과정에 있으므로, 이에 맞는 진로지도 프로그램을 제공해서 일과 직업세계를 이해하고 자신의 소질과 적성을 발견하며 키워 나갈 수 있도록 지도해야 한다. 그리고 스스로 진로를 결정하고 개척해 나갈 수 있도록 여러 가지 관련된 지식과 정보, 기능을 습득할 수 있는 진로교육 활동을 전개해야 한다.

3) 고등학교

진로발달 이론에 따르면, 고등학교는 진로의 선택과 준비(career choice & preparation) 단계에 해당된다. 초등학교를 진로의 인식 단계로, 중학교를 진로의 탐색 단계로 규정한다면, 고등학교는 이러한 과정의 기초 위에서 직업적 진로를 선택하고 준비하는 시기로 규정된다. 물론 고등학교 때에 선택한 직업적 진로가 평생토록 유지되는 필연성을 지니고 있는 것은 아니지만, 인생의 낭비를 막고 성공적인 직업 생활을 준비하기 위해서는 이 시기에 진로를 신중하게 선택해야 한다. 그리고 선택한 진로에 대해 충분히 준비하고 취업하거나 진학해야 한다. 그렇게 할 때 후회 없이 자신의 진로를 개척해 나갈 수 있기 때문이다.

스스로 진로를 선택하고 개척해 나가기 위해서는 자신의 능력과 적성, 흥미, 신체적 적성, 가치관 등에 대해 객관적으로 평가하고 그 결과를 직업이 요구하는 자질 및 특성과 관련지어 생각할 수 있어야 한다. 그리고 자신의 소질과 적성을 발견하고 키워 나가는 한편, 적성과 소질에 맞는 직업을 선택할 수 있어야 한다. 이러한 점에서 고등학교의 진로지도는 초등학교 또는 중학교 단계를 통해 발견한 적성을 계발할 수 있도록 도와주는 한편, 직업 선택과 관련해서 자아의 여러 가지 특성을 객관적으로 이해하고 대처할 수 있도록 하는 데 초점을 두어야 한다. 자신의 소질과 적성에 맞는 직종을 선택하고 그러한 직종에 진출하기 위한 진학 또는 취업을 준비해야 한다는 점에서 고등학교 단계는 중요한 시기라고 할 수 있다. 이러한 결정이 객관적인 정보를 토대로 합리적인 의사결정과정을 통해 이루어지도록 돕기 위해서, 고등학교의 진로교육에서는 일과 직업에 대한 정보 및 진학에 관한 정보를 제공해야 할 뿐만 아니라 합리적 의사결정 기능에 대해서도 지도해야 한다.

그리고 고등학교 단계에서는 일과 직업에 대한 가치 문제를 전체 가치구조 속에 갈등 없이 내면화할 수 있도록 도와주어야 한다. 또한 장래 진로에 대해 장기적 안목에서 결정하고 대처하도록 해야 한다. 각자가 선택한 진로와 관련된 직업의 장기적 전망 또는 계속교육적 전망 등이나 삶의 형태와 질에 대해서도 생각해 보도록 지도해야 한다.

학교 현장에서 진로교육의 발전을 위해 선도적인 역할을 수행해야 할 주체는 진로진학상담교사(진로전담교사)이다. 진로진학상담교사가 이러한 역할을 잘 수행하기 위한 구체적인 직무 내용과 갖추어야 할 역량을 살펴보면 다음과 같다.

1) 진로진학상담교사의 직무

교육부에서 제시한 진로진학상담교사의 직무는 진로진학상담부장으로서 학교의 진로교육 총괄, 진로프로그램 기획·운영, '진로와 직업' 교과수업, '진로와 직업' 교과 미개설 시에는 창의적 체험활동 중 진로활동 지도(주당 10시간 이내), 진로·진학 관련 학생상담 및 지도(주당 평균 8시간 이상), 창의적 체험활동 중 진로활동 운영계획 수립 및 진로 관련 에듀팟 관리, 커리어 포트폴리오 지도, 학생부종합전형 준비 지원, 커리어넷 등의 진로직업 관련 심리검사의 활용 및 컨설팅, 교원 및 학부모 대상 진로교육 연수 및 컨설팅, 지역사회 및 유관기관과의 네트워크 관리, 교내·외 진로교육 관련 각종 체험활동 기획·운영, 기타 진로교육 관련 업무이며, 상세한 직무 매뉴얼은 교육부의 가이드라인에 따라 시·도 교육감이 정하도록 하고 있다.

진로진학상담교사는 담임교사와 타 부서 부장교사 및 교사들과 연계하고 협력해서 진로진학 업무와 교육활동을 수행하며 담임교사에게 진로진학 정보를 제공해 학급단위의 진로진학 및 취업지도를 지원하도록 규정하고 있다. 담임 및 교과교사는 학생상담이 원활히 이루어질 수 있도록 정규 수업시간, 방과 후 시간, 창의적 체험활동 시간 등을 활용하도록 협조를 요청하고 있다.

진로진학상담교사의 역할에 따른 직무활동은 직무영역에 따라 개인 특성의 진단 및 평가, 직업정보 제공 및 관리, 진학정보 제공 및 관리, 진로지도 프로그램 개발 및 운영, 진로 및 진학상담, 진로결정 및 실행 지원, 지역사회 네트워킹, 진로교육 실무행정 등으로 다양하게 나타난다(이종범 외, 2010). 진로진학상담교사에게 직무를 부여하는 기준은 표 1-1과 같다.

표 1-1 진로진학상담교사의 역할 및 직무기준별 내용

역할	직무기준	내용
학생진로개발 촉진자	'진로와 직업' 교과지도	개인 특성의 진단 및 평가 직업정보 제공 및 관리 진학정보 제공 및 관리 진로지도 프로그램 개발 및 운영 진로결정 및 실행 지원
	학생 진로진학 보충 및 심화상담	개인 특성의 진단 및 평가 직업정보 제공 및 관리 진학정보 제공 및 관리 진로 및 진학 상담 진로결정 및 실행 지원
지역사회 자원 연계자	지역사회자원 축적 및 관리	지역사회 네트워킹 및 실무행정
	유관기관과의 네트워크 형성 및 관리	지역사회 네트워킹 및 실무행정 진로지도 프로그램 개발 및 운영
입시전형 준비 지원자	학생부종합전형 준비 지원	진학정보 제공 및 관리 진로 및 진학 상담 진로결정 및 실행 지원
	자기주도학습전형 준비 지원	진학정보 제공 및 관리 진로 및 진학 상담 진로결정 및 실행 지원
학생 진로문제 중재자	교사 및 학부모 대상의 진로진학지도방법 컨설팅	개인 특성의 진단 및 평가 직업정보 제공 및 관리 진학정보 제공 및 관리 진로지도 프로그램 개발 및 운영 진로 및 진학 상담 진로결정 및 실행 지원
	창의적 체험활동 종합시스템 (진로활동) 관리 지원	지역사회 네트워킹 및 실무행정
학교 진로교육 총괄 관리자	진로교육 연간계획 수립 및 성과 관리	진로교육 실무행정
	진로교육 보조인력 관리	진로교육 실무행정

출처: 이종범 외(2010). **진로진학상담교사 양성을 위한 표준교육과정 개발 연구**. 서울: 교육과학기술부. p. 119

2) 진로진학상담교사의 역량

국내에서 처음으로 진로진학상담교사의 역량을 도출한 박용호(2011)는 외국의 선행 연구를 고찰해 총 15개 역량을 도출했다. 전문가 행동, 노동시장 이해, 진로개발 측정, 다양성 이해, 윤리적 태도, 진로이론 이해 및 활용, 고용 가능성 개발, 프로그램 개발·실행·관리, 홍보 및 대외관계 형성, 테크놀로지 이해 및 활용, 대인관계, 정보관리 및 활용, 요구분석, 학습촉진, 진로상담 등이 최초로 도출된 진로진학상담교사의 직무수행에 필요한 역량이다.

이 연구는 진로진학상담교사에게 필요한 역량이 무엇인지를 실증적으로 밝혀냈다는 점에서 기존의 연구들(이종범 외, 2010; 조대연, 현영섭, 2008)이 지니고 있었던 한계를 극복했다. 특히 기존의 연구들에서 언급되었던 진로진학상담교사에게 필요할 것으로 예상되었던 역량에 대해 좀 더 종합적으로 접근해서 이를 실증적으로 확인했다는 측면에서 학문적인 의의가 있다.

그러나 김은경(2014)은 위의 연구가 역량 도출 과정에서 외국 사례 중심으로 연구해 우리나라의 실정에 맞지 않고, 연구 참여자들이 상대적으로 진학지도 경험이 많으며, 교육현장에서의 진로진학상담 활동에 대한 명확한 책임과 의무를 아직 인식하지 못할 수도 있는 예비 진로진학상담교사로 구성되어 있어 연구 결과를 일반화하기에는 무리가 있다고 지적했다.

김은경(2014)은 이러한 한계를 극복하고자 문헌조사를 통해 선행 연구를 비교 검토해 진로진학상담교사의 직무수행을 위해 21개의 역량을 도출했다. 진로이론 이해 및 활용, 상담과 교육프로그램의 원리에 대한 이해, 개인차 및 다양성에 대한 이해, 진로상담 역량, 진로검사 역량, 진로정보 역량, 진로프로그램 역량, 연계 역량, 홍보 및 대외관계 형성, 교수활동 역량, 학습촉진, 교육과정 운영 역량, 진학 관련 이해 및 활용, 테크놀로지 이해 및 활용, 요구분석, 고용 가능성 개발, 업무처리 능력, 개인자질 역량, 전문가 윤리 역량, 사회적 책임감, 성찰 및 자기계발 역량이 문헌연구를 통해 도출된 진로진학상담교사의 역량이다.

참고문헌

교육과학기술부(2012). 진로교육개론, 서울: 교육과학기술부.

김은경(2014). 진로진학상담교사의 역량 척도 개발. 영남대학교 박사학위논문.

김충기(1995). 미래를 위한 진로교육. 서울: 양서원.

김태길(1986). 삶과 일. 서울: 정음사.

박용호(2011). 진로진학상담교사의 역량: 교육적 요구분석을 중심으로. 진로교육연구, 24(1), 117-136.

이종범, 최동선, 고재성, 이혜숙(2010). 진로진학상담교사 양성을 위한 표준교육과정 개발 연구. 서울: 교육과학기술부.

조대연, 현영섭(2008). 미국, 캐나다, 호주의 진로교육 전문가 역량 비교 분석. HRD연구, 10(3), 47-64.

한국진로교육학회(2011). 진로교육의 이론과 실제. 서울: 교육과학사.

Marland, Sidney P.(1974). *Career education*. New York: McGraw-Hill.

2장

진로교육의 목표

김봉환

진로교육을 통해 얻거나 이루고자 하는 바가 무엇인지를 이해하는 것은 중요하다. 이는 진로교육 현장에서 기본적으로 무엇을 해야 하는지에 대한 교육내용의 큰 틀을 세우는 것과 연결되기 때문이다. 일반적으로 진로교육의 목표는 자신에 대한 좀 더 명확한 이해와 직업세계에 대한 이해 증진, 합리적인 의사결정 능력의 증진, 정보탐색 및 활용 능력의 함양 등으로 제시된다. 이는 급격한 변화와 발전을 특징으로 하는 현대 사회에서 학생들 자신이 진로를 창의적으로 개발하고 지속적으로 발전시켜 행복한 삶을 살아갈 수 있도록 준비하는 데 필요한 역량들이다. 교육과학기술부는(2012) 이러한 내용을 국가 수준에서 도달하고자 하는 학교 진로교육의 목표로 제시하면서 자기이해와 사회적 역량 개발, 일과 직업세계의 이해, 진로탐색, 진로디자인과 준비라는 4가지 영역에서의 진로교육이 필요하다는 점을 발표했다. 하지만 학교 현장에서 진로지도를 할 때에 학생들의 발달 단계를 고려하지 않고 이러한 목표들을 추구하다 보면 교사와 학생 모두 어려움에 봉착하기 십상이다. 따라서 학생들의 발달 수준에 따른 진로지도의 주안점과 필요점, 어떻게 적용해야 하는지에 대한 방법론에 관해 초·중·고교 학교급별로 체계화된 진로교육의 목표가 필요하다. 이 장에서는 진로발달의 측면에서 초·중·고교 학교급별로 해당되는 진로지도 단계의 특징 등에 대해 살펴보고, 학교급별로 구체화된 진로교육의 목표에 대해 알아본다. 이어지는 진로교육 목표의 핵심정리 내용은 학교급별로 진로교육의 목표에 따라 진로지도 프로그램의 내용을 구성할 때 도움이 된다.

학교급별 진로교육의 목표를 살펴보기 전에 일반적인 진로교육의 목표를 정리해 보기로 한다. 먼저 진로교육의 일반적인 목표를 알아보고, 이어서 정부에서 제시한 진로교육의 목표에 대해 살펴본다.

1) 진로교육의 일반적 목표

진로교육의 일반적 목표는 진로지도 또는 진로상담에서 언급되는 목표와 크게 다르지 않다. 이러한 관점에서 진로교육의 목표를 살펴보면 다음과 같다(김봉환 외, 2006).

(1) 자신에 관한 좀 더 정확한 이해 증진

산업이 고도로 분화되고 발전하는 현대 사회에서는 직업의 종류도 수없이 많아지고 일의 형태도 복잡해지며 계속해서 전문화된다. 이와 같이 복잡한 직업세계에서 자신에게 가장 적합한 직업을 선택하고 성공적인 직업 생활을 영위한다는 것은 결코 쉬운 일이 아니다. 따라서 자신에게 맞는 일과 직업을 선택하기 위해서는 무엇보다도 자신의 가치관, 능력, 성격, 적성, 흥미, 신체적 특성 등에 대해 올바르게 이해하는 일이 필수적이다. 진로교육에서는 이러한 자기이해를 중요한 목표의 하나로 삼아야 할 것이다.

(2) 직업세계에 대한 이해 증진

일부 미래학자의 예측에 따르면, 머지않아 현존하는 직업의 50% 정도는 없어지고 새로운 직종이 생겨나며 존속하는 직종의 경우에도 일의 방법이 많이 바뀔 것으로 전망된다. 이러한 상황에서 장래성이 있으면서 자신에게 잘 맞는 직업을 선택한다는 것은 결코 쉬운 일이 아니다. 일과 직업세계에 대한 객관적인 정보와 이에 대한 체계적인 탐구 없이 진로 또는 직업을 선택한다는 것은 무모한 일이다. 따라서 일과 직업세계의 다양한 측면과 변화 양상 등을 올바르게 이해할 수 있도록 하는 일은 진로교육의 매우 중요한 목표이다.

(3) 합리적인 의사결정 능력의 증진

진로교육의 최종 결과는 그것이 크든 작든 어떤 '결정'이라는 형태로 나타난다. 앞에서 언급한 자신에 대한 정보, 직업세계에 대한 정보 등을 토대로 최종적으로 진로를 선택하는 의사결정을 해야 한다. 이러한 의사결정을 합리적으로 잘하느냐 그렇지 않느냐에 따라 자신에게 적합한 진로를 선택할 수도 있고 그렇지 못할 수도 있다. 아무리 훌륭한 능력과 정보를 가지고 있어도 이를 적절히 활용해서 최선의 선택을 할 수 있는 의사결정 기술을 갖추고 있지 않으면 올바른 진로결정을 하기가 어렵다. 따라서 진로교육에서는 청소년의 진로에 관한 의사결정 과정에 초점을 두고 의사결정 기술을 증진시키도록 조력하는 것을 중요한 목표로 삼아야 한다.

(4) 정보탐색 및 활용 능력의 함양

이미 정보화 시대 속에 살고 있고 앞으로 더욱 고도화된 정보화 시대를 살아갈 청소년에게 정보를 탐색하고 활용하는 능력을 길러 주는 일은 중요하다. 자신에게 필요한 다양한 정보를 신속하게 수집, 분석, 가공해 적절하게 활용하는 능력을 갖추는 것은 정보화 시대를 바람직하게 살아가는 모습의 하나일 것이다. 뿐만 아니라 정보 제공이 중요한 비중을 차지하는 진로지도 및 상담에서 교사 한 사람이 그 많은 직업정보를 수집하고 가공해 학생들이 원하는 상태로 제공해 주는 데는 분명히 한계가 있다. 그렇기 때문에 학생들 스스로 정보를 탐색할 수 있는 방법을 알려 주고 실행에 옮겨 보도록 안내해서 필요한 정보를 스스로 수집해 활용할 수 있도록 돕는 것을 중요한 목표로 삼아야 한다.

(5) 일과 직업에 대한 올바른 가치관 및 태도 형성

현대 사회에서 일이란 부를 창조하는 원천이며, 직업은 생계의 수단으로서뿐만 아니라 사회봉사와 자아실현의 수단으로서 그 중요성이 더욱 증대되고 있다. 그러나 우리 사회는 아직도 일을 천시하거나 싫어하는 풍조를 추방하지 못하고 있다. 학교의 입시경쟁이 치열하게 된 원인도 따지고 보면 직업을 돈과 권력, 명예를 획득하는 수단으로 보는 생각에서 비롯되었다고 할 수 있다. 일을 하는 것은 당연히 생계유지 수단 이상의 의미를 갖는다. 일이 갖는 본래의 의미를 깨닫고 올바른 직업관과 직업의식을 갖도록 하는 것이 진로교육의 중요한 목표 중의 하나가 되어야 한다.

2) 학교 진로교육의 목표

교육과학기술부(2012)에서는 '학교 진로교육 목표와 성취기준'을 발표해서 국가 차원에서 달성하고자 하는 학교 진로교육의 목표 및 학생 발달 단계에 따른 초·중·고 학교급별로 진로교육의 구체적인 목표를 제시했다. 이 자료에서는 자기이해와 사회적 역량 개발, 일과 직업세계의 이해, 진로탐색, 진로디자인과 준비를 학교 진로교육 목표의 4가지 영역이라고 함께 밝히고 있다. 학교 진로교육 목표의 내용은 표 2-1과 같다.

표 2-1 학교 진로교육 목표

학생 자신의 진로를 창의적으로 개발하고 지속적으로 발전시켜 성숙한 민주시민으로서 행복한 삶을 살아갈 수 있는 역량을 기른다.

출처 : 교육과학기술부(2012), **학교 진로교육 목표와 성취기준**

2 초등학교 진로교육의 목표

학교급별로 볼 때 초등학교 시기는 진로교육의 첫 단계이다. 첫 단계가 튼실하게 자리를 잡아야 이후 단계도 원만하게 뒤를 이을 것이다. 여기에서는 먼저 초등학생의 진로지도 단계의 특징을 알아보고, 연구자의 관점에 따라 다양하게 제시되는 초등학교 진로교육의 목표 및 주요 내용을 살펴본다.

1) 초등학생의 진로지도 단계

진로발달의 측면에서 볼 때, 초등학교 시기는 진로의 중요성에 대해 알아차리는 '진로인식(career awareness)' 단계에 해당한다. 진로인식과 더불어 진로를 탐색하고 준비하는 행동이 동시에 이루어질 필요가 있으므로, 여러 가지 학습활동과 경험을 통해 자기 자신과 일에 대한 이해를 돕는 활동이 요구된다.

초등학교에서 진로지도를 할 때, 저학년의 경우 형식적인 조작이 불가능하기 때문에 견학, 시뮬레이션, 시범, 영상물 상영 등을 통해 직접 보고 만지며 행동으로 표현해 볼 수 있는 구체적인 방법을 활용하는 것이 효과적이다. 고학년의 경우, 점차적으로 추상적 개념을 도입하는 것이 바람직하다.

초등학교 진로교육의 주요 전제에 대한 연구(Herr, Cramer, & Niles, 2013)에 따르면, 초등학교에서 개발된 일의 습관이나 태도는 어른이 된 후의 일의 습관이나 태도와 관계가 깊다고 한다. 그러므로 이 시기에 일의 습관이나 태도가 올바르게 형성되고 개발될 수 있도록 학교 교육과정을 통한 체계적인 지식 및 기능이 제공되어야 한다. 이를 위해 교사와 상담자 사이의 집중적인 협력이 필요하다. 또한 초등학생의 변화하는 발달적 특성에 부응하도록 진로교육 프로그램을 계획하고 조직해야 한다. 자아와 기회에 대한 긍정적인 태도 및 자신감을 형성하고, 학교에서의 경험이 자신의 미래를 준비하고 탐색하는 데 유용하게 사용되는 방법임을 강조할 필요가 있다. 중요한 점은 초등학생에게 미숙한 선택을 강요하는 것은 바람직하지 않다는 것이다. 오히려 미래의 선택을 성급하게 하지 않도록 해야 한다는 점을 연구에서는 강조하고 있다. 또한 초등학교에서 진로교육을 제공할 때 어린이의 진로발달에 미치는 부모의 영향이 중요하다는 점을 잊지 말아야 한다고 말한다.

2) 초등학교의 진로교육의 목표

초등학교 진로교육의 주요 목표는 직업선택에 필요한 초보적인 지식 및 기능의 습득과 일에 대한 기본적인 태도와 가치관을 형성하는 것이다. 초등학생 진로교육의 목표는 연구자의 관점에 따라 다양하게 제시된다.

(1) 초등학교 진로교육 목표(장석민, 2001)

진로교육 목표 및 내용체계 확립에 대한 장석민(2001)의 연구에서 제시하는 초등학교 진로교육의 목표를 자세히 살펴보면 표 2-2와 같다. 그는 초등학교 진로교육 목표의 5가지 영역을 자아이해, 일과 직업세계, 일과 직업에 대한 태도와 습관 형성, 일과 학습, 진로계획으로 분류해서 설명했다.

표 2-2 초등학교 진로교육 목표

영역	진로교육 목표
자아이해	• 자아의 주요 특성의 인식과 계발 • 사람들과의 상호작용 기능의 필요성 인식 • 자신의 성격, 적성과 흥미 확인
일과 직업세계	• 다양한 일과 직업세계에 대한 기초적인 경험 • 일의 세계가 개인 · 사회와 맺고 있는 관련성 인식 • 일상생활과 관련된 다양한 진로 정보원의 인식
일과 직업에 대한 태도와 습관 형성	• 일과 직업에 대한 다양한 가치관의 이해 • 일과 직업에 대한 바른 습관의 중요성 인식 • 성 역할의 변화에 대한 초보적 인식
일과 학습	• 학업 성취가 직업 생활에 주는 이점 인식 • 모든 직업에 공통적인 기초 기능의 경험과 이해 • 다양한 일과 직업세계가 요구하는 다양한 자질 특성의 이해
진로계획	• 진로목표 설정의 중요성 인식 • 합리적 의사결정 기능의 중요성 이해 • 초보적인 진로계획의 수립과 실천

출처 : 장석민(2001), **진로교육 목표 및 내용 체계화 연구**

(2) 초등학교 진로교육 목표(이영대 외, 2004)

이영대 외(2004)는 연구에서 진로와 관련된 생애 단계를 5단계로 구분해서 각 생애 단계별 진로교육의 목표 및 내용 체계를 수립했다. 그는 생애 1단계를 초등학교 시기에 대응하는 인식 단계로 보고, 이 단계의 진로교육 목표를 표 2-3과 같이 제시했다.

표 2-3 초등학교 진로교육 목표

영역	진로교육 목표
자기이해 및 긍정적인 자아개념	자신이 소중한 존재임을 인식한다.
다른 사람과의 긍정적인 상호작용	긍정적인 대인관계의 중요성을 인식한다.
평생학습의 중요성 인식 및 참여	학습의 중요성을 인식하고 기본적인 학습 습관과 태도를 습득한다.
진로정보의 탐색 · 해석 · 평가 · 활용	진로정보의 숭요성을 인식하고 탐색한다.
일 · 사회 · 경제와의 관계 이해	일의 중요성을 인식한다.
긍정적인 직업 가치와 태도	맡은 일에 열심히 임하는 태도를 형성한다.
합리적인 의사결정 및 진로계획의 수립	의사결정의 중요함을 인식하고 미래에 대한 꿈을 갖는다.
효과적인 구직 · 직업 유지 · 전환	직업인이 되기 위해 요구되는 자질이 무엇인지 인식한다.

출처 : 이영대 외(2004), **생애단계별 진로료육의 목표 및 내용 체계 수립**

(3) 초등학교 진로교육 목표 및 영역별 세부 목표(교육과학기술부, 2012)

교육과학기술부(2012)에서는 국가 수준에서 달성하고자 하는 초등학교 진로교육의 목표를 표 2-4와 같이 제시했다. 그리고 이를 학교 진로교육 목표의 4가지 영역에 따라 세부적인 목표로 세분화해 설명했다(표 2-5 참조).

표 2-4 초등학교 진로교육 목표

긍정적 자아개념을 형성하고 일의 중요성을 이해하며 진로탐색과 계획 및 준비를 위한 기초소양을 키움으로써 진로개발 역량의 기초를 배양한다.

출처 : 교육과학기술부(2012), **학교 진로교육 목표와 성취기준**

표 2-5 초등학교 진로교육의 각 영역별 세부 목표

영역	세부 목표
자아이해와 사회적 역량	• 진로개발 역량의 기초가 되는 긍정적인 자아개념과 대인관계 및 의사소통의 기초를 기른다.
일과 직업세계의 이해	• 일과 직업의 기능과 중요성을 알고 최선을 다하는 생활 태도와 건강한 직업의식을 형성한다.
진로탐색	• 자신의 진로를 위해 학습의 중요성을 이해하고 다양한 방법으로 주위의 직업을 탐색하고 수집하는 능력을 기른다.
진로디자인과 준비	• 자신의 진로를 다양하고 창의적으로 설계할 수 있도록 기초적인 의사결정과 계획수립 역량을 기른다.

출처 : 교육과학기술부(2012), **학교 진로교육 목표와 성취기준**

3) 초등학교 진로교육 목표의 핵심

초등학교의 진로교육은 초등학생 시기의 진로발달 수준에 따라 진로인식에 초점을 두어야 한다. 따라서 구체적인 진로선택이나 기능을 훈련시키는 데 주안점을 두기보다는 오리엔테이션을 한다는 생각으로 다양한 학습활동을 통해 폭넓은 진로인식을 할 수 있도록 도와야 한다. 이 시기에는 진로인식과 더불어 진로를 탐색하고 준비하는 행동이 동시에 이루어질 필요가 있으므로, 여러 가지 학습활동과 경험을 통해 자기 자신과 일에 대한 이해를 증진시키도록 하고, 일에 대한 긍정적인 태도와 가치관을 형성하도록 하며, 합리적인 진로의사결정 능력을 증진할 수 있도록 해야 한다. 그리고 초보적인 수준이지만 자신의 진로계획을 수립하는 능력을 기를 수 있도록 돕는 활동이 필요하다.

3 중학교 진로교육의 목표

중학교 시기의 학생들은 다양한 신체적, 정서적 변화를 겪는 만큼 발달 단계에 알맞은 진로지도의 목표를 설정하는 것이 매우 중요하다. 여기에서는 중학생을 대상으로 진로지도를 실시할 경우 어떠한 진로지도의 목표를 가지고 임해야 할지에 관해 살펴본다.

1) 중학생의 발달적 특징

중학생 시기는 아동기에서 성인기로 이행하는 과도기로, 정신적으로나 육체적으로 급격하게 성장하고 정체성의 혼란을 겪는 등 다양한 변화와 발달 양상이 나타난다. 그리고 학생들 사이에서는 신체적, 지적, 정서적 발달 면에서 개인차가 드러나고, 남녀 간의 성차(sex difference)가 나타나는 특징을 보인다. 또한 이 시기에 이미 장래에 어떤 고등학교와 대학교를 진학할 것인지 결정하는 기초가 이루어지는데, 이러한 과정에서 불확실한 미래에 대한 불안감을 느낄 수 있다. 인지발달 단계에 따르면, 대략 12세경에 구체적 조작단계의 사고에서 형식적 조작단계의 사고로의 전환이 시작된다. 그렇기 때문에 중학생이 문제해결을 하고 계획을 세우는 일 등은 상당히 비체계적일 수 있다.

2) 중학생의 진로지도 단계

중학생 시절은 진로발달의 측면에서 볼 때 '진로탐색(career exploration)' 단계에 해당하는데, 직업에 대한 지식과 진로결정 기술을 확립하도록 지도하는 것이 주요 업무이다. 중학교 진로교육에서는 학생들이 자신과 일에 관련된 지식을 심화시키고, 진로의사결정 기술을 습득하며, 자기개념을 명료화하고, 긍정적인 사회적 행동을 표현하며,

기본적인 경제 욕구를 이해할 수 있도록 도모하는 것이 중요하다.

중학교에서의 진로교육은 초등학교 때보다 좀 더 추상적인 방법을 사용할 수 있다. 그러나 아직은 학생들의 논리적 사고가 완전한 수준에 도달하지는 않았기 때문에, 추상적인 방법에 비해 구체적인 방법이 효과가 더 큰 경우가 많다. 특히 이 시기에는 자신의 감정과 태도를 자연스럽게 표현하고 탐색할 수 있는 기회를 제공해 주는 것이 좋다. 개인상담을 실시할 수 있지만, 경우에 따라서 집단토의나 집단상담을 활용함으로써 더 좋은 효과를 거둘 수도 있다(김봉환 외, 2006).

중학교 진로교육의 주요 전제(Herr, Cramer, & Niles, 2013)에 따르면, 중학생을 지도할 때는 남녀 간의 성차에서 생기는 다양한 현상을 이해해야 하며, 교육적인 선택이나 자신의 특성을 탐색하는 데 더 광범위한 기회를 주어야 한다. 그리고 진로성숙, 흥미, 가치관, 태도가 다양해지므로 개인차를 포괄하고 반영할 수 있는 다양한 방법이 요구되는데, 구체적이고 직접적인 경험을 하도록 하는 것이 탐색에 도움이 된다. 진로지도 프로그램을 진행할 때는 학생들이 자신들의 감정, 욕구, 불확실성 등을 교육적·직업적 선택을 평가하는 기초로 탐색하도록 할 필요가 있다.

3) 중학교 진로교육의 목표

중학교 진로교육의 주요 목표는 직업에 대한 지식과 진로결정 기술을 확립하는 데 있다. 연구자의 관점에 따라 다양하게 제시되는 중학교 진로교육의 목표를 살펴본다.

(1) 중학교 진로교육 목표(장석민, 2001)

진로교육 목표 및 내용 체계 확립에 대한 장석민(2001)의 연구에서 제시하는 중학교 진로교육의 목표를 자세히 살펴보면 표 2-6과 같다. 그는 중학교 진로교육 목표의 5가지 영역을 자아이해, 일과 직업세계, 일과 직업에 대한 태도와 습관 형성, 일과 학습, 진로계획으로 분류해서 설명했다.

표 2-6 중학교 진로교육 목표

영역	진로교육 목표
자아이해	• 자아 특성의 장단점 탐색 • 주변 사람들과의 효과적인 상호작용 기능 탐색 • 자신의 성격, 적성, 흥미의 탐색과 계발
일과 직업세계	• 직업의 종류와 특성 이해 • 사회의 변화에 따른 직업세계의 변화 이해 • 진로정보의 탐색 및 활용 기능 탐색
일과 직업에 대한 태도와 습관 형성	• 일과 직업에 관한 생산적 가치관 및 태도의 탐색 • 실천과 실습을 통한 일의 습관 탐색 • 변화하는 성 역할에 대한 체계적인 탐색
일과 학습	• 직업세계와 관련한 학교 학습의 중요성 이해 • 지역사회 활동을 통한 직업기초 기능의 경험과 응용 • 자신의 자질 특성과 직업세계와의 관계 탐색
진로계획	• 자아 특성에 기초한 진로목표의 탐색 • 합리적 의사결정 기능의 탐색과 계발 • 적성과 능력에 기초한 진로계획의 탐색과 실천

출처 : 장석민(2001), **진로교육 목표 및 내용 체계화 연구**

(2) 중학교 진로교육 목표(이영대 외, 2004)

이영대 외(2004)는 연구에서 진로와 관련된 생애 단계를 5단계로 구분해서 각 생애 단계별 진로교육의 목표 및 내용 체계를 수립했다. 그는 생애 2단계를 중학생 시기에 대응하는 탐색 단계로 보고, 이 단계의 진로교육 목표를 표 2-7과 같이 제시했다.

표 2-7 중학교 진로교육 목표

영역	진로교육 목표
자기이해 및 긍정적인 자아개념	자신을 알고자 노력하며 긍정적인 자아개념을 형성한다.
다른 사람과의 긍정적인 상호작용	긍정적인 대인관계에서 요구되는 능력을 습득한다.
평생학습의 중요성 인식 및 참여	학습의 중요성을 인식하고 자기주도적 학습 습관과 태도를 갖는다.
진로정보의 탐색 · 해석 · 평가 · 활용	진로정보를 탐색해 잠정적인 진로결정에 활용한다.
일 · 사회 · 경제와의 관계 이해	일 · 사회 · 경제 · 자산과의 상호관계를 이해

긍정적인 직업가치와 태도	직업을 대하는 긍정적이며 적극적인 태도를 갖는다.
합리적인 의사결정 및 진로계획의 수립	잠정적인 의사결정을 위해 다양한 진로대안을 모색한다.
진로계획의 실천	다양한 진로대안의 적합성을 비교 · 검토한다.
효과적인 구직 · 직업 유지 · 전환	취업에 필요한 지식 · 기술 · 태도를 습득한다.

출처 : 이영대 외(2004), **생애단계별 진로교육의 목표 및 내용 체계 수립**

(3) 중학교 진로교육 목표 및 영역별 세부 목표(교육과학기술부, 2012)

교육과학기술부(2012)에서는 국가 수준에서 달성하고자 하는 중학교 진로교육의 목표를 표 2-8과 같이 제시했다. 그리고 이를 학교 진로교육 목표의 4가지 영역에 따라 세부적인 목표로 세분화해 설명했다(표 2-9 참조).

표 2-8 중학교 진로교육 목표

초등학교에서 함양된 진로개발 역량의 기초를 발전시키며 다양한 직업세계와 교육 기회를 탐색하고 중학교 이후의 진로를 디자인하고 준비한다.

출처 : 교육과학기술부(2012), **학교 진로교육 목표와 성취기준**

표 2-9 중학교 진로교육의 각 영역별 세부 목표

영역	세부 목표
자아이해와 사회적 역량	• 긍정적 자아개념을 강화하고 자신의 특성에 대한 이해의 폭을 넓히며 대인관계와 의사소통 역량을 발전시킨다.
일과 직업세계의 이해	• 직업세계의 다양함과 역동적인 변화의 모습을 이해하고 자기주도적으로 직업세계를 탐색할 수 있는 역량을 기른다.
진로탐색	• 중학교 이후의 교육 경로, 직업인 역할 모델을 비롯한 관심 분야의 진로 · 직업에 관한 다양한 탐색과 분석을 바탕으로 자신에게 적합한 진로 · 직업을 탐색하는 역량을 기른다.
진로디자인과 준비	• 자신과 진로 · 직업 및 교육세계에 대한 탐색을 바탕으로 중학교 졸업 이후의 진로를 다양하고 창의적으로 설계하고 이를 실천하기 위한 역량을 기른다.

출처 : 교육과학기술부(2012), **학교 진로교육 목표와 성취기준**

4) 중학교 진로교육 목표의 핵심

중학교의 진로교육은 중학생 시기의 진로발달 수준에 따라 진로탐색에 초점을 두어야 한다. 따라서 구체적인 직업선택을 강조하기보다는 다양한 활동을 통한 자아정체성 확립과 직업세계의 탐색에 주안점을 둔다. 이 시기에는 초등학교에서의 진로교육에 이어서 자기이해를 증진시키고, 다양한 직업을 탐색하며, 관련 기술을 습득하고, 합리적인 진로의사결정을 할 수 있는 능력을 증진하며, 진로계획을 수립하는 능력을 증진하는 것을 주요 목표로 한다.

진로지도를 할 때 학생들이 자신의 감정과 태도를 자연스럽게 표현하고 탐색할 수 있는 기회를 제공해 주는 것이 좋으며, 개인상담뿐만 아니라 집단토의나 집단상담을 활용함으로써 더 좋은 효과를 거둘 수 있다. 또한 구체적이고 직접적인 경험을 하도록 하는 것이 탐색에 도움이 된다.

4 고등학교 진로교육의 목표

고등학교 시기의 학생들은 초등학생이나 중학생과는 달리 실질적인 진로선택이 가능하다는 점에서 구별되는 특징을 지닌다. 고등학생을 대상으로 진로지도를 실시할 경우에 어떠한 진로지도 목표를 가지고 임해야 할지에 관해 살펴본다.

1) 고등학생의 진로지도 단계

진로발달 측면에서 볼 때 고등학생 시기는 '진로준비(career preparation)' 단계에 해당된다. 이 시기에는 자신의 능력, 적성, 흥미, 경제적 여건, 직업 포부, 중요한 타인들의 의견 등을 고려해 자신의 진로를 선택하고 그 진로를 개척해 나갈 수 있는 탐색과 준비를 해야 한다. 그러므로 직업수행에 필요한 지식과 기술을 습득하도록 하는 교육적·직업적 프로그램이 필요하다. 직업수행에 필요한 기술, 직업윤리, 일과 관련된 사회적·심리적 요인이 무엇인지 이해하고, 직업과 관련된 흥미와 적성을 발견해서 원하는 직업과 자신의 특성의 일치 여부를 판단하는 일이 중요한 과제이다. 우리나라의 상황에서는 계속교육을 위해 상급학교에 진학할 것인지 아니면 직업세계에 입문할 것인지를 결정해야 하기 때문에 졸업 후 진로계획에 따라 진학지도와 취업지도가 중요한 과제로 등장하게 된다.

고등학교에서의 효과적인 지도방법은 중학교에서 실시하던 방법 외에 진학을 위한 상급학교와의 유기적인 협동 하에서의 연계 강화 또는 취업에 대비한 현장실습이 가능한 산학협동 방안을 실현하는 것이다.

고등학교 진로교육의 일반적인 특징(김봉환 외, 2006)을 고려한다면, 많은 학생에게 고등학교는 형식교육의 마지막 단계이므로 모든 학생에게 진로지도를 받을 수 있는 기회를 주어야 한다. 또한 학습 습관, 인간관계, 면접기술 등을 다루는 상담과 발달적인 생활지도 경험을 수반할 필요가 있다. 그리고 고등학교 졸업 후의 진로는 진학이나 취업 등 비교적 분명하기 때문에 이들 각각의 장단점을 고려해서 결정하도록 해야 하고, 단기, 중기, 졸업 후의 장기적인 진로선택을 하도록 하는 포괄적 진로계획을 강조할 필요가 있다. 고등학생이 진로결정을 할 때 받는 스트레스가 상당하므로, 압력에 효과적으로 대처할 수 있도록 도움을 주어야 한다. 고등학생의 경우 언어와 개념적 기술의 발달로 인해 다양한 방법의 진로지도 실시가 가능하다는 특징이 있다. 진로지도와 정치활동(placement service)을 어떻게 취급할 것인지를 결정해야 한다.

2) 고등학교 진로교육의 목표

고등학교 진로교육의 주요 목표는 이전에 함양된 기초적 진로개발 역량을 바탕으로 진로를 선택, 계획, 준비하는 것과 진로계획을 바탕으로 구체적인 진로를 설계하고 준비하는 것이다. 연구자의 관점에 따라 다양하게 제시되는 고등학교 진로교육의 목표에 대해 살펴본다.

(1) 고등학교 진로교육 목표(장석민, 2001)

진로교육 목표 및 내용 체계 확립에 대한 장석민(2001)의 연구에서 제시하는 고등학교 진로교육의 목표를 자세히 살펴보면 표 2-10과 같다. 그는 고등학교 진로교육 목표의 5가지 영역을 자아이해, 일과 직업세계, 일과 직업에 대한 태도와 습관 형성, 일과 학습, 진로계획으로 분류해서 설명했다.

표 2-10 고등학교 진로교육 목표

영역	진로교육 목표
자아이해	• 긍정적 자아개념의 형성 • 사회생활에서 타인과의 적극적인 상호작용 기능 계발 • 직업과 관련된 적성, 흥미, 가치관의 적극적 계발
일과 직업세계	• 다양한 직업의 종류와 여러 가지 직업 분류체계 이해 • 미래 사회의 변화에 따른 직업세계의 변화 이해 • 진로정보의 탐색, 평가, 해석 능력 계발 • 구직 또는 직장생활, 직업 전환에 필요한 기능 습득
일과 직업에 대한 태도와 습관 형성	• 일과 직업에 대한 적극적인 가치관의 경험과 태도 형성 • 미래 사회가 요구하는 바람직한 일의 습관 형성 • 변화하는 성 역할에 따른 직업세계의 변화 예측
일과 학습	• 진학과 취업을 위한 학교 학습의 선택과 활용 • 미래의 직업선택과 관련하여 요구되는 직업 능력의 학습 • 적성과 자질에 기초한 관련 자격증에 대한 탐색과 준비
진로계획	• 일과 직업에 관련된 진로목표의 설정과 준비 • 합리적 의사결정 모형의 이해와 응용 • 진학과 취업을 위한 장 · 단기 진로계획의 수립과 실천

출처 : 장석민(2001), **진로교육 목표 및 내용 체계화 연구**

(2) 고등학교 진로교육 목표(이영대 외, 2004)

이영대 외(2004)는 연구에서 진로와 관련된 생애 단계를 5단계로 구분해 각 생애 단계별 진로교육의 목표 및 내용 체계를 수립했다. 그는 생애 3단계를 고등학생 시기에 대응하는 준비 단계로 보고, 이 단계의 진로교육 목표를 표 2-11과 같이 제시했다.

표 2-11 고등학교 진로교육 목표

영역	진로교육 목표
자기이해 및 긍정적인 자아개념	자신을 객관적으로 이해하고 긍정적인 자아개념을 형성한다.
다른 사람과의 긍정적인 상호작용	긍정적인 대인관계에서 요구되는 능력을 향상시킨다.
평생학습의 중요성 인식 및 참여	학습의 중요성을 인식하고 학습 능력을 향상시킨다.
진로정보의 탐색 · 해석 · 평가 · 활용	다양한 진로정보를 탐색 · 해석 · 평가 · 활용한다.
일 · 사회 · 경제와의 관계 이해	사회 · 경제적인 환경 변화가 일과 직업에 미치는 영향을 이해한다.
긍정적인 직업가치와 태도	직업생활에서 요구하는 긍정적이며 적극적인 태도와 습관을 함양한다.
합리적인 의사결정 및 진로계획의 수립	합리적인 의사결정을 기초로 해서 세부 진로계획을 수립한다.
진로계획의 실천	자신이 수립한 진로계획의 목표를 달성하기 위해 세부과업을 설정하고 실천한다.
효과적인 구직 · 직업 유지 · 전환	취업에 필요한 지식 · 기술 · 태도를 습득한다.

출처 : 이영대 외(2004), **생애단계별 진로교육의 목표 및 내용 체계 수립**

(3) 고등학교 진로교육 목표 및 영역별 세부목표(교육과학기술부, 2012)

교육과학기술부(2012)에서는 국가 수준에서 달성하고자 하는 고등학교 진로교육의 목표를 표 2-12와 같이 제시했다. 그리고 이를 학교 진로교육 목표의 4가지 영역에 따라 세부적인 목표로 세분화해 설명했다(표 2-13 참조). 고등학교 진로교육의 일차적목표는 일반고등학교와 특성화고등학교로 구분해서 제시했는데, 일반고등학교의 경우 대학과 전공학과를 선택할 때 효과적인 방법을 모색하는 것을 목표로 하고 있으며, 특성화고등학교의 경우 구체적이고 현실적인 정보탐색 및 현장경험을 통해 취업에 필요한 태도와 자질을 배양하는 것을 목표로 하고 있다.

표 2-12 고등학교 진로교육 목표

중학교까지 형성된 진로개발 역량을 향상시키고 고등학교 이후의 진로를 디자인하고 그를 실천하기 위해서 준비한다.

출처 : 교육과학기술부(2012), **학교 진로교육 목표와 성취기준**

표 2-13 고등학교 진로교육의 각 영역별 세부 목표

영역	세부 목표	
	일반고등학교	특성화고등학교
자아이해와 사회적 역량	진로개발 역량의 기초가 되는 긍정적인 자아개념과 대인관계 및 의사소통 역량을 발전시키며 자신의 꿈과 비전을 자신의 진로와 연결시키는 노력을 한다.	자신에 대한 종합적인 이해를 하도록 하며, 긍정적인 자아개념과 대인관계 및 의사소통 역량을 발전시키며 자신의 꿈과 비전을 자신의 진로와 연결시키는 노력을 한다.
일과 직업세계의 이해	일과 직업세계의 변화와 다양성에 대한 인식을 강화하고 건강한 직업의식과 태도를 갖춘다.	일과 직업세계의 변화와 다양성에 대한 인식을 강화하고 건강한 직업의식과 태도를 갖춘다.
진로탐색	희망직업에 대한 구체적인 정보탐색과 아울러 고등교육기회 탐색 능력을 배양한다.	고등학교 졸업 후의 진로에 대한 다양한 정보를 탐색하는 역량을 기른다.
진로디자인과 준비	고등학교 이후의 진로를 다각적으로 디자인해 보고, 가장 합리적인 방안을 선택하고 이를 실현하기 위해 체계적인 계획을 수립하고 준비한다.	고등학교 이후의 진로에 대해 합리적인 의사결정을 하고, 체계적인 계획을 수립하고 준비한다.

출처 : 교육과학기술부(2012), **학교 진로교육 목표와 성취기준**

3) 고등학생 진로교육 목표의 핵심

고등학교의 진로교육은 고등학생 시기의 진로발달 수준에 따라 진로준비에 초점을 두어야 한다. 이를 위해 자기이해를 위한 지속적인 노력을 기울이도록 독려하고, 다양한 직업세계 및 미래의 변화에 관심을 가지고 이해하도록 하며, 앞으로 펼쳐질 자신의 진로를 계획·선택·준비하도록 하는 것을 주요 목표로 한다.

고등학생의 경우 언어와 개념적 기술의 발달로 인해 다양한 방법의 진로지도 실시가 가능하다는 특징이 있으므로, 단기, 중기, 졸업 후의 장기적인 진로선택을 하도록 하

는 포괄적 진로 계획을 강조할 필요가 있다. 이 시기에 학생들이 진로결정을 할 때 받는 스트레스가 상당하므로, 압력에 효과적으로 대처하도록 도움을 주어야 한다. 진로지도의 방법으로, 중학교에서 실시하던 방법 외에 진학을 위한 상급학교와의 유기적인 협동 하에서의 연계 강화 또는 취업에 대비한 현장실습이 가능한 산학협동 방안을 실현하는 것이 효과적이다.

참고문헌

교육과학기술부(2012). 학교 진로교육 목표와 성취기준.

김봉환, 정철영, 김병석(2006). 학교진로상담. 서울: 학지사.

김봉환, 박예진(2010). 청소년 진로지도 목표별 지도방법 탐색. 서울: 학지사.

이영대, 임언, 이지연, 최동선, 김나라(2004). 생애단계별 진로교육의 목표 및 내용 체계 수립. 서울: 한국직
　　업능력개발원.

장석민(2001). 진로교육 목표 및 내용 체계화 연구. 서울: 한국직업능력개발원.

Herr, E, L., Cramer, S. H., & Niles, S. G.(2013). *Career guidance and counseling through the
　　lifespan: Systematic approaches*(6th ed.).

2부

진로교육의
내용

3장

자기이해

조봉환

진로계획을 세울 때 가장 먼저 고려해야 할 점은 자신에 대한 정확한 이해이다. 자신의 적성, 지능, 흥미, 성격, 가치관, 학업성취도, 진로성숙도, 진로포부, 신체적 조건, 가정환경, 사회환경 등과 같은 자아 특성에 대한 이해는 개인의 진로계획 및 직업 선택과 매우 밀접하게 관련된다.

이 장에서는 먼저 자기이해의 개념을 알아보고, 자기이해의 영역으로 진로선택과 밀접한 관련이 있는 적성, 흥미, 성격, 가치관에 대해 살펴본다. 또한 자기이해를 위한 방법으로 진로심리검사와 직업카드 및 진로가계도에 대해 알아본다.

진로심리검사에는 미래의 교육과정이나 직업 훈련에서 성공할 가능성을 예상할 때 주로 사용되는 적성검사와 분명한 직업 결정보다 자기이해 증진에 목적을 두는 흥미검사, 개인의 능력과 구별되는 정서적, 동기적, 대인적, 태도적 특성을 측정하는 성격검사, 진로방향을 결정하려는 학생에게 유용한 가치관검사가 포함된다. 직업카드는 진로탐색을 할 때 자신의 중요한 진로흥미나 가치를 질적으로 탐색하도록 도와주는 유용한 도구로, 다양한 직업세계를 경험하고 직업정보를 구체적으로 탐색하는 데 효과적으로 활용할 수 있다. 진로가계도는 진로상담의 정보수집 단계에서 일종의 질적 평가과정으로 사용할 수 있다.

1 자기이해의 개념

오늘날 청소년 진로상담의 문제점 중 하나는 청소년에게 일과 직업세계와 관련된 올바른 자기인식 능력을 길러 주지 못한다는 것이다. 과학기술의 발전으로, 현대 사회의 산업은 고도로 분화되고 발전했다. 이에 따라 직업의 종류도 수없이 많아졌고, 계속해서 전문화되는 추세를 유지하고 있으며, 일의 내용도 더욱 복잡해졌다. 이와 같이 복잡한 직업세계에서 자기에게 가장 적합한 직업을 선택하고 성공적인 직업 생활을 영위한다는 것은 결코 쉬운 일이 아니다. 직업의 종류에 따라 요구되는 능력과 적성, 기능, 역할은 다양하다. 따라서 자신에게 맞는 일과 직업을 선택하기 위해서는 무엇보다도 자신의 능력, 흥미, 적성, 성격, 가치관, 신체적 특성 등에 대하여 올바르게 이해하는 것이 필수적이다(김봉환 외, 2006).

진로지도에서는 무엇보다도 여러 측면에서 자신을 있는 그대로 정확하게 인식하도록 돕는 자기탐색(self-exploration)의 경험을 제공할 필요가 있다(Sharf, 2004). 즉 자신의 적성, 흥미, 성격, 가치관, 진로성숙도, 포부 수준, 학력, 성, 신체조건, 의미 있는 타인, 가정 배경, 학교 배경, 사회의 경제 상태 등에 대해 정확하게 이해할 수 있도록 도와주어야 한다. 표준화된 심리검사나 면담, 관찰, 자료 분석 등의 진단 방법을 통해서 내담자의 특성을 발견할 수 있으며, 개인상담, 집단상담, 집단지도 등을 통해 자아를 발견하고 인식하도록 조력할 수 있다(이재창, 2005).

자기 자신을 이해한다는 것은 자신의 가치, 신념, 태도 등에 대한 이해를 넘어서 이것이 자신의 행동에 어떻게 영향을 미치는지에 대해 아는 것이다(임경희 외, 2015). 자기 자신을 어떻게 인식하느냐에 따라 사고와 행동이 달라지므로, 자기 자신을 이해하는 방법이나 정도가 진로결정에 중요한 역할을 한다. 뿐만 아니라 자기 자신에 대한 올바른 이해는 개인의 삶의 방향과 질을 결정하는 중요한 변수이므로, 진로를 개척하려면 자신에 대한 이해가 선행되어야 한다. 자기이해를 토대로 진로선택이 이루어질 때 자신의 삶을 행복하고 만족스럽게 영위할 수 있다(지용근·김옥희·양종국, 2005).

파슨스(Parsons)는 직업을 선택하기 위해서는 특성과 요인을 파악하고 이 두 정보 사이의 연관성을 매칭하는 작업이 이루어져야 한다고 보았다(Sharf, 2006). 즉 직업 선택은 내담자가 자신의 특성을 파악하도록 돕고 필요한 직업 정보를 수집하여 합리적 선택이 되도록 연결하는 작업이라고 할 수 있다. 이를 위해서는 다음과 같은 정보가 필요하다. 첫째, 자기 자신에 대한 명확한 이해, 즉 자신의 적성, 능력, 흥미, 가치관, 성격, 포부, 자원의 한계와 원인 등에 대해 아는 것이다. 둘째, 직업에 대한 이해와 지식, 즉 각 직업의 요구 및 성공 요건, 장·단점, 보수, 고용 기회, 전망 등에 대한 지식을 얻는 것이다. 셋째, 두 정보 사이의 정확한 추론, 즉 이 두 정보 사이의 연관성에 대해 합리적 연결을 하는 것이다(이재창 외, 2014).

지난 1세기 동안 파슨스의 개념은 검사를 통해 얻은 정보와 직업 정보를 통합한 조언으로 이야기되어 왔다. 그의 관점은 이후 특성요인 이론을 발전시키는 기반이 되었다. 특성(trait)이라는 용어는 검사를 통해 측정할 수 있는 개인의 특징을 말한다. 요인(factor)이라는 용어는 성공적인 직무 수행을 위해 요구되는 특징이며, 사람들의 중요한 특성을 구분하는 통계적 접근 방법을 의미하기도 한다. 따라서 특성과 요인이라는 용어는 개인과 직업의 특징에 대한 평가로 볼 수 있다. 특성에 대한 평가는 파슨스가 주장한 직업 선택의 접근방식에서 첫 번째 단계이자 가장 중요한 단계에 해당한다. 그는 진로선택의 첫 번째 단계를 "자신의 태도, 능력, 흥미, 포부, 자원의 한계와 원인 등 자신에 대한 명확한 이해"로 특징지었다(Sharf, 2006). 따라서 파슨스가 특성요인 이론을 제안한 이래, 자기 자신에 대한 올바른 이해는 올바른 진로선택을 위한 첫 번째 요체로 상정되어 왔다. 여기에서 올바른 이해란 좀 더 정확하고 객관적인 이해를 의미한다.

진로상담에서 자기이해는 내담자가 자신의 특성과 직업의 특성에 대하여 어느 정도 이해하고 있는지, 의사결정을 어떤 방식으로 하고 있는지 탐색함으로써 현명한 선택을 하도록 도와주는 활동이라고 할 수 있다(황매향 외, 2011). 결국 개인은 자기이해 활동을 통해 진로계획과 의사결정을 촉진하고 궁극적으로 자기실현을 할 수 있도록 해야 한다(연문희·강진령, 2002).

자기이해의 영역

자기이해의 영역에는 적성, 지능, 흥미, 성격, 가치관, 진로성숙도, 진로포부, 신체적 조건, 학력, 가정환경 및 사회환경 등이 포함되는데, 이는 개인의 진로계획 및 직업 선택과 밀접하게 관련되어 있다. 여기에서는 적성, 흥미, 성격, 가치관을 중심으로 살펴본다.

1) 적성

적성(aptitudes)은 특수 분야에 대한 능력의 정도나 그 능력의 발현 가능성을 의미하며, 어떤 직업에서의 성공 가능성을 예견해 주는 요인이라고 할 수 있다(이재창, 2005). 적성은 어떤 과제나 임무를 수행하는 데서 개인에게 요구되는 특수한 능력이나 잠재능력을 의미한다. 일반적으로 적성은 개인이 가지고 있는 일반 능력인 지능과 구분되는 특수한 능력이다. 어떤 특수 부분에 대한 능력이나 그 능력의 발현 가능성을 말한다. 따라서 적성은 개인이 어떤 직업에서 얼마만큼 그 직무를 성공적으로 수행할 수 있는지를 예측하게 해 주는 요인이다. 개인의 적성을 구성하는 요인으로는 일반적으로 일반 적성 능력, 언어 능력, 수리 능력, 공간지각 능력, 수공 능력, 운동조절 능력, 사무지각 능력, 형태지각 능력 등 여러 가지가 있다(김봉환·정철영·김병석, 2006).

적성(aptitudes)과 능력(ability), 성취도(achievement)는 잘 혼동되는 용어이다. 성취도는 개인이 지금까지 얼마나 많은 것을 배웠는지를 알아보기 위한 것이고, 능력은 최대 수행 능력을 측정하는 것으로 개인의 현재 과제수행 능력 수준을 알아보는 것이다. 반면 적성은 과제수행을 위해 앞으로 가능한 능력 수준을 알아보는 것이다(Sharf, 2006). 즉 과거의 성취도와 현재의 능력, 미래의 적성을 측정한다고 할 수 있다.

지능이나 학업성적은 교육 수준이나 직업 수준을 결정하는 데 가장 영향력이 큰 반면, 기계 적성, 사무 적성과 같은 특수직업 적성은 직업 준비 과정이나 직업에서의 성공을 예측하는 정도는 덜하지만 진로지도나 진로계획에서 중요한 역할을 한다(이재창, 2005). 일반적으로 적성은 타고난 능력이나 소질이라고 알려진 바와 같이 유전적인 성향이 강하지만, 학습 경험이나 훈련을 통해 계발될 수 있으므로 다양한 학습 경험을 해 보는 것이 좋다. 적성은 청소년기 전기 이후에는 크게 변화하지 않으므로 조기에 계발해야 한다(김봉환·정철영·김병석, 2006).

2) 흥미

흥미는 어떤 종류의 활동 또는 사물에 대하여 특별한 관심이나 주의를 갖게 하는 개인의 일반화된 행동 경향을 말한다. 즉 개인이 자신에게 잠재적으로 가치 있다고 생각하는 것에 주의를 기울이고 그것을 향해서 나아가려는 일반적인 정서적 특성이다. 또한 흥미에는 어떤 일을 계속하게 하는 동기적인 성향이 있다(권석만, 2008).

흥미는 성장함에 따라 발전하고 변화한다. 아동기에는 변화가 많다가 성숙하면서 안정되는 경향이 있다. 흥미는 어릴 때는 구체적, 수동적, 단편적, 비항상적이고 미분화된 형태이지만 성장함에 따라 구체적인 것에서 추상적인 것으로, 수동적인 것에서 능동적인 것으로, 단편적인 것에서 체계적이고 종합적인 것으로, 비항상적인 것에서 항상적인 것으로, 분화되지 못한 것에서 분화된 형태로 변화하게 된다(김봉환·정철영·김병석, 2006).

연구자들은 개인적 만족 또는 과정상의 흥미를 특정한 주제, 교과영역, 활동 등에 대한 비교적 지속적이고 안정적인 선호경향성으로 정의함으로써 직업 적성과 흥미를 구분한다(Schiefele, 1991). 홀랜드(Holland, 1985)는 직업 흥미의 유형을 실제형, 탐구형, 예술형, 사회형, 기업형, 관습형으로 나누었으며, 흥미를 일종의 자아개념 표현으로 보았다. 또한 자신의 흥미 유형에 따라 능력과 기술을 발휘하고 태도와 가치를 표현한다는 점에서 볼 때, 가치는 흥미와 관련이 있다. 가치가 자신의 기대나 소망에 기준하여 얼마나 중요한지를 나타내는 것이라면, 흥미는 얼마나 좋았느냐에 따른 선호 방식이라고 할 수 있다(김옥희·김옥남, 2008).

흥미는 직업 선택을 할 때 중요한 특성으로 오랫동안 간주되어 왔으며, 최근에는 직업 선택에서 가장 중요한 원인으로 고려된다. 그 이유는 직업으로 진입할 때 다양한 직업 중 어느 하나를 선택하는지가 적성보다는 흥미에 의해 더 정확하게 예측되기 때문이다(Sharf, 2006). 흥미는 지능이나 적성에 비해 능력과의 관계는 적지만 직업 선택이나 직업 만족과는 깊은 관계가 있고, 욕구와도 밀접한 관계가 있다. 또한 표현된 흥미(expressed interest)나 행동화된 흥미(manifested interest)보다는 검사된 흥미(inventoried interest)가 좀 더 일관성이 있으며 직업과 관계가 많다.

일의 능률과 성공을 가져오려면 인지적 요인뿐만 아니라 흥미나 동기 같은 정의적 요인도 같이 조화를 이루어야 한다. 인지적 요인이 일의 능률과 관계가 있다면, 정의적 요인은 일에 대해서 흥미를 갖게 하고 그 일에 대한 보람, 즐거움, 행복감 등을 가져다 주는, 즉 일에 대한 의미를 느끼게 하는 요인이라고 할 수 있다(이재창, 2005).

진로지도에서 흥미를 강조하는 이유는, 내담자가 어떤 직업이나 직무활동을 좋아한다는 의미가 그 직업에 대해 잘 알고 있거나, 그 직업 활동이 자신이 좋아하는 활동 중의 하나이거나, 그 직업 활동이 자신의 성격에 맞거나, 그 직업 활동을 잘할 수 있어서 흥미를 느낀다는 가정에 기초하기 때문이다. 좋아하는 직업 흥미나 직무활동을 선택하도록 하는 것은 진로선택의 준거로서의 만족도와 밀접하게 관련되기도 한다. 따라서 직업 흥미는 능력, 성격, 행동 등을 모두 포함하는 지표로 생각되어 왔다(안창규, 2000).

직업 흥미는 모든 직업발달 이론에서 중요하게 다루어진다. 직업 흥미는 사람들이 선호하여 그 직업이나 직업군이 포함하고 있는 활동을 취하려는 경향으로, 선호 직업의 유형이라고 할 수 있다. 직업적 흥미에 대한 이론은 1930년대 이래로 꾸준히 발달해 왔는데, 재직기간, 이직, 직업 만족, 직업 적응 등에 관한 훌륭한 예언변인으로 알려져 있으며(김완석·전진수, 2000), 직업 선택에서도 높은 예언력을 보여준다. 개인의 흥미와 관련 직업의 일치도는 개인의 인생을 만족시켜 줄 것으로 예상되기 때문에, 흥미는 능력적 적성과 더불어 진로선택에서 매우 중요한 변인이 된다(김옥환·조붕환, 1998).

3) 성격

성격(personality)은 이 말을 사용하는 사람에 따라서 다양한 의미를 갖고 있다. 올포트(Allport)는 개인의 특징적인 행동이나 사고를 결정하는 개인 속에 내재한 그 사람의 참된 모습을 성격이라고 보았고, 로저스(Rogers)는 우리의 모든 경험의 중심이 되는 자아, 즉 조직되고 항구적이며 지각된 실체로 보았다. 한편 켈리(Kelly)는 개인이 자신의 생활경험으로부터 스스로 의미를 만들어 가는 자기 나름의 독특한 방법을 성격으로 보았다. 아이젠크(Eysenk)는 성격은 환경에 대해서 독특한 적응을 결정하는 개인의 특성, 기질, 지능, 그리고 신체적인 것의 통합된 체제라고 정의했다(이재창, 2005).

성격은 관찰할 수 있는 사람들의 행동을 바탕으로 판단되며, 사람은 자신이 처한 상황에 적응하기 위해 성격을 발달시키고 형성한다. 성격은 사람들이 보편적으로 공유하는 공통적인 측면을 내포하고 있는 반면, 사람들을 구별할 수 있는 독특성 및 개인차도 반영한다. 성격은 비교적 안정적인 패턴을 의미한다(노안영·강영신, 2002). 성격에는 개인의 욕구, 자아개념, 성취동기, 포부 수준, 대인관계 등의 여러 가지 요인이 포함되어 작용한다. 이러한 성격은 선천적으로 부모의 유전적 요인을 닮아 갈 수 있으나 후천적으로 자녀양육 방식에 따라 다르게 나타날 수 있다(김봉환·정철영·김병석, 2006). 건강한 성격은 건전한 성격 발달로 형성되는데, 건전한 성격 발달이란 개인이 자기 삶에 대해 책임을 느끼고 각자가 특유하고 개별적인 방법으로 발달, 성장하는 적극적인 과정이라고 할 수 있다(김봉화, 2009).

성격은 진로발달과 밀접한 관계가 있다. 성격에 따라서 특정한 직업을 선택하게 되는데, 어떠한 직업은 특정한 유형의 성격을 요구한다. 일반적으로 성격 속에 가치관, 욕구, 권위, 자아개념, 포부 수준 등을 포함시키기도 한다. 개인의 자신에 대한 태도, 직업적 역할, 통제영역, 진로특성, 타인의 기대 등은 진로발달과 직업 선택에 중요한 영향을 미친다. 최근 우울, 불안 같은 성격 특성이 진로미결정에 영향을 미치는지에 대한 연구가 활발히 진행되고 있는데, 일관된 결과가 나오고 있지는 않으나 과도한 불안이 미결정의 원인으로 작용하는 것으로 나타났다(이재창, 2005).

최근 진로선택과 관련된 성격 특성으로 BIG 5 성격(OCEAN)이 자주 언급되고 있다. 이는 사람들에게 공통적으로 존재하는 성격 특성을 5개 요인으로 구분한 것이다. BIG 5 성격은 진로효능감이나 진로탐색행동 등 진로 관련 요인들과 유의한 상관이 있는 것으로 밝혀졌다(이재창 외, 2014). 5개의 성격 요인은 다음과 같다. 개방성(Openness)은 지적 자극이나 변화, 다양성을 좋아하는 정도이다. 성실성(Conscientiousness)은 사회적 규칙, 규범, 원칙 등을 기꺼이 지키려는 정도를 의미한다. 외향성(Extraversion)은 타인과의 교제나 상호작용, 또는 관심을 끌고자 하거나 타인을 주도하려는 정도를 말한다. 친화성(Agreeableness)은 사교성으로, 타인과 편안하고 조화로운 관계를 유지하는 정도를 의미한다. 신경증(Neuroticism)은 자신이 얼마나 정서적으로 안정되었고 세상을 뜻대로 통제할 수 있으며 세상을 위협적으로 느끼지 않는지에 대한 생각의 정도인 정서 불안정성을 의미한다.

4) 가치관

가치관은 개인이 특정 상황에서 선택을 하거나 결정을 내려야 할 때, 어떤 특정한 방향으로 행동하게 하는 원리나 믿음 또는 신념을 말한다. 가치관은 우리에게 아름다움과 추함, 옳고 그름에 대한 판단을 내리게 할 뿐만 아니라 어떤 방향이나 방식으로 행동하도록 이끄는 역할을 한다. 이러한 가치관은 단시간 내에 형성되는 것이 아니라, 어린 시절부터 개인이 접하는 환경과 접촉하는 사람들에 의하여 형성되는 것이다. 특히 동일시 기제가 발달하는 어린 시절에 개인은 부모나 자신이 좋아하는 사람들의 행동을 내면화함으로써 가치체계를 형성하는데, 이렇게 형성된 가치관은 일정한 시기가 되면 비교적 정형화된다(김봉환·정철영·김병석, 2006).

가치관은 개인 행동의 기준이 되기 때문에 개인이 어떤 가치관을 가지고 있느냐에 따라서 개인의 진로선택에 영향을 미친다고 할 수 있다. 가치관에는 일반적인 가치관과 직업가치관이 있는데, 진로에서는 이를 다 같이 고려해야 한다. 로키치(Rokeach, 1973)는 가치는 개인의 행동을 안내할 뿐더러 다른 사람들의 행동을 판단하는 기준이라고 정의하고, 목적적 가치와 수단적 가치로 구분했다. 또한 칼레버그(Kalleberg,

1977)는 일에 대한 가치를 크게 내재적 일 가치와 외재적 일 가치로 구분했다. 내재적 일 가치가 일 자체에 의미를 부여하는 가치라면, 외재적 일 가치는 보상이나 조건과 관련된 가치이다. 직업적 가치는 직업에 대한 한 개인의 내재적 가치와 외재적 가치로 나뉘는데, 이는 어떤 의미에서 객관적 가치와 주관적 가치의 구분과 관련된다. 의사결정 과정 또는 직업적 만족도는 이러한 가치에 의해 영향을 많이 받는다(안창규, 2000).

가치관의 탐색과 명료화는 현명한 진로결정의 시작이라고 할 수 있다. 진로발달에서 고려해야 할 것은 직업, 즉 일에 대한 가치관이며, 이는 일반적인 가치관과 밀접한 관계를 가지고 있다. 직업 가치관은 개인의 정의적 지향과 같은 정도의 만족을 주는 외부대상 간의 중계역할을 하는 일련의 개념이라고 할 수 있다(이재창, 2005).

직업 가치는 직업을 통해 충족시키고자 하는 욕구나 실현하고자 하는 목표(임언·정윤경·상경아, 2001)로, 브라운(Brown, 1996)은 가치가 원하는 최종 상태에 대한 방향을 제시하고 목표설정에서 중심적인 역할을 한다는 점에서 진로결정 과정에서 가장 중요하다고 가정한다. 인생 가치관과 직업 가치관의 관계를 조사하고 이러한 관계가 직업 선택에 미치는 영향을 연구한 선행연구는 직업 가치관과 직업 선택이 의미 있는 관계를 가지고 있음을 보여준다. 또한 직업 가치관은 학생의 가정 배경, 성별, 연령과 일관성 있는 관계가 있는 것으로 나타났다(이재창, 2000; 이재창, 2005). 또한 연령이 증가할수록 직업에 대한 가치가 외적 가치에서 내적 가치로 변화된다고 알려져 있다(박소희, 2011; 이기학·한종철, 1998).

3 자기이해의 방법

자기이해를 돕는 방법으로는 진로심리검사, 직업카드, 진로가계도, 관찰, 면접 등이 있는데, 여기에서는 진로심리검사와 직업카드 및 진로가계도에 대해 살펴본다.

1) 진로심리검사

심리검사는 심리적 현상에서의 개인차를 비교하고, 개인의 전체적, 인지적, 행동적 측면을 이해하기 위한 심리학적 측정 과정이라고 할 수 있다. 이러한 심리학적 측정은 추상적인 개념이기 때문에 물리학적 측정과는 달리 직접적인 측정이 가능하지 않은 간접적인 측정이다. 심리적 특성은 인간의 행동을 설명하기 위해 이론으로부터 도출된 가설적이고 추상적인 개념이다(박영숙, 1994). 심리검사는 전통적으로 개인차나 개인 간 차이를 밝히는 데 사용되어 왔다. 그러나 최근에는 공공조직이나 산업기관에서 조직의 집단 풍토 또는 집단 생산성을 점검할 목적으로 집단을 하나의 단위로 하여 집단 내의 차이와 집단 간의 차이를 진단하고 평가하기 위해 심리검사를 많이 활용하고 있다. 따라서 심리검사는 개인과 집단의 심리적 특성을 밝히기 위한 조직적 절차라고 정의할 수 있다(홍상황, 2006).

개인의 특성을 정확히 측정하기 위해서는 심리검사 도구의 신뢰도와 타당도가 중요하다. 즉 심리검사 도구는 알고자 하는 심리적 속성의 개념을 잘 반영하고, 인간을 측정하고 평가하고자 하는 모든 방법에 적용 가능해야 한다. 또한 검사의 타당도와 신뢰도 확보와 더불어 검사의 표준화 작업이 중요하다. 검사 자체의 표준화와 더불어 실시 및 채점의 표준화가 되어 있는 도구를 선택해야 한다. 그러나 심리검사가 인간의 모든 행동을 완전하게 설명해 주는 것은 아니기 때문에, 단지 인간의 행동을 이해하는 보조 도구로 활용하되 너무 과신하거나 불신하는 것은 바람직하지 않다(이재창 외, 2014). 여기에서는 적성검사, 흥미검사, 성격검사, 가치관검사에 대해 살펴본다.

(1) 적성검사

적성검사는 미래의 교육과정이나 직업훈련에서 성공할 가능성을 예상할 때 주로 사용된다. 적성검사는 때로 지능검사와 혼용해서 사용되기도 하고, 지능검사와 더불어 능력검사로 분류되어 사용되기도 한다. 그러나 엄밀하게 보면 지능검사는 주로 개인의 학습 가능성과 관련된 포괄적이고 일반적인 지적 능력을 측정하는 것이고, 적성검사는 구체적인 분야에서의 성공을 예언하기 위해서 구체적인 하위 요인에 초점을 맞추는 다요인검사라고 할 수 있다(이재창, 2005). 직업적성검사를 실시할 경우 학생들에게는 자기성찰의 기회가 되며, 직업에서 요구하는 다양한 능력의 중요성을 인식하게 하는 교육적 효과가 있다(임언·김태선, 2003).

적성검사는 주로 종합검사를 통해서 측정된다(Sharf, 2006). 적성검사에는 특정한 직업이나 활동 영역에서 개인의 수행 능력이나 가능성을 측정하는 특수적성검사(special aptitude tests), 여러 직업이나 직업과 관련이 있는 활동과 관련된 여러 개의

표 3-1 적성검사 목록

대상	검사명	저자	발행처	발행연도
초등	진로흥미 · 적성검사	김충기, 정채기	한국적성연구소	1993
	홀랜드 진로발달검사	안창규, 안현의	한국가이던스	1998
중등	진로적성검사	임인재	대한사립 중 · 고등학교장회	1982
	적성진단검사	이상로, 김경린	중앙적성연구소	1983
	표준적성검사	임인재, 장상호	대한사립 중 · 고등학교장회	1989
	직업적성진단검사	김재은	한국심리적성연구소	1990
	진학적성진단검사	김재은	한국심리적성연구소	1990
	진로흥미 · 적성검사	김충기, 정채기	한국적성연구소	1993
	일반직업적성검사	노동부	노동부	1994
	KAT-M 적성검사	한국행동과학연구소	한국가이던스	1994
	종합적성진로진단검사	문용린	대교교육과학연구소	1996
	홀랜드 진로탐색검사	안창규, 안현의	한국가이던스	1996
	홀랜드 적성탐색검사	안창규, 안현의	한국가이던스	1996
	스트롱 진로탐색검사	김정택, 김명준, 심혜숙	한국심리검사연구소	1999
	진로적성진단검사	김재은	한국심리적성연구소	2000
	직업적성검사	임언, 정윤경	한국직업능력개발원	2001
대학 및 일반	적성진단검사	이상로, 김경린	중앙적성연구소	1983
	직업적성진단검사	김재은	한국심리적성연구소	1990
	홀랜드 적성탐색검사	안창규, 안현의	한국가이던스	1996

하위 검사로 구성되어 있는 적성종합검사(aptitude batteries), 미래의 학업수행 가능성을 측정하도록 제작된 학업적성검사(scholastic aptitude tests) 등이 있다. 미국의 경우 SAT(College Board School Scholastic Assessment Test)와 ACT(American College Testing Assessment Program : Academic Test)는 대학에서의 성공을 예측할 때 사용되며, 이미 진로를 선택한 사람들에게는 DAT(Differential Aptitude Tests)가 활용된다. 미국고용지원국(U.S. Employ Services)과 군대(Armed Services)에서는 두 기관 및 관련 교육기관들의 인력 선발과 상담을 위해 GATB(General Aptitude Test Battery)와 ASVAB(Armed Services Vocational Aptitude Battery)를 활용한다. 우리나라에서 활용되고 있는 적성검사를 초등, 중등, 대학 및 일반으로 분류하여 살펴보면 표 3-1과 같다.

(2) 흥미검사

어떤 분야에 대한 능력이 부족하더라도 흥미가 높으면 그렇지 않은 경우보다 그 분야에서 성공할 확률이 높으므로, 흥미검사를 통하여 개인의 흥미 영역과 수준을 파악하는 일은 교육적으로 가치가 있다. 흥미검사는 자기탐색의 도구라고 할 수 있으며, 진로상담이나 진로에 관한 흥미의 탐색 결과는 분명한 직업 결정을 내리는 것보다 자기이해를 증진하는 데 목적을 두고 있다. 진로선택에서 지능검사나 적성검사를 사용하는 경향은 차츰 감소하고 있는 데 비해 흥미검사의 사용은 오히려 점차 증가하는 추세이다(Zytowski & Warman, 1982). 어떤 분야에 대한 능력이 부족하더라도 흥미가 높으면 그렇지 않은 경우보다 그 분야에서 성공할 확률이 높으므로 흥미검사를 통하여 개인의 흥미영역과 수준을 파악하는 일은 교육적으로 중요한 가치를 지닌다.

핸슨(Hansen, 1990)에 따르면, 직업흥미검사는, 개인이 친숙한 활동이나 직업에 대한 흥미를 가지고 있으며, 이러한 흥미는 몇 개의 범주로 나누어질 수 있고, 한 개인이 특정 범주에 속하는 흥미가 있으면 그 범주에 속할 수 있는 어떤 특정 직업에도 흥미를 함께 나타낼 수 있음을 기본 가정으로 한다. 흥미를 측정하기 위해 많은 검사가 개발되었는데, 흥미검사는 많은 논란의 대상이 되어 왔다. 흥미검사를 비판하는 사람들은 이러한 검사들이 대부분 자신이 응답하는 형태를 원하고 있기 때문에 거짓으로 응답할 수 있으며, 강제로 택일하게 되어 있어서 불합리하고 타당성의 문제가 있으며, 문항도 적합하지 않다고 한다. 이에 따라 최근에 개발되거나 개정된 흥미검사들은 다음과 같은 변화를 보인다(이재창, 2005).

첫째, 자기탐색(self-exploration)을 강조한다. 많은 검사에서는 점차 개인으로 하여금 검사 결과를 면밀히 검토해서 이 결과를 직업 정보와 관련짓도록 하고 있다. 둘째, 흥미검사의 목표가 종전과 달라지고 있다. 개인에게 개방된 진로선택의 범위가 점점 확대되고 있으며, 이전에는 고려의 대상이 되지 않았던 직업에도 익숙해지도록 하고 있다. 셋째, 진로선택의 확대에 따라 그 결과가 변화했다. 특히 흥미검사에서의 성차별이 사라졌다. 이전에는 성에 따른 흥미의 차이를 주장했으나, 남성과 여성의 흥미 유형에 관한 연구에 따르면 남녀가 유사한 흥미를 가지고 있는 것으로 나타났다. 이에 따라 여성의 진로선택이 전통적으로 남성에 국한되었던 직업으로까지 확대되고 있다.

흥미검사는 학문 영역의 흥미를 측정하는 학습흥미검사, 직업 분야에서의 활동에

표 3-2 흥미검사 목록

대상	검사명	저자	발행처	발행연도
초등	학습흥미검사	이상노, 변창진	중앙적성연구소	1972
	학습흥미검사	조붕환, 임경희	한국가이던스	2002
중등	학습흥미검사	이상노, 변창진	중앙적성연구소	1972
	학습흥미검사	진위교	대한사립 중 · 고등학교장회	1979
	학습흥미검사	임경희, 조붕환	한국가이던스	2004
	직업흥미검사	이상노	중앙적성연구소	1972
	직업흥미검사	진위교	대한사립 중 · 고등학교장회	1978
	직업흥미검사	노동부	노동부	1994
	표준흥미검사	서울대학교 사범대	교학사	1982
	흥미검사	행동과학연구소	행동과학연구소	1992
	KIB 흥미검사	행동과학연구소	행동과학연구소	1992
대학 및 일반	학습흥미검사	이상노, 변창진	중앙적성연구소	1972
	직업흥미검사	이상노	중앙적성연구소	1972
	스트롱 직업흥미검사	김정택, 김명준, 심혜숙	한국심리검사연구소	2001

대한 흥미를 측정하는 직업흥미검사, 일반적인 흥미를 측정하는 일반흥미검사 등으로 분류할 수 있다(이재창, 2000). 흥미를 측정하는 검사로는 SII(Strong Interest Inventory)와 KCS(Kuder Career Search), COPS(California Occupational Preference Survey)가 있다. 우리나라에서 개발된 흥미검사에는 일반흥미검사, 직업흥미검사, 학습흥미검사 등이 있다. 흥미검사를 통해 자신이 갖고 있는 흥미를 알고자 할 때 유의할 점은 흥미검사에 나타난 한두 가지 흥미의 점수를 따지기보다는 흥미검사에 나타난 흥미의 전체적인 유형과 수준을 중심으로 전체적인 흥미도를 파악해야 한다는 것이다(김봉환·정철영·김병석, 2006). 우리나라에서 활용되고 있는 흥미검사를 초등, 중등, 대학 및 일반으로 분류하여 살펴보면 표 3-2와 같다.

(3) 성격검사

성격검사는 개인의 능력과 구별되는 개인의 정서적, 동기적, 대인적, 태도적 특성을 측정하는 도구를 의미한다(Anastasi & Urbina, 1997). 성격검사가 주로 측정하는 내용은 기질과 적응성, 태도, 의견, 흥미, 가치, 도덕성, 품성, 지향성, 정서성, 욕구, 갈등 등을 들 수 있다(김재은·류기섭, 1986).

성격의 의미와 성격 이론이 다양한 것처럼, 성격검사도 다양하다. 그러나 진로상담의 목적으로 사용되는 성격검사는 대체로 세 영역에서 다루어진다(안창규, 2000).

첫째, 진로발달과 교육의 영역으로, 수퍼(Super, 1951)가 진로발달에서 자아개념의 중요성을 강조한 것처럼, 자존감, 자율성, 자기주도성, 성취동기 등 진로발달에 영향을 주는 변인에 관한 것들로 진로교육 및 진로지도를 위한 자기이해를 촉진시키기 위한 방법으로 활용되는 성격검사들이다. 둘째, 성격 변인들이 진로선택에 따라 어떻게 영향을 미치는지에 관심을 가지고 고려되는 것으로, 전공학과나 직업을 선택할 때 16PF(다요인 인성검사), NEO 성격검사, MBTI 등의 성격검사를 실시하고 흥미검사 자료와 보완적으로 상담에 사용하는 경우이다. 셋째, 직업 생활에서 정신건강 문제와 관련하여 EAP(Employee Assistance Program)의 목적이나 성격적 결함을 측정하기 위해 성격검사를 사용하는 경우이다. 성격검사 사용의 3가지 영역 중 첫째와 둘째는 진로발달과 관련되며, 셋째는 진로선택과 관련된다.

직업적 흥미와 성격을 측정하는 검사에는 유사한 점이 많아서 흥미와 성격을 동시에 측정하는 경우가 많다. 홀랜드(Holland)의 VPI(Vocational Preference Inventory)나 MBTI(Myers-Briggs Type Indicator), CPI(California Psychological Inventory), 16PF(Sixteen Personality Factor Questionnaire) 등이 좋은 예이다(이재창, 2005).

직업 선택을 위한 성격의 개념화에 유용한 두 가지 검사는 CPI와 16PF이다. CPI는 성격에 관한 일반적이고 대중적인 접근을 하는 검사로, CPI의 척도들은 문제가 있는 내담자를 대상으로 사용되는 것이 아니기 때문에 '대중적 척도(folk scales)'라고 불린다. 16PF는 통계적 기법인 요인분석을 통해 개발된 것으로, 각 요인들은 통계적으로 구분된다. 이러한 요인들은 직업을 선택하고 결정하려는 내담자를 개념화하는 데 유용하다(Sharf, 2006).

성격은 지필검사, 투사적 검사, 면접, 구조화되지 않은 자기보고 등에 의해서 측정될 수 있다. 우리나라에서 활용되고 있는 성격검사를 초등, 중등, 대학 및 일반으로 분류하여 살펴보면 표 3-3과 같다.

표 3-3 성격검사 목록

대상	검사명	저자	발행처	발행연도
초등	MMTIC	Murphy & Meisgeier (김정택, 심혜숙 역)	한국MBTI연구소	1993
	특수인성검사	한국심리자문연구소	한국가이던스	1996
	한국아동인성평정척도 (KPRC)	김지혜, 조선미, 황순택	한국가이던스	2004
중등	인성진단검사	정범모	K.T.C.	1971
	성격차원검사	한국행동과학연구소	능력개발사	1972
	표준화성격진단검사	이상로, 김경린	중앙적성연구소	1974
	표준화인성진단검사	황응연	대한 사립 중·고등학교장회	1989
	MMPI-A	Butcher 외 (한경희, 임지영 역)	마음사랑	1989 2005
	MBTI	Myers & Briggs (김정택, 심혜숙 역)	한국심리검사연구소	1993

	KPTI 일반인성검사	김인수	한국심리검사연구소	1993
	아이젠크 성격검사	이현수	학지사	1997
	인성검사	변창진	중앙교육진흥연구소	1998
	다요인인성검사	염태호, 김정규	한국가이던스	2000
	성격평가 질문지(PAI)	Morey(김영환, 김지혜, 오상우, 홍상황 역)	학지사	2001
	한국아동인성평정척도 (KPRC)	김지혜, 조선미, 황순택	한국가이던스	2004
	인성진단검사	정범모	K.T.C.	1971
	표준화성격진단검사	이상로, 김경린	중앙적성연구소	1974
	간이정신진단검사 (SCL-90)	김광일, 김재환, 원호택	중앙적성출판사	1984
	MMPI-II	Butcher 외 (한경희 역)	마음사랑	2005
대학 및 일반	MBTI	Myers & Briggs (김정택, 심혜숙 역)	한국MBTI연구소	1993
	KPI 성격검사	한국행동과학연구소	한국행동과학연구소	1993
	아이젠크 성격검사	이현수	학지사	1997
	다요인인성검사	염태호, 김정규	한국가이던스	2000
	성격평가 질문지(PAI)	Morey(김영환, 김지혜, 오상우, 홍상황 역)	학지사	2001

(4) 가치관검사

많은 특성요인 접근의 상담자들이 소홀히 다루는 가치관은 중요하지만 측정하기 어려운 개념이다. 그럼에도 가치관은 진로방향을 결정하려는 내담자에게 상당히 유용하다(Sharf, 2006).

진로교육이나 상담을 위해 사용되는 가치관검사는 직업과 관련된 가치와 일반적 가치의 두 가지 유형으로 나누어 볼 수 있다. 즉 주로 일의 가치를 측정하는 검사와 생활양식의 포괄적인 측면과 관련된 가치를 측정하는 검사가 있다. 일 가치검사는 직업 성공도 및 만족감(성공, 명성, 보상, 창조성)과 관련된 가치를 측정하도록 구성되어 있다.

개인에게 매우 중요한 것으로 측정된 가치는 진로탐색에서 자주 사용될 수 있는 다양한 영역의 정보를 제공한다. 좀 더 포괄적인 용어이지만, 생활양식과 관련된 가치는 삶이나 일과 관련된 욕구 및 만족도와 관련된다. 따라서 두 유형의 검사는 특히 일, 가정, 가족, 여가와 관련된 개인적 욕구를 확인할 수 있도록 한다.

미국에서 활용되고 있는 가치관검사는 SV(Study of Values) 검사로 측정되는 6가지의 일반적 가치(이론적, 경제적, 미학적, 사회적, 정치적, 종교적)와 가치척도(Values Scale, VS) 검사로 측정되는 21가지의 직업과 관련된 가치(능력 활용, 성취, 발전, 미학, 이타주의, 권위, 자율성, 창의성, 경제적 보상, 생활양식, 자기계발, 운동, 명예, 모험, 사회적 상호작용, 사회적 관계, 변화, 근무 조건, 문화적 동질성, 육체적 힘, 경제적 안정)가 있다. 우리나라에서 활용되고 있는 가치관검사에 대해 살펴보면 표 3-4와 같다.

표 3-4 가치관검사 목록

대상	검사명	저자	발행처	발행연도
중, 고, 대, 일반	직업가치관검사	임언, 정윤경, 상경아	한국직업능력개발원	2001
고, 대, 일반	개인가치관검사	황응연, 이경혜	K. T. C	1987
	대인가치관검사	황응연, 이경혜	K. T. C	1987
대, 일반	가치관검사	김인자, 황응연	서강대사회문제연구소	1974

2) 직업카드

(1) 직업카드 분류

타일러(Tyler, 1961)가 직업카드 분류(VCS)를 개발했고, 돌리버(Dolliver, 1967)가 이를 재정비했다. 직업카드 분류는 기본적으로 한 면에 직업의 이름과 정보가 적혀 있고 다른 면에 요구되는 자격이 적혀 있는 100개의 카드로 되어 있다. 상담자들은 직업 명이나 다른 정보를 사용하여 자신만의 카드 분류 방식을 개발했다. 상담자는 내담자에게 세 그룹의 직업으로 카드를 분류하도록 한다. 즉, 자신이 고려하거나 흔쾌히 수용할 수 있는 직업, 선택하지 않을 것 같은 직업, 선택이 불확실한 직업이다. 몇몇 상담자들은 가능성 있는 진로라고 고려할 만한 직업군을 선택하도록 하기 위하여 카드 분류 기법을 사용하기도 한다(Sharf, 2006).

　직업카드 분류 활동을 통해, 진로탐색에서 자신의 중요한 특성(흥미, 가치관 등)을 질적으로 탐색할 수 있고, 다양한 직업세계를 경험할 수 있으며, 직업 정보를 구체적으로 탐색할 수 있다. 직업카드 분류의 장점은 카드라는 도구를 통해 좀 더 적극적으로 직업탐색 활동으로 내담자를 유인할 수 있고, 주어진 문항에 일괄적으로 응답하는 것보다 자신이 직접 흥미 있는 직업들을 분류하고 표현해 봄으로써 진로탐색에 주체적으로 참여할 수 있다. 또한 상담자가 내담자의 진로와 관련한 다양한 특징을 질적 탐색을 통해 파악할 수 있다. 카드를 매개로 내담자와 좀 더 심도 있고 초점화된 상담을 통해 내담자에 대해 많은 정보를 얻을 수 있다. 연구 목적으로 개발된 직업카드는 여성 직업카드, 직업 전환 실업자용 직업카드, 새터민용 직업카드, 여대생용 직업카드와 같이 특수 대상에게 사용되었다. 최신 버전일수록 신생직업이나 최근의 직업 정보를 잘 수록하고 있다는 장점이 있다(이재창 외, 2014). 보급 목적으로 개발된 국내 직업카드를 표 3-5에 소개했다(교육부, 2011).

표 3-5 보급 목적으로 개발된 국내 직업카드 현황

연구자	대상	개수	구성요인	보급처
김봉환, 최명운 (2003)	중, 고, 대학생	90장	• 앞면: 직업카드번호, WIC-OES코드, 직업명, 직업 개요, 관련 세부정보, 1자리 홀랜드 유형, 직업 분류 • 뒷면: 업무수행 능력, 지식, 성격	학지사
한국고용정보원 (2009)	중고생	80장	• 앞면: 직업명, 관련 그림, 직업카드번호 • 뒷면: 하는 일, 업무수행 능력, 필요지식, 관련 학과, 되는 길, 향후 직업전망, 관련 자격증, 흥미 유형	한국고용 정보원
김병숙 (2007)	청소년, 일반	210장	• 앞면: 직업명 • 뒷면: 흥미 유형 3코드, 카드일련번호, 직업에서 하는 일, 학력 및 자격, 요구조건, 유사 직업명	한국직업 상담협회
임인재 (2011)	초, 중, 고, 대, 성인	150장	• 앞면: 홀랜드 유형부호 및 간략 설명 • 뒷면: 직업명, 홀랜드 유형부호, 직업명 설명, 능력, 지식, 성격, 흥미, 취업, 자격증, 전공, 전망(10개 항목)	마인드 프레스

한국진로교육센터 (2013)	중고생	100장	• 앞면: 직업명, 카드번호(홀랜드 6유형이 색깔별로 구분) • 뒷면: 능력, 성격, 흥미, 가치관, 관련 학과와 직업, 자격, 전망	한국콘텐츠미디어

(2) 직업카드의 활용

타일러(1961)가 개발한 직업카드는 카드를 분류하게 하는 작업을 통해 내담자의 직업 흥미를 평가할 수 있는 도구이다. 현재 국내에는 한국고용정보원에서 발행한 청소년 직업카드를 비롯해 초등학생용, 중고생용, 성인용, 여성용 등으로 구분해서 활용하고 있다. 상담자는 직업카드를 구입해 상담에 활용할 수도 있고, 상담자 자신만의 카드를 만들어 사용할 수도 있다. 카드 분류에 사용되는 직업은 대부분 홀랜드 유형에 의해 기호화되어 있다(이제창 외, 2014).

직업카드를 분류하는 것은 내담자의 흥미, 가치, 능력, 직업 선호 등을 분류하거나 우선순위를 매기는 데 도움이 된다. 직업카드는 상담 목적과 내담자의 특성에 따라 여러 가지 방법으로 활용할 수 있다. 직업카드를 활용해 게임이나 경매를 할 수도 있고, 직업 흥미를 분석하거나 탐색하는 활동을 하기도 하며, 내담자와 함께 직업카드를 만드는 작업을 할 수도 있다. 그 중 기즈버스와 무어(Gysbers & Moore, 1987)가 제시한 단계가 일반적으로 많이 활용된다.

1단계 : 내담자는 좋아하는 직업, 싫어하는 직업, 미결정 직업(좋아하지도 싫어하지도 않는 직업)으로 카드를 구분한다.

2단계 : 특정 직업을 선택한 이유와 선택하지 않은 이유에 대하여 이야기한다. 예를 들어 선택 동기는 명예, 보수, 헌신 등의 주제로 나타날 수 있고, 선택하지 않은 이유는 숫자를 다루는 일, 지루한 일, 신체 작업이 많은 일 등으로 표현될 수 있다. 이 작업을 통해 내담자가 좋아하는 일의 특성과 싫어하는 일의 특성을 좀 더 명확히 할 수 있다.

3단계 : 직업의 우선순위를 매긴다. 대부분의 사람들은 7~12가지 정도의 선호 직업을 나열한다. 내담자가 선택한 직업을 선호하는 우선순위대로 나열해 보도록 한다.

(3) 직업카드 분류의 장점

직업카드 분류의 장점은 매우 다양하다. 김봉환 등(2006)은 직업카드 분류의 장점을 다음과 같이 4가지로 제시했다. 첫째, 내담자가 능동적으로 참여하도록 한다. 둘째, 즉각적인 피드백을 제공한다. 셋째, 상담자가 내담자의 여러 가지 특징에 대한 의미 있는 정보를 얻을 수 있다. 넷째, 표준화 검사에 비해 유연성이 있다.

한편 김병숙 등(2007)은 직업카드 분류를 통해서 발견된 장점을 다음과 같이 제시했다.

① 지필검사가 아니라 카드라는 점에서 21세기 청소년 문화에 좀 더 근접한 진로 사정 도구이다.

② 시험의 일종으로 인식되는 지필검사가 아니기 때문에 청소년에게 친근하게 느껴진다. 청소년은 이 검사를 통해 자신을 흥미롭게 관찰할 수 있다.

③ 3~5년마다 제작된 규준을 표준화하기 위해 시간, 인력, 비용 등이 소요되는 표준화 검사의 한계를 극복할 수 있다.

④ 표준화검사에서 요구되는, 제한된 집단에 적용하는 한계를 탈피하여, 성, 문화, 민족 등의 집단에 다양하게 적용할 수 있다.

⑤ 외부 압력 없이 비위협적인 상태에서 청소년이 자신을 탐구하고 즉각적인 피드백을 할 수 있다.

⑥ 일대일의 면담 형식이 가장 좋으나 다양한 소그룹 집단에도 사용할 수 있다.

⑦ 진로교육 및 진로상담 분야에서 교사가 교과시간 내 창의적 체험 활동, 상담시간 등에 직접적으로 활용하기 쉬운 형태로 개발함으로써 접근성이 높다.

⑧ 교사와 학생 간의 매개역할을 할 매력적인 방법을 제시함으로써 교사와 학생 간의 관계가 증진되며, 청소년이 자신의 미래에 대한 비전과 진로목표를 설정하고 진로선택에서 자신에 대한 이해를 명확히 할 수 있다.

⑨ 다양한 직업 정보를 대함으로써 직업 정보를 확장하고 이해를 높일 수 있다.

⑩ 청소년뿐만 아니라 일반 성인에게도 사용할 수 있으며, 장기간 훈련을 하지 않아도 직업카드 분류를 할 수 있다.

3) 진로가계도

(1) 진로가계도의 개요

진로가계도(career genogram)는 진로상담의 정보수집 단계에서 사용될 수 있는 일종의 질적 평가과정이다. 진로가계도는 세계관, 환경적 장벽, 개인·직업·가족 간 역할 갈등, 인종적 정체감 수준과 문제, 문화 순응 정도 등 여러 가지 주제를 내담자에게 밝혀 주기 위해 사용되는 직접적이면서도 관련성 있는 개념적 틀을 제시하기 때문에 특히 유용하다. 이 방법은 진로상담이라는 맥락 속에서 내담자에게 자기 자신의 이야기를 할 수 있도록 기회를 제공해 주므로 안면타당도가 높다고 할 수 있다. 내담자는 자신이 알고 있는 관점에서부터 자기 자신과 어린 시절에 대해 이야기할 기회를 갖게 된다. 이처럼 진로가계도는 신뢰와 호기심을 북돋고, 상담 협력관계에 필요한 유대를 생성하는 데 도움을 준다(Gysbers, Heppner, & Johnston, 2003).

진로선택과 진로발달에서 가족관계의 영향력이 크다는 것은 여러 연구나 경험을 통해 알려져 있다. 가족 간에 원활히 상호작용하고 있는 학생이 이혼한 부모를 가진 학생보다 의사결정을 더 잘한다고 했고(Scott & Church, 2001), 밀착되거나 유리된 가족관계가 성, 사회경제적 지위, 교육적 성취보다 진로발달을 더 강하게 예언한다고 했다(Penick & Jepsen, 1992). 그러므로 직업 선택을 앞둔 내담자와 상담을 할 때 가족의 직업 패턴에 대해 함께 이야기하는 것은 유용하다. 진로가계도는 가족관계를 도식화하는 방법이고, 내담자의 진로계획과 다른 가족 구성원의 관계를 다루는 도구이다.

서유시와 리베라, 폰테로토(Sueyoushi, Rivera, & Ponterotto, 2001)는 가계도가 진로상담에서 어떻게 사용되는지 설명했는데, 이들은 내담자의 자기개방을 격려하고, 일에 대한 가족의 태도에 대한 정보를 조직하며, 가족 구성원의 직업 패턴이 내담자에게 어떻게 영향을 미치는지 밝혔다. 이들은 가계도를 구성하기 위해 가족에 대한 적절한 정보를 모으고 정보의 중요한 부분을 가계도에 적을 것을 제안한다.

가계도는 직업에 대한 내담자의 인식에 영향을 미친 모델을 규명하고 진로에 대한 내담자의 태도 및 인식에 대한 원인을 파악할 수 있도록 돕는다. 상담자는 내담자를 통해서 서로 다른 가족 구성원이 진로에 대한 부분에서 어떤 역할모델이 되고 있는지, 어떤 태도를 가지고 있는지 알 수 있게 된다. 예를 들어 가계도를 작성한 후에 여성의 직업에 대한 고정관념, 대학 졸업 후 계속교육을 받는 것에 대한 태도, 특정 직업에 대한 편견, 특정 가치를 강요하는지 여부 등의 주제에 대해 상담 과정에서 다룬다면 자신의 진로결정에 대한 태도의 원인과 내용에 대해 좀 더 잘 이해할 수 있을 것이다(이재창 외, 2014).

(2) 진로가계도 틀

진로가계도를 사용할 때는 우선 가계도를 그리는 목적과 그 유용성을 내담자에게 전달하고 공유하도록 하며 그 다음에 가계도를 그리는 방법을 설명해 준다. 3대까지 확장된 가계도를 그리도록 안내하고, 이 과정에서 가족의 이전 직업, 현재 직업, 직업과 관련된 특이사항 등을 기록하도록 한다. 가계도 그리는 작업을 마친 후에 가계도에 대해서 내담자와 함께 이야기하면서 그 내용을 구체적으로 살펴보고, 내담자의 과거와 현재의 진로탐색 과정에서 가족 구성원이 어떤 영향을 미치고 있는지 이야기를 나눈다. 가족의 직업 정보가 포함될 때 내담자 자신의 관점, 타인에 대한 관점, 직업세계에 대한 관점 같은 많은 문제를 알 수 있다.

가계도의 기본적인 틀은 그림 3-1에 제시했다. 이 그림은 내담자의 가족관계를 보여준다. 그리는 방법은 일반 가계도를 그릴 때와 동일하다. 여성은 원, 남성은 사각형으로 표시하며, X는 사망, -/- 는 이혼을 의미한다. 진로가계도에는 내담자의 형제자매, 부모, 부모의 형제자매, 조부모의 직업도 표시하여 3대까지 포함한다. 그림 3-1의 가계도를 좀 더 확장해서 친가와 외가의 숙부, 숙모, 이모, 삼촌, 사촌까지 포함하여 자세히 그릴 수도 있다. 이를 통해 3대에 걸친 내담자 가족이 진로를 어떻게 선택해 왔는지, 그리고 그것이 내담자에게 어떤 영향을 미쳤는지에 대해서 살펴봄으로써 내담자의 진로결정을 더 잘 이해할 수 있게 된다(이재창 외, 2014).

(3) 진로가계도를 활용한 진로상담의 절차

진로가계도를 활용한 진로상담의 절차(Okiishi, 1987)와 말로트와 맥너슨(Malott & Magnuson, 2004)이 소개한 단계를 통합하여 오인수(2008)가 제시한 3단계의 절차와 각

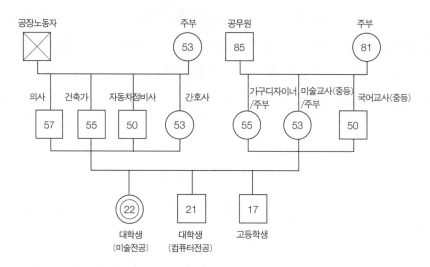

그림 3-1 직업과 나이를 포함한 가계도

절차에서 요구되는 진로상담 특징을 간략히 소개하면 아래와 같다.

① 1단계 : 내담자와 신뢰관계 형성

첫 단계는 내담자가 가족의 진로가계도를 작성하기 이전에 상담자와 신뢰관계를
형성하는 단계이다. 신뢰관계가 형성되지 않은 채 상담이 진행되면 이후 상담의 과정
은 피상적이거나 형식적인 과정에 국한될 수밖에 없다. 상담자는 내담자와 가족에 대
한 가벼운 이야기로 대화를 시작할 수 있다. 내담자의 가족에 관한 이야기를 할 때, 상
담자는 적극적 경청 기술을 활용하여 내담자와 눈을 마주치고 내담자의 발언에 반응하
며 경우에 따라 내용을 반영해 줄 수 있다. 또한 상담자와의 상호작용에서 내담자가 주
저함이나 거리낌을 비언어적으로 표현할 때, 상담자는 이를 직면하거나 해석함으로써
내담자와의 원활한 의사소통을 통해 신뢰관계를 촉진할 수 있다.

② 2단계 : 내담자의 진로가계도 작성

상담자와 내담자의 신뢰관계가 형성되었다면 내담자 가족의 가계도를 작성하도록
돕는다. 먼저 가계도 작성에 대한 전체적인 안내를 하고 표현에 필요한 기호와 선 등을
설명한다. 예를 들어 1단계 대화에서 소개된 가족을 종이에 자유롭게 표현하도록 안내

할 수 있다. 경우에 따라 예시를 보여줄 수 있고 내담자가 표현하는 과정에서 상담자가 도와줄 수도 있다. 이 과정에서 중요한 점은 상담자의 주도가 아닌 내담자의 주도 아래 내담자 자신이 직접 가족관계를 표현하도록 해야 한다는 것이다. 상담자는 이 과정을 촉진하는 역할을 한다. 가계도를 작성할 때, 상담자는 내담자의 발달 수준을 고려함과 동시에 내담자의 창의적 표현을 격려해야 한다.

③ 3단계 : 가계도를 통한 진로인식 탐색

이 단계에서는 전 단계에서 작성된 진로가계도를 바탕으로 내담자가 진로인식을 향상하도록 돕는다. 1단계에서 제시된 다양한 상담 기술을 활용하여 상담자는 내담자가 가계도를 탐색하도록 돕고 그 과정을 통해 내담자의 진로인식 향상을 추구한다. 이 단계에서 상담자는 유용하게 사용할 수 있는 질문 목록을 작성하고, 이 질문들을 활용하여 내담자가 가계도를 바탕으로 직업의 종류와 유형, 직업의 특징, 가족의 일과 직업의 가치관, 직업선호도, 직업과 성 역할을 탐색하도록 도울 수 있다. 상담자는 일련의 질문을 통해 내담자가 형성한 일과 직업에 대한 인식이 가족과의 상호 작용 속에서 어떻게 발전했는지 탐색하도록 돕는다. 직업의 종류와 유형을 묻는 질문들은 가족 구성원의 직업들을 확인하고 공통점과 유형을 발견하도록 돕는다.

직업 인식과 관련된 다양한 내용(예를 들어, 종류, 유형, 특징, 가치관, 선호도)에 대한 탐색뿐만 아니라 그러한 인식에 영향을 미쳤을 가족과의 관계를 탐색하는 질문도 유용하게 활용할 수 있다. 가족 구성원과의 관계적 범위(가족 중에서 누가 친근하게 또는 멀게 느껴지는지), 가족의 역할과 직업 특징의 관계(가족의 직업이 가정에서의 생활과 관계가 있는지), 부모와의 상호작용(부모가 요구사항을 잘 들어주는지) 등을 묻는 질문을 활용할 수 있다.

참고문헌

교육부(2011). 직업세계와 직업정보 탐색. 진로진학상담교사 자격연수교재.

권석만(2008). 긍정심리학. 서울: 학지사.

김병숙, 박선주, 김보인(2007). 직업카드 분류를 통한 청소년의 흥미·적성·가치 일치도 분석. 진로교육연구, 20(4), 1-21.

김봉환(2009). 초등학생들의 지로지도를 위한 성격검사 타당화 연구. 진로교육연구, 22(1), 19-37.

김봉환, 정철영, 김병석(2006). 학교진로상담. 서울: 학지사.

김옥환, 조봉환(1998). 초등학교 아동의 진로인식 수준과 기초 적성 및 학업흥미와의 관계. 진로교육연구, 9, 123-144.

김옥희, 김옥남(2008). 중학생의 생애가치 구조모형 검증. 진로교육연구, 21(4), 143-159.

김완석, 전진수(2000). 직업상담을 위한 심리검사. 서울: 학지사.

김재은, 류기섭(1986). 심리검사의 활용. 서울: 중앙적성출판사.

노안영, 강영신(2002). 성격심리학. 시울: 학지사.

박소희(2011). 진로태도성숙과 심리적 변인들과의 관계: 자기효능감, 직업가치, 주도성을 중심으로. 직업능력개발연구, 14(3), 307-331.

박영숙(1994). 심리평가의 실제. 서울: 하나의학사.

안창규(2000). 진로교육과 개인의 특성과의 관계. 진로교육연구, 12, 25-50.

연문희, 강진령(2002). 학교상담: 21세기의 학생생활지도. 서울: 양서원.

오인수(2008). 초등학생 진로교육의 새로운 접근: 가계도를 활용한 진로상담. 초등교육연구, 21(2), 49-73.

이기학, 한종철(1998). 고등학생의 진로태도 성숙과 개인적 특성 및 심리적 변인들과의 관계. 한국심리학회지 : 상담 및 심리치료, 10(1), 167-190.

이재창(2000). 진로교육과 개인의 특성 발견. 진로교육연구, 12, 1-24.

이재창(2005). 생활지도와 상담. 서울: 문음사.

이재창, 조봉환, 최인화, 임경희, 박미진, 김진희, 정민선, 최정인, 김수리(2014). 상담전문가를 위한 진로상담의 이론과 실제. 서울: 아카데미프레스.

임경희, 박미진, 정민선, 한수미, 이종범, 김진희, 홍지형, 문승태, 김수리, 최인화, 조봉환, 이인혁(2015). 직업기초능력 향상을 위한 자기개발과 진로설계. 서울: 학지사.

임언, 김태선(2003). 중·고등학생을 위한 지필·인터넷 적성검사 비교. 진로교육연구, 16(2), 81-93.

임언, 정윤경, 상경아(2001). 직업가치관 검사 개발 보고서. 한국직업능력개발원.

지용근, 김옥희, 양종국(2005). 진로상담의 이해. 서울: 동문사.

홍상황(2006). 한국형 초등학교 생활지도와 상담. 서울: 학지사.

황매향, 김연진, 이승주, 전방연(2011). 진로탐색과 생애설계. 서울: 학지사.

Anastasi, A. & Urbina, S.(1997). *Psychological testing* (7th ed.). New York: Mcmilan.

Brown, S. D. & Lent, R. W.(1996). A social cognitive framework for career choice counseling. *The Career Development Quarterly, 44*, 354-366.

Dolliver, R.(1967). An adaptation of the Tyler Vocational Card Sort. *Personnel and Guidance Journal, 45*, 916-920.

Gysbers, N. C., Heppner, M. J., & Johnston, J. A.(2003). 진로상담의 실제(*Career counseling: process, issues, and techniques*). 김봉환 역. 서울: 학지사(원전은 1997년 출판).

Gysbers, N. C. & Moore, E. J.(1987). *Career counseling: Skills and techniques for practitioners*. Englewood Cliffs, NJ: Prentice Hall.

Hansen, J. C.(1990). Interest inventories. In G. Goldstein and M. Hersen. *Handbook of Psychological Assessment*(2nd ed.). NY: Pergamon Press.

Holland, J. L.(1985). *Making vocational choices*. Englewood Cliffs, NJ: Prentice-Hall.

Kalleberg, A. L.(1977). Work values and job reward: A theory of job satisfaction. *American Sociological Review, 42*(1), 124-143.

Malott, K. M. & Magnuson, S.(2004). Using genograms to facilitate undergraduate students' career development: A group model. *Career Development Quarterly, 53*. 178-186.

Okiishi, R. W.(1987). The genogram as a tool in career counseling. *Journal of Counseling and Development. 66*. 139-143.

Penick, N. I. & Jepsen, D. A.(1992). Family functioning and adolescent career development. *Career Development Quarterly, 40*, 208-222.

Rokeach, M.(1973). *The nature of human values*. New York: Free Press.

Schiefele, U.(1991). Interest, learning, and motivation. *Educational psychologist, 26*(3 & 4), 299-323.

Scott, D. F. & Church, A. T.(2001). Separation/attachment theory and career decidedness and commitment: Effects of parental divorce. *Journal of Vocational Behavior, 58*, 328-347.

Sharf, R. S.(2006). *Applying career development theory to counseling* (4th ed.). Belmont, CA: Thomson, Brooks/Cole.

Sueyoshi, L. A., Rivera, L., & Ponterotto, J. G.(2001). The family genogram as tool in multicultural career counseling. In J. G. Ponterotto, F. M. Casas, L. A. Suzuki, & C. M. Alexander (Eds.). *Handbook of multicultural counseling* (2nd ed., pp. 655-671).

Super, D.(1951). Vocational adjustment: Implement a self-concept. *Occpations, 30*, 88-92.

Tyler, L.(1961). Research explorations in the realm of choice. *Journal of Counseling Psychology, 8*, 195-201.

Zytowski, D. G. & Warman, R. E.(1982). The changing use of test in counseling. *Measurement and Education in Guidance, 15*, 147-152.

4장

직업세계의 이해

조붕환

급변하는 현대 산업구조에 대한 전반적인 이해와 더불어 직업세계에 대해 얼마나 폭넓은 지식과 정보를 가지고 있는가 하는 것은 개인이 자신의 진로를 선택하는 과정에서 매우 중요한 자원으로 작용하기 때문에 진로교육에서 매우 중요한 요소이다.

과거의 단순한 직업 구조와는 달리 현대사회의 직업 구조와 종류는 사회의 변화와 더불어 급변하면서 다양화, 전문화, 세분화되어 가고 있다. 현재 세계적으로 약 2~3만여 종의 직업이 존재하고 있으며, 계속해서 새로 생겨나기도 하고 없어지기도 한다. 따라서 개인이 사회 변화와 더불어 자신에게 맞는 직업을 선택하기 위해서는 수많은 직업의 종류와 그에 따른 정보를 수집하고 그 정보를 자신의 경험에 비추어 적절히 활용해야만 한다.

이를 위해 개인은 직업세계의 특징과 구조, 변화하는 직업세계의 요구 조건과 필요한 능력, 고용 경향 등 진로발달과 진로선택에 영향을 미치는 직업에 대해 폭넓게 탐색하고 자신이 원하거나 관심이 있는 직업에 관해 구체적이고 면밀한 조사를 해야 한다. 특히 직업의 업무 내용, 필요한 자격, 직업의 특성 등에 관해, 그 직업에 종사하고 있는 사람과의 면담, 그 직무에 대한 실제적인 경험, 그 직업 현장의 견학, 직업과 관련된 서적, 직업 전문가, 기타 직업 안정 및 취업 관련 기관을 이용하여 다양한 정보를 수집할 수 있다.

이 장에서는 직업의 개념과 직업의 분류, 직업의 현황을 중심으로 직업세계를 이해하고자 한다. 먼저 직업의 개념은 직업의 의미와 기능, 요건을 중심으로 기술한다. 직업의 분류에서는 우리나라의 분류체계를 중심으로 한국표준직업분류와 한국고용직업분류, 한국직업사전의 분류체계를 소개하고, 끝으로 우리나라의 직업 현황과 직업세계의 변화, 유망직업을 중심으로 직업 현황을 제시한다.

우리는 살아가는 동안 매일 의식적인 활동인 '일(work)'을 하면서 일생을 보낸다. 그렇기 때문에 우리 삶의 중핵은 일이라고 할 수 있다. 그런데 인간은 왜 일을 하는가, 일을 반드시 해야만 하는가 하는 질문에 대해서는 명확한 답을 내리기가 쉽지 않다. 하지만 한 가지 확실한 점은 인간은 직업을 통해 비로소 일다운 일을 수행하게 되며, 자신에게 적합한 일을 함으로써 만족과 기쁨을 느끼고 궁극적으로는 자아실현을 이룰 수 있게 된다는 것이다(김봉환·정철영·김병석, 2006). 여기에서는 직업의 의미와 기능, 성립 요건에 대해 살펴본다.

1) 직업의 의미

직업의 의미는 다양하다. 이러한 다양성에는 직업에 부여하고 있는 사회적 의미가 투영되어 있다. 영어로는 직업을 'occupation'이라고 한다. 이 단어에는 어떤 자리를 차지한다는 의미가 내포되어 있다. 반면 영어의 'vocation' 또는 독일어의 'Beruf'는 '신으로부터 부름을 받았다'는 직업에 대한 소명의식을 나타내고 있는 가치 지향적인 단어이다. 프랑스에서처럼 'profession'이라고 할 경우에는 전문적인 지식과 소양을 갖춘 전문적인 직업 활동이 강조된다(교육부·한국직업능력개발원, 2003).

직업(職業)이라는 단어는 '직(職)'과 '업(業)'의 합성어인데, 여기에서 '직'은 직분을 맡아 행한다는, 개인의 사회적 역할이라는 뜻을 지닌다. 그리고 '업'은 생계를 유지하기 위한 일이라는 뜻과 자신의 능력을 발휘하기 위해 한 가지 일에 몰두한다는 뜻을 지닌다. 따라서 직업이라는 단어는 사회적 책무로서 개인이 맡게 되는 역할과 생계유지를 위해 수행하는 노동 행위라는 이중적 의미를 지니고 있다(이무근, 2003). 정부가 발간한 직업사전에서는 직업을 "개인이 계속적으로 수행하는 경제 및 사회활동의 종류를 의미한다"고 규정한다(교육부·한국직업능력개발원, 2003).

2) 직업의 기능

직업이란 개인이 계속적으로 수행하는 경제 및 사회활동의 종류를 의미하는 것으로, 생계유지, 사회적 역할의 분담, 개성의 발휘 및 자아실현을 목적으로 계속적으로 행하는 노동 또는 일이라고 정의한다. 이 경우 직업에는 다음과 같은 5가지 요소가 내포되어 있다(이무근·이찬, 2014).

(1) 생계유지

인간은 가장 기본적인 욕구인 의식주를 해결하기 위하여 직업에 종사한다. 즉 직업을 갖게 됨으로써 그 대가로 수입을 얻고 생계를 유지할 수 있다.

(2) 사회적 역할의 분담

"인간은 사회적 동물이다"라는 말에서 알 수 있듯이, 인간은 직업을 통하여 어느 조직에 소속됨으로써 일정한 사회적 역할을 분담한다. 이와 같이 분담된 역할을 충실히 수행할 때 사회가 유지되고 발전될 수 있다.

(3) 자아실현

인간은 직업을 통해서 타고난 자신의 '소질'과 '끼'를 마음껏 발휘할 수 있으며, 자아실현도 할 수 있다.

(4) 계속적인 활동

직업이란 일시적인 것이 아니라, 주기적으로 행하고 있거나 명확한 주기를 갖지 않더라도 계속하고 있는 활동을 말한다.

⑸ 노동행위 수반

직업은 반드시 노동행위를 수반한다. 여기서는 노동이란 정신적인 노동일 수도 있고 육체적인 노동일 수도 있다. 이러한 의미에서 정신적, 육체적 노동이 수반되지 않는 이익 배당, 투기 등은 직업이라고 할 수 없다.

3) 직업의 성립 요건

국제표준직업분류에서는 직무를 "자영업을 포함하여 특정한 고용주를 위하여 개별 종사자들이 수행하거나 또는 수행해야 할 일련의 업무와 과업"으로 정의한다. 그리고 직업을 "유사한 직무의 집합"으로 정의한다. 유사한 직업이란 "주어진 업무와 과업이 매우 높은 유사성을 갖는 것"을 말한다(통계청, 2007). 여기에서는 직업의 성립 요건인 계속성, 경제성, 윤리성, 사회성에 대해 살펴본다.

⑴ 계속성

직업에는 유사성을 갖는 직무를 계속하여 수행하는 계속성이 있어야 하는데, 일의 계속성이란 일시적인 것을 제외한 다음에 해당되는 것을 말한다.

① 매일, 매주, 매월 등 주기적으로 행하는 것

② 계절적으로 행하는 것

③ 명확한 주기는 없으나 계속적으로 행하는 것

④ 현재 하고 있는 일을 계속적으로 행할 의지와 가능성이 있는 것

⑵ 경제성

직업은 또한 경제성을 충족시켜야 하는데, 이는 경제적인 거래 관계가 성립하는 활동을 수행해야 함을 의미한다. 따라서 무급 자원봉사와 같은 활동이나 전업학생의 학습 행위는 경제활동 또는 직업으로 보지 않는다. 직업의 성립에는 비교적 엄격한 경제

성의 기준이 적용되는데, 노력이 전제되지 않은 자연발생적인 이득의 수취나 우연하게 발생하는 경제적인 과실에 전적으로 의존하는 활동은 직업으로 보지 않는다.

(3) 윤리성

윤리성은 비윤리적인 영리행위나 반사회적인 활동을 통한 경제적인 이윤 추구는 직업 활동으로 인정되지 못한다는 뜻이다.

(4) 사회성

사회성은 좀 더 적극성을 띤 요소로, 모든 직업 활동은 사회 공동체적인 맥락에서 의미 있는 활동, 즉 사회적인 기여를 전제조건으로 하고 있다는 점을 강조한다. 또한 속 박된 상태에서의 제반 활동은 경제성이나 계속성의 여부와 상관없이 직업으로 보지 않 는다. 그러므로 다음과 같은 활동은 직업으로 보지 않는다.

① 이자, 주식배당, 임대료(전세금, 월세금) 등과 같은 자산 수입이 있는 경우
② 연금법, 국민기초생활보장법, 국민연금법 및 고용보험법 등의 사회보장이나 민
   간 보험에 의한 수입이 있는 경우
③ 경마, 경륜, 복권 등에 의한 배당금이나 주식투자에 의한 시세 차익이 있는 경우
④ 예·적금 인출, 보험금 수취, 차용 또는 토지나 금융자산을 매각하여 수입이 있는
   경우
⑤ 자기 집에서 가사 활동에 전념하는 경우
⑥ 교육기관에 재학하며 학습에만 전념하는 경우
⑦ 시민봉사활동 등 무급 봉사 일에 종사하는 경우
⑧ 의무로 복무 중인 사병, 단기 부사관, 장교와 같은 군인
⑨ 사회복지시설 수용자의 시설 내 경제활동
⑩ 수형자의 활동과 같이 법률에 의한 강제노동을 하는 경우
⑪ 도박, 강도, 절도, 사기, 매춘, 밀수와 같은 불법적인 활동

우리나라의 직업 분류로는 한국표준직업분류(Korea Standard Classification of Occupations, KSCO), 한국고용직업분류(Korea Employment Classification of Occupations, KECO)와 한국직업사전이 있으며, 미국의 경우에는 미국직업사전(Dictionary of Occupational Titles, DOT)과 미국직업정보네트워크(Occupational Information Network, O*NET)가 있다.

한국표준직업분류에서는 직능수준(Skill Level)과 직능유형(Skill Type)으로 직업을 분류하고, 한국고용직업분류에서는 한국표준직업분류를 직능유형과 직능수준 순으로 재분류한다. 이 중 한국고용직업분류는 우리나라 대부분 직업 정보의 기본 틀로 활용되고 있다. 여기에서는 한국표준직업분류와 한국고용직업분류, 한국직업사전에 대해 살펴본다.

1) 한국표준직업분류

우리나라에서 체계적인 직업 분류를 작성한 때는 1960년으로, 당시 내무부 통계국에서 처음으로 국세조사에 사용했다. 그 후 경제기획원에서 통계업무를 관장함에 따라, 각국에서 사용하도록 권고된 국제노동기구(ILO)의 국제표준직업분류(ISCO-58)를 근거로 1963년에 한국표준직업분류가 제정되었다. 그 이후 한국표준직업분류와 한국고용직업분류의 연계가 어려워 통계자료의 비교성 문제가 제기되자, 두 분류 간의 연계성 강화를 통한 통계의 활용성을 높이는 한편 우리나라 노동시장에 적합한 분류로 개정하기 위해 노력했다. 그리고 2007년 말에 확정된 국제표준직업분류(ISCO-08)를 반영함으로써 국제비교성을 고려했다. 제6차 분류개정은 통계청 고시(2007)로 확정·고시하고 2007년 10월 1일부터 시행했다(통계청, 2007).

(1) 제6차 분류개정의 주요 내용

제6차 분류개정의 주요 내용은 다음과 같다. 첫째, 대분류에서는 우리나라 노동시장의 구조와 조사의 편리성을 고려하여 전문가와 준전문가(기술공)의 대분류를 통합했다. 둘째, 중분류 이하는 우리나라 노동시장에 맞게 직능유형 중심으로 분류하고 우리나라 노동시장의 추세와 고용자 수를 감안하여 분류 항목을 조정했는데, '대분류 2. 전문가 및 관련 종사자'에서는 지식정보화 추세와 전문직을 중심으로 하는 경제구조로의 변화, 고용자 수의 증가 추세를 반영하여 분류를 좀 더 세분화했다. 한편 농림어업, 제조업, 건설업 분야의 현장 근로자의 경우 고용자 수가 점차 감소하고 있고 분류가 과도하게 세분되어 있어 분류 항목을 통합했다. 2007년에 6차 개정된 한국표준직업분류의 대분류 항목 체계를 5차 개정(2000년)과 국제표준직업분류(ISCO)와 비교하여 표 4-1에 제시했다.

표 4-1 대분류 항목 체계

제5차 개정(2000년)	제6차 개정(2007년, 현행)	국제표준직업분류(ISCO)
0 의회의원, 고위임직원 및 관리자	1 관리자	1 관리자, 고위임원 및 의회의원
1 전문가	2 전문가 및 관련 종사자	2 전문가
2 기술공 및 준전문가	3 사무 종사자	3 기술공 및 준전문가
3 사무 종사자	4 서비스 종사자	4 사무 종사자
4 서비스 종사자	5 판매 종사자	5 서비스 및 판매 종사자
5 판매 종사자	6 농림, 어업 숙련 종사자	6 숙련 농 · 어업 종사자
6 농업, 임업 및 어업 숙련 종사자	7 기능원 및 관련 기능 종사자	7 기능원 및 관련 기능 종사자
7 기능원 및 관련 기능 종사자	8 장치 · 기계 조작 및 조립 종사자	8 장치 · 기계 조작 및 조립 종사자
8 장치 · 기계 조작 및 조립 종사자	9 단순노무 종사자	9 단순노무 종사자
9 단순노무 종사자	A 군인	0 군인
A 군인		

(2) 직업 대분류와 직능수준

국제표준직업분류에서 정의한 직능수준은 정규교육을 통해서뿐만이 아니라 비정규직의 직업 훈련과 직업 경험을 통해서도 얻을 수 있다. 따라서 분류에서 사용되는 기본 개념은 정규교육 수준이 아닌, 직무를 수행하는 데 필요한 특정업무의 수행능력으로 정의된다. 이러한 기본 개념에 따라 국제적 특성을 고려하여 직능수준을 4개로 구분했다. 그리고 직무능력이 정규교육(또는 직업 훈련)을 통해서 얻어지는 것이라고 할 때 국제표준교육분류(ISCED)상의 교육과정 수준에 따라 표 4-2와 같이 직무능력을 정의했다.

표 4-2 국제표준교육분류상의 직능수준과 직무능력

직능수준	직무능력과 교육, 훈련 정도
제1직능수준	일반적으로 단순하고 반복적이며 때로는 육체적인 힘을 요하는 과업을 수행한다. 초등교육이나 기초적인 교육을 필요로 한다.
제2직능수준	일반적으로 완벽하게 읽고 쓸 수 있는 능력과 정확한 계산 능력, 그리고 상당한 정도의 의사소통 능력을 필요로 한다. 보통 중등 이상의 교육과정의 정규교육 이수 또는 이에 상응하는 직업 훈련이나 직업 경험을 필요로 한다.
제3직능수준	복잡한 과업과 실제적인 업무를 수행할 정도의 전문적인 지식을 보유하고 수리계산이나 의사소통 능력이 상당히 높아야 한다. 일반적으로 중등교육을 마치고 1~3년 정도의 추가적인 교육과정 정도의 정규교육 또는 직업 훈련을 필요로 한다.
제4직능수준	매우 높은 수준의 이해력과 창의력 및 의사소통 능력이 필요하다. 일반적으로 4년 또는 그 이상 계속하여 학사, 석사나 그와 동등한 학위가 수여되는 교육 수준의 정규교육 또는 직업 훈련을 필요로 한다.

(3) 한국표준직업분류의 대분류와 직능수준의 관계

한국표준직업분류의 대분류와 직능수준의 관계는 표 4-3과 같다. 이러한 직능수준이 실제 종사자의 학력 수준을 제시하는 것은 아니며, 필요로 하는 최소 직능수준을 의미한다고 할 수 있다.

표 4-3 한국표준직업분류의 대분류와 직능수준

	대분류	직능수준
1	관리자	제4직능수준 또는 제3직능 수준 필요
2	전문가 및 관련 종사자	제4직능수준 또는 제3직능 수준 필요
3	사무 종사자	제2직능수준 필요
4	서비스 종사자	제2직능수준 필요
5	판매 종사자	제2직능수준 필요

6	농림어업 숙련 종사자	제2직능수준 필요
7	기능원 및 관련 기능 종사자	제2직능수준 필요
8	장치 · 기계 조작 및 조립 종사자	제2직능수준 필요
9	단순노무 종사자	제1직능수준 필요
A	군인	직능수준과 무관

(4) 분류체계 및 분류번호

각 항목은 대분류 10, 중분류 52, 소분류 149, 세분류 426, 세세분류 1,206개로 구성되어 있는데, 계층적 구조로 되어 있다. 분류번호는 아라비아 숫자와 알파벳 A로 표시하고, 대분류 1자리, 중분류 2자리, 소분류 3자리, 세분류 4자리, 세세분류는 5자리로 표시된다. 한국표준직업분류의 분류단계별 항목 수는 표 4-4와 같다.

표 4-4 한국표준직업분류의 분류단계별 항목 수

대분류	중분류	소분류	세분류	세세분류
1 관리자	5	15	24	77
2 전문자 및 관련 종사자	8	41	153	445
3 사무 종사자	4	9	26	57
4 서비스 종사자	4	10	33	73
5 판매 종사자	3	4	13	38
6 농림어업 숙련 종사자	3	5	12	29
7 기능원 및 관련 기능 종사자	9	20	73	201
8 장치 · 기계 조작 및 조립 종사자	9	31	65	235
9 단순노무 종사자	6	12	24	28
A 군인	1	2	3	3
합계	52	149	426	1,206

2) 한국고용직업분류

한국고용직업분류의 목적은 구인, 구직 등 취업 알선을 위한 정보제공 및 직업능력 개발을 위한 훈련 직종 선정 등에 활용하기 위함이며, 작성 방법은 한국표준직업분류(① 직능수준 ② 직능유형)를 ① 직능유형 ② 직능수준 순으로 재분류했다. 한국고용직업분류의 내용에서 분류 원칙은 직능유형 중심의 분류이며, 분류체계는 대·중·소·세분류 순으로 한국표준직업분류를 재구성했다. 분류 구조는 중분류 중심 구조로, 중분류 데이터 활용성을 증대시켰다(통계청, 2014).

(1) 분류의 원칙

한국고용직업분류의 원칙은 직능유형 우선, 중분류 중심체계, 연계성 유지이다. 자세한 내용은 다음과 같다.

첫째, 직능유형 우선이다. 직능유형이란 작업자가 수행하는 일이 갖는 여러 측면의 성격을 말하는 것으로, 직무수행 결과 생산되는 최종 생산물, 일을 수행하는 방법과 그 과정, 일을 수행하는 데 필요한 지식, 주요 활용 도구 및 장비 등이 포함된다. 유사한 업무를 수행하는 데 필요한 직무수행 능력의 높낮이를 말하는 직능수준과 대비되는 개념이다.

둘째, 중분류 중심체계이다. 한국고용직업분류는 영역이 다른 분야를 다르게 분류하고, 하나의 분류가 독립적인 성격을 갖도록 하고 있다. 중분류 중심의 체계를 대외적으로 주로 사용함으로써 데이터의 활용성을 증대시키고자 했다.

셋째, 연계성 유지이다. 한국고용직업분류는 한국표준직업분류와 4단위(세분류)에서 연계할 수 있도록 설계했다.

(2) 분류의 구조와 구성

한국고용직업분류의 구조는 대분류 구조이다. 대분류 코드(I~VII)는 4자리 직업분류코드에서 제외되어 대외적으로 중분류를 주로 사용함은 물론, 이를 통해 중분류 데이터의 활용성을 증대시키고자 했다. 한국고용직업분류의 구성은 우리나라의 현실적

표 4-5 한국고용직업분류의 분류단계별 항목 수

대분류(미활용 코드)	중분류	소분류	세분류
I 관리직	01. 관리직	9	24
II 경영재무직	02. 경영 · 회계 · 사무 관련직	9	31
	03. 금융 · 보험 관련직	3	11
III 사회 서비스직	04. 교육 및 자연과학 · 사회과학 연구 관련직	8	22
	05. 법률 · 경찰 · 소방 · 교도 관련직	3	8
	06. 보건 · 의료 관련직	8	23
	07. 사회복지 및 종교 관련직	3	9
	08. 문화 · 예술 · 디자인 · 방송 관련직	8	30
IV 판매 및 개인 서비스직	09. 운전 및 운송 관련직	5	15
	10. 영업 및 판매 관련직	5	19
	11. 경비 및 청소 관련직	5	16
	12. 미용 · 숙박 · 여행 · 오락 · 스포츠 관련직	7	23
	13. 음식서비스 관련직	2	11
V 건설 · 생산직	14. 건설 관련직	7	29
	15. 기계 관련직	9	23
	16. 재료 관련직	7	22
	17. 화학 관련직	3	9
	18. 섬유 및 의복 관련직	6	18
	19. 전기 · 전자 관련직	7	14
	20. 정보통신 관련직	6	15
	21. 식품가공 관련직	4	14
	22. 환경 · 인쇄 · 목재 · 가구 · 공예 및 생산단순직	9	27
VI 농림어업직	23. 농림어업 관련직	5	13
VII 군인	24. 군인	1	3
합계	24	139	429

인 직업 구조를 반영해 조사상 정확성과 용이성을 확보하고 노동시장 내 적절한 직업 단위에 대한 데이터를 수집해 의미 있는 통계 정보를 전달하는 데 그 목적이 있다. 대분류 7개, 중분류 24개, 소분류 139개, 세분류 429개로 구성했다. 노동시장의 직업 구조 및 조사가 편리한 장점 때문에 2006년까지 통계청의 한국표준직업분류와 별도로 운영되었지만, 국가 통계정보의 일관성과 통일성을 기하기 위해 2007년부터 세분류 수준 (429개)으로 통합해 운영하고 있다(통계청, 2014). 한국고용직업분류의 분류단계별 항목 수는 표 4-5와 같다.

3) 한국직업사전

(1) 한국직업사전의 발간 연혁

우리나라의 직업사전은 1969년에 인력개발연구소에서 인사관리, 실업교육, 직업 지도, 직업 훈련, 직업 안정, 기능검정, 통계조사를 위한 기준으로 활용할 목적으로 경제기획원, 과학기술처, 노동청의 감수를 받아 3,260여 개 직업명을 수록하여 처음으로 발간되었다. 그동안 발간된 한국직업사전의 주요 개정 내용을 살펴보면 다음과 같다 (한국고용정보원, 2015).

① 한국직업사전 통합본 1판(1986년)

'한국직업사전 통합본 1판'에서는 인력 배분의 효율화, 과학적 직업 지도 및 직업 훈련, 과학적 안전관리, 노동력의 조직화 등 인력관리 각 분야에서 다각도로 활용하고, 1970~80년대의 경제발전과 산업화에 따른 직업세계의 변화를 실질적으로 반영하고자 현장 직무분석을 했다. 10,600여 개 직업명이 수록(본직업명 6,500여 개, 관련직업명 2,400 여 개, 유사직업명 1,700여 개)된 '한국직업사전 통합본 1판'은 노동부 국립중앙직업안정소에서 발간했다.

② 한국직업사전 통합본 2판(1995년)

'한국직업사전 통합본 2판'에서는 '87~'94년간 조사·정리한 24개 산업 분야의 표준직업명세에 대하여 직업 내용과 직업 명세사항을 전면 재검토 및 통합했고, 1980년 대 후반 이후의 과학 발달과 산업구조 변화에 따른 직업 내용 변화와 신규·생성 직업을 보완했으며, 좀 더 정확하고 유용한 정보가 될 수 있도록 직무 내용뿐만 아니라 기능 정도, 교육 정도, 습숙 기간, 육체적 활동, 환경조건, 자격·면허 등 직업 명세사항을 추가했다. 12,000여 개 직업명이 수록(본직업명 6,000여 개, 관련직업명 3,500여 개, 유사직업명 2,500여 개)된 '한국직업사전 통합본 2판'은 노동부 중앙고용정보관리소에서 발간했다.

③ 한국직업사전 통합본 3판(2003년)

'한국직업사전 통합본 3판'에서는 '97~'02년간 조사한 각 산업별 직업을 재분류하고 산업 분류 개정으로 조사에서 누락되었던 도·소매업, 자동차 제조업 등에 대한 추가 직무조사를 실시하여 국내의 전체 산업 및 직업에 대한 정보를 수록했고, 기존 부가직업정보(산업 분류, 정규교육, 숙련기간, 직무기능, 작업강도, 작업장소, 조사연도) 외에 OES 코드를 부여했으며, 한국표준직업분류 세분류를 기준으로 코드명을 통합했다. 9,426개 직업명이 수록(본직업명 4,630개, 관련직업명 3,350개, 유사직업명 1,446개)된 '한국직업사전 통합본 3판'은 중앙고용정보원에서 발간했다.

④ 한국직업사전 통합본 4판(2011년)

'한국직업사전 통합본 4판'에서는 '04~'11년간 산업별로 조사한 직업에 대한 직무 내용을 재검토 및 통합했고, 산업별 직무조사 과정에서 누락된 직업이나 새로운 기술과 서비스의 등장으로 새롭게 등장한 직업에 대한 추가 조사를 실시하여 국내의 전체 직업을 총 망라했다. 직업분류 기준으로서 이전 연도까지 사용되어 왔던 한국표준직업분류를 대신하여 한국고용직업분류를 사용함으로써, 우리나라의 노동시장 현실을 제대로 반영하고 일-훈련-자격 체계의 일관성을 도모했다. 기존 부가직업정보(산업 분류, 정규교육, 숙련기간, 직무기능, 작업강도, 작업장소, 조사연도) 외에 한국표준직업분류(제6차) 코드 및 한국표준산업분류(제9차) 코드를 부여했다. 11,655개 직업명이 수록(본직업명 5,385개, 관련직업명 3,913개, 유사직업명 2,357개)된 '한국직업사전 통합본 4판'은 한국고용정보원에서 발간했다.

⑤ 한국직업사전 통합본 5판(2018년 예정)

'한국직업사전 통합본 5판'의 발간을 위해 2012년에는 '문화 · 예술 · 디자인 · 방송 관련직', '미용 · 숙박 · 여행 · 오락 · 스포츠 관련직', '교육 · 자연과학 · 사회과학 관련직', '음식 서비스 관련직', '관리직' 등 5개 직종에 대해 직무조사를 실시하여 3,212개 직업 명을 수록했으며, 2013년에는 '경영 · 회계 · 사무 관련직', '금융 · 보험 관련직', '운전 및 운송 관련직', '영업 및 판매 관련직' 등 4개 직종에 대해 직무조사를 실시하여 2,821개 의 직업명을 수록했다. 2014년에는 '건설 관련직', '전기 · 전자 관련직', '정보통신 관련 직' 등 3개 직종에 대해 직무조사를 실시하여 3,121개의 직업명을, 2015년에는 '기계 관련직', '재료 관련직' 등 2개 직종에 대해 직무조사를 실시하여 2,288개의 직업명을 수록했다.

'한국직업사전 통합본 5판'은 2012년부터 2017년까지 6개년에 걸쳐 한국고용직 업분류의 24개 중분류를 기준으로 직무조사를 실시 중이며 2018년도에 발간할 예정 이다.

(2) 한국직업사전에서 제공하는 정보

한국직업사전에 수록된 직업은 직무분석을 바탕으로 조사된 정보로, 수많은 일을 조직화된 방식으로 고찰하기 위하여 유사한 직무를 기준으로 분류한 것이다. 한국직업 사전에 수록된 정보는 전국적인 사업체에서 유사한 직무가 어떻게 수행되는지에 대한 포괄적인 조사 · 분석 · 연구의 결과이다. 수록된 직업정보는 직업코드, 본직업 명칭, 직 무개요, 수행직무의 4항목과 부가직업정보를 포함하여 5항목으로 구성되어 있다(고용 노동부 · 한국고용정보원, 2011). '한국직업사전 통합본 제4판'에서 제공하는 정보의 내용 은 표 4-6과 같다.

표 4-6 한국직업사전에서 제공하는 정보

직업정보 항목		주요내용
직업정보	직업코드	특정 직업을 구분해 주는 단위로, '한국고용직업분류'의 세분류 4자리 숫자로 표기함. 직업코드 4자리에서 첫 번째와 두 번째 숫자는 '한국고용직업분류'의 24개 중분류를 나타내며, 세 번째 숫자는 소분류, 네 번째 숫자는 세분류를 나타냄. 직업분류체계의 기준은 2011년도까지 '한국표준직업분류'(통계청)를 사용해 왔으나, '2012 한국직업사전'부터는 '한국고용직업분류'(한국고용정보원)를 사용함
	본직업 명칭	산업현장에서 일반적으로 해당 직업으로 알려진 명칭 또는 그 직무가 통상적으로 호칭되는 것으로, '한국직업사전'에 그 직무 내용이 기술된 명칭
	직무개요	직무 담당자의 활동, 활동의 대상 및 목적, 직무 담당자가 사용하는 기계, 설비 및 작업 보조물, 사용된 자재, 만들어진 생산품 또는 제공된 용역, 수반되는 일반적, 전문적 지식 등을 간략히 기술함
	수행직무	직무 담당자가 직무의 목적을 완수하기 위하여 수행하는 구체적인 작업 내용을 작업순서에 따라 서술한 것임
부가직업정보	정규교육	해당 직업의 직무를 수행하는 데 필요한 일반적인 정규교육 수준을 의미하는 것으로, 해당 직업 종사자의 평균 학력을 나타내는 것은 아님
	숙련기간	정규교육과정을 이수한 후 해당 직업의 직무를 평균적인 수준으로 스스로 수행하기 위하여 필요한 각종 교육, 훈련, 숙련기간을 의미함
	직무기능	해당 직업 종사자가 직무를 수행하는 과정에서 자료, 사람, 사물과 맺는 관련된 특성을 나타냄
	작업강도	해당 직업의 직무를 수행하는 데 필요한 육체적 힘의 강도를 나타낸 것으로, 5단계로 분류함. 그러나 작업강도는 심리적·정신적 노동강도는 고려하지 않음
	육체활동	해당 직업의 직무를 수행하기 위해 필요한 신체적 능력을 나타내는 것으로, 균형감각, 웅크림, 손, 언어력, 청각, 시각 등이 요구되는 직업인지를 보여줌
	작업장소	해당 직업의 직무가 주로 수행되는 장소를 나타내는 것으로, 실내, 실외 종사비율에 따라 구분함
	작업환경	해당 직업의 직무를 수행하는 작업자에게 직접적으로 물리적, 신체적 영향을 미치는 작업장의 환경요인을 나타낸 것임
	유사명칭	현장에서 본직업명을 명칭만 다르게 부르는 것으로, 본직업명과 사실상 동일함
	관련직업	본직업명과 기본적인 직무에서 공통점이 있으나 직무의 범위, 대상 등에 따라 나누어지는 직업임. 하나의 본직업명에는 두 개 이상의 관련 직업이 있을 수 있으며 직업수 집계에 포함됨
	자격·면허	해당 직업에 취업할 때 소지할 경우 유리한 자격증 또는 면허를 나타내는 것으로, 현행 국가기술자격법 및 개별법령에 의해 정부 주관으로 운영하고 있는 국가자격 및 면허를 수록함. 민간에서 부여하는 자격증은 제외함
	한국표준산업분류 코드	해당 직업을 조사한 산업을 나타내는 것으로, '한국표준산업분류(제9차 개정)'의 소분류 산업을 기준으로 함. 두 개 이상의 산업에 걸쳐 조사된 직업에 대해서도 해당 산업을 모두 표기함
	한국표준직업분류 코드	해당 직업의 '한국고용직업분류' 세분류 코드에 해당하는 '한국표준직업분류'(통계청)의 세분류 코드를 표기함
	조사연도	해당 직업의 직무조사가 실시된 연도를 나타냄

3 직업의 현황

여기에서는 한국의 직업 현황과 직업세계의 변화, 유망직업에 대해 살펴본다. 한국의 직업 현황은 한국표준직업분류의 대분류별 직업수와 한국고용직업분류의 중분류별 직업수를 통해 살펴보고, 직업세계의 변화는 직업세계의 변화 요인과 신생직업, 우리나라의 직업 변화로 나누어 알아본다. 끝으로 미래의 유망직업에 대해 살펴본다.

1) 한국의 직업 현황

2014년 말 기준 한국직업사전에는 본직업명 5,662개, 관련직업명 5,778개 포함하여 총 11,440개의 직업이 수록되어 있다. 직업명 기준으로는 11,440개의 직업에 유사직업명 3,441개를 더한 14,881개의 직업명이 수록되어 있다(한국고용정보원, 2015).

여기에서 본직업명은 직업 현장에서 해당 직무에 대해 통상적으로 불리는 호칭으로, 한국직업사전에 그 직무 내용이 기술되어 있다. 관련직업명은 본직업명과 기본적인 직무에서 공통점이 있으나 직무의 범위, 대상 등에 따라 나누어지는 직업명이다. 하나의 본직업명에는 한 개 이상의 관련 직업이 있을 수 있으며, 직업 수 집계에 포함된다. 유사직업명은 직업 현장에서 본직업명을 명칭만 다르게 부르는 것으로, 본직업명과 사실상 동일하다. 예를 들어 '택시운전원'의 유사직업명인 '택시운전사', '택시기사'는 '택시운전원'과 동일한 직업이며, 직업 수 집계에서 제외된다(한국고용정보원, 2015). 한국표준직업분류 대분류별 직업수와 한국고용직업분류 중분류별 직업수를 살펴보면 다음과 같다.

(1) 한국표준직업분류 대분류별 직업 수

'한국직업사전 통합본 제4판'의 한국표준직업분류 대분류별 직업 수에는 본직업

5,385개, 관련직업 3,913개, 유사명칭 2,357개를 포함하여 총 11,655개의 직업이 수록되어 있다(고용노동부·한국고용정보원, 2011). 한국표준직업분류 대분류별 직업 수의 내용은 표 4-7과 같다.

표 4-7 한국표준직업분류 대분류별 직업 수

한국표준직업분류 대분류	본직업	관련직업	유사명칭	합계
1 관리자	158	148	56	362
2 전문가 및 관련 종사자	1564	1562	663	3,789
3 사무 종사자	482	259	118	859
4 서비스 종사자	126	83	101	310
5 판매 종사자	110	70	53	233
6 농림어업 숙련 종사자	97	141	36	274
7 기능원 및 관련 기능 종사자	710	479	402	1,591
8 장치·기계 조작 및 조립 종사자	2010	1125	876	4,011
9 단순노무 종사자	123	46	52	221
A 군인	5	0	0	5
합계	5,385	3,913	2,357	11,655

(2) 한국고용직업분류 중분류별 직업 수

'한국직업사전 통합본 제4판'의 한국고용직업분류 중분류별 직업 수에는 본직업 5,385개, 관련직업 3,913개, 유사명칭 2,357개를 포함하여 총 11,655개의 직업이 수록되어 있다(고용노동부·한국고용정보원, 2011). 한국고용직업분류 중분류별 직업 수의 내용은 표 4-8과 같다.

표 4-8 한국고용직업분류 중분류별 직업 수

한국고용직업분류 중분류	본직업	관련직업	유사명칭	합계
01 관리직	158	148	56	362
02 경영회계 · 사무 관련직	427	207	149	783
03 금융 · 보험 관련직	181	112	85	378
04 교육 및 자연과학 · 사회과학 연구 관련직	272	619	54	945
05 법률 · 경찰 · 소방 · 교도 관련직	35	30	13	78
06 보건 · 의료 관련직	128	66	72	266
07 사회복지 및 종교 관련직	25	27	15	67
08 문화 · 예술 · 디자인 · 방송 관련직	233	225	180	638
09 운전 및 운송 관련직	118	75	51	244
10 영업 및 판매 관련직	137	176	63	376
11 경비 및 청소 관련직	61	16	33	110
12 미용 · 숙박 · 여행 · 오락 · 스포츠 관련직	97	127	81	305
13 음식 서비스 관련직	21	10	21	52
14 건설 관련직	265	176	186	627
15 기계 관련직	396	216	126	738
16 재료 관련직	478	244	216	938
17 화학 관련직	374	251	126	751
18 섬유 및 의복 관련직	387	97	267	751
19 전기 · 전자 관련직	460	323	178	961
20 정보통신 관련직	185	85	57	327
21 식품가공 관련직	323	182	98	603
22 환경 · 인쇄 · 목재 · 가구 · 공예 및 생산단순직	514	357	193	1,064
23 농림어업 관련직	105	144	37	286
24 군인	5	0	0	5
합계	5,385	3,913	2,357	11,655

2) 직업 세계의 변화

국제노동기구에 따르면, 산업혁명 당시 약 400여 종이었던 직업이 1945년에는 10,000종으로 증가했고, 1965년에는 50,000종, 1975년에는 200,000종으로 늘어났다고 한다. 우리나라의 경우에는 1956년 당시만 하더라도 직업의 종류가 2,000종에 불과했으나, 1985년에 10,451종, 1995년에는 11,537종, 2001년에는 12,306종(교육부, 한국직업능력개발원, 2003), 2014년에는 14,881종으로 크게 증가했다(한국고용정보원, 2015).

(1) 직업세계의 변화 요인과 신생 직업

직업은 생명력이 있는 유기체와 같아서 새로운 도구나 기술의 도입으로 수행하는 직무의 내용이 변경되기도 하고, 기존에 없었던 직업이 새롭게 등장하기도 한다. 또한 과거에는 경제적 가치가 없이 단순한 직무 수준에 머물던 직업이 사회 변화의 상황과 요구에 따라 직업으로 발전하고 있다. 저출산 및 고령화, 여성의 경제활동인구 증가도 직업세계의 변화에 한몫을 하고 있는데, 특히 생활수준이 향상되면서 건강, 복지, 웰빙과 관련된 직업이 많이 생겨나고 있으며, 인터넷 등 과학기술의 발전이 교육, 판매, 의료 등 다른 산업과 융합되면서 새로운 직업이 등장하고 있다. 이러한 새로운 직업은 기존의 산업에서 새로운 아이디어를 통해 발생할 수 있고, 새로운 기술과 능력 등을 바탕으로 이종(異種) 산업 사이에서도 발생할 수 있다. 특히 지식산업이 도래하면서 고부가가치를 창출하는 주요 서비스업에서 새로운 직업이 많이 생겨나고 있다. 그 원인은 경제 패러다임의 변화에서 찾을 수 있는데, 과거의 대량생산과 하드웨어 중심의 산업경제 시대에서 정보와 지식이 중심이 되는 지식기반경제로의 이전, 나아가 창조성, 소프트웨어, 문화가 경쟁력이 되는 시대로 진전되고 있기 때문이다. 향후 이러한 변화는 가속화할 것으로 보이며, 모바일 등 정보기술의 발전, 사회의 다원화·국제화 추세에 따라 신생직업 발굴을 통한 비즈니스 기회는 더욱 늘어날 것으로 보인다(한국고용정보원, 2013). 직업세계의 변화 요인과 신생직업은 표 4-9와 같다(임경희 외, 2015).

표 4-9 직업세계의 변화 요인과 신생직업

직업세계의 변화 요인	세부 변화 요인	신생직업
인구 구조의 변화	• 저출산, 고령화 사회 진입 • 가족 구조의 변화 • 여성의 경제활동 증가	노인전문간호사, 생체계측기기개발자
기술 발전과 혁신	• 기계화, 자동화, 전산화 • 제품 혁신 주기의 단축 · 공정 자동화 • 디지털화 및 온라인화, 인터넷	애플리케이션개발자, HCI컨설턴트
가치관과 라이프스타일	• 여가, 건강, 미용 등에 대한 욕구 증대 • 소비자주권 증대	퍼스널쇼퍼, 애견트레이너
국제화 및 세계화	• 국제무역 경쟁 심화 • 금융의 세계화 • 생산기지 해외 이전 및 외국기업 국내 이전	컨시어스, 현지화컨설턴트
환경과 에너지	• 에너지 부족과 확보 경쟁 • 기후 변화 및 환경기준 강화	기후변화전문가, 생태복원기술자
기업의 경영방식	• 채용방식 변화 • 업무 영역의 통합 및 세분화 • 인수, 합병 등 구조조정 및 외주	문화마케터, 헤드헌터
정부정책 및 법 · 제도 도입	• 사회복지정책의 확대 • 산업육성 정책 · 취업 촉진 정책	의료관광코디네이터, 의료통역사

(2) 우리나라의 직업 변화

우리나라에서는 한국전쟁 이후 본격적인 산업화가 이루어졌다. 1960년대에 섬유
산업으로 대표되는 노동집약적 산업을 기반으로 성장하여 현재는 지식기반 경제 및 산
업체제로 전환되고 있다. 이러한 과정에서 새롭고 다양한 산업 분야가 나타났으며, 이
에 따라 직업이 분화되고 전문화되고 있다. 여기에서는 우리나라 직업의 변화 과정을
살펴본다(워크넷, 2016). 우리나라 직업 변화의 내용은 표 4-10에 제시했다.

표 4-10 우리나라의 직업 변화

	시대 변화 모습	인기직업
1950년대	• 국가를 재건하는 시대적 요구에 맞추어 1950년 제1회 고등고시가 실시되면서 고급 행정관료가 선발되기 시작 • 영화 「춘향전」의 인기로 영화사가 증가한 시기	군 장교, 타이피스트, 의사, 영화감독과 배우, 외교관, 법관, 공무원, 전차운전사 등
1960년대	• 노동집약적 산업을 중시한 시기로, 특히 섬유업이 비약적으로 성장 • 경부고속도로가 1968년에 착공되면서 건설업의 발달과 함께 산업화에 속도가 붙음	섬유엔지니어, 가발기능공, 버스안내양, 택시기사, 대기업 사원, 은행원 등
1970년대	• 중화학공업 육성정책으로 무역이 활성화된 시기 • 수출 지향 중화학공업 정책, 무역 활성화 등이 큰 이슈 • 전자공학, 조선공학, 화학공학 등의 인기가 높음 • 민간항공사가 출범하고 항공시대가 시작되면서 이들 직업이 선망의 대상으로 부상	화공 및 기계 엔지니어, 무역업 종사자, 비행기조종사, 항공승무원, 건설 관련 기술 직종
1980년대	• 과거 노동집약적이던 산업구조가 자본집약적 사업구조로 전환되면서 금융산업이 성장한 시기 • 증권시장 활황, 산업 고도화에 따른 중화학공업의 급성장, 세계 1위로 올라선 조선산업, 반도체산업 시작 • 프로야구 출범, 컬러TV 등장, 광고업 성장	증권사 직원, 은행원, 선박엔지니어, 반도체엔지니어, 프로운동선수, 드라마 PD, 탤런트, 광고기획자, 카피라이터, 통역사 등
1990년대	• 금융산업이 만개 • PC통신에서 인터넷으로 커뮤니케이션 수단이 업그레이드되면서 정보통신산업도 급성장 • IMF 외환위기로 경제 및 사회가 위축되었고 취업난과 조기 명예퇴직 급증	펀드매니저, 애널리스트, 외환딜러, 선물거래중개인, 교사, 공무원, 웹마스터, 컴퓨터프로그래머, 벤처기업가, 연예 관련 직종, M&A전문가, 경영컨설턴트 등
2000년대	• 외환위기를 극복하면서 웰빙에 대한 관심이 급증 • 평생직장에서 평생직업으로 인식이 전환되면서 전문 자격증에 대한 인기가 높아짐 • 휴대전화 및 인터넷이 대중화 • 경제와 산업은 지식기반경제, 첨단과학기술의 발전에 기반해 발달	사회복지사, 한의사, 인테리어디자이너, 생명공학연구원, 공인회계사, 변리사, 항공우주공학자, 통신공학기술자, 네트워크전문가, 인터넷전문가, 첨단의료산업 종사자 등
2010년대 (현재)	• 지식정보산업과 글로벌 경제가 꽃을 피움 • 스마트폰으로 대표되는 디지털 모바일기기의 대중화와 소셜 네트워크서비스 이용자 수의 증가 • 고령사회 및 다문화사회에 진입했고 저출산 문제의 심각성이 가중 • 경제와 산업 측면에서는 환경산업이 중시되고 글로벌 경제 환경이 구축됨	SNS마케팅전문가, 빅데이터 전문가, 소셜미디어전문가, 의료관광코디네이터, 국제회의기획자, 국제기구종사자, 친환경에너지공학자, 인공지능전문가, 정신건강상담전문가 등
미래	• 최첨단 과학기술의 발전과 웰빙 라이프를 지향하는 사회적 분위기가 이어질 것이란 전제하에서 보면 다음과 같은 직업이 나타날 가능성이 있음	우주여행안내원, 인공장기조직개발자, 사막토지트레이더, 미디어윤리학자, 가상자산관리자, 네트워크관계카운슬러, 인간능력향상조언자, 마인드리더, 아바타개발자, 기억대리인, 재능수집가 등

3) 유망직업

유망직업의 기준으로 직업의 성장률, 임금, 직업의 가치, 사회적 지위, 직업의 전문성 등 여러 가지를 들 수 있으나, 일반적으로는 다음과 같다. 첫째, 성장률이 높은 직업을 말한다. 유망직업을 선정할 때 가장 일반적인 기준이 각 직업의 성장률이다. 둘째, 고소득 직업이다. 많은 사람들이 직업을 선택할 때 소득이 높은 직종을 선택하고자 하는 것은 당연하다. 특히 자신이 선택한 직업 분야에서 얼마만큼의 돈을 벌 수 있는지는 매우 중요하다. 셋째, 총수요가 많은 유망직종이다. 유망직업을 선정할 때 또 하나의 중요한 기준은 주어진 기간 내 각 직종 내에서 새로 채용된 일자리의 수이다(최지희, 2000). 그러나 유망직업 역시 변화하기 때문에 유망직업 여부만을 기준으로 진로를 결정한다면 나중에 후회할 수도 있다. 유망직업을 비롯해 향후 미래 직업세계에 대하여 항상 열린 시각으로 관심을 가져야만 자신에게 맞는 최적의 직업을 선택하는 데 도움이 될 것이다. 표 4-11에서는 한국고용정보원(2012)에서 발표한 직업세계 8대 메가트렌드 분석을 통한 10년 후 미래 유망직업을 소개한다.

표 4-11 8대 메가트렌드에 따른 유망직업

8대 메가트랜드	새롭게 부상할 미래 직업	발전성 높은 기존 직업
지구 온난화에 대처하는 녹색직업의 확대	기후변화경찰, 주택에너지효율검사원	온실가스인증심사원, 신재생에너지전문가, 전기자동차개발자, LED제품개발자, 연료전지전문가, 바이오에너지전문가, 탄소배출권거래중개인, 폐기물에너지화연구원
유비쿼터스(ubiquitous) 시대를 이끄는 IT 직업의 확산	마인드리더, SNS보안전문가	U-City기획자, RFID시스템개발자, 증강현실엔지니어, 온라인마케터, 생체인식기술자, 스마트그리드설계자, 클라우드시스템전문가, 컴퓨터보안전문가
첨단기술 관련 직업의 발전	로봇감성치료전문가, 웨어러블로봇개발자 (Wearable Robot Engineer), 뇌기능분석전문가	안드로이드로봇개발자, 장애인용로봇개발자, 실버로봇서비스기획자, 생명공학자, 나노공학자, 항공우주공학자, 해양공학자
세계화, 글로벌화를 이끄는 직업의 확대	초음속제트기조종사, 국제변리사	물류전문가, 관세사, 국제회의전문가, 국제의료코디네이터, 항공기조종사

산업과 기술의 융합형 직업 확대	융합컨설턴트	생체계측의료기기개발자, 금융전문가, 치료전문가, 로봇공학자, 경영정보전문가, 해수담수화전문가
일과 삶의 균형을 추구하는 직업 확대	개인여가컨설턴트, 기업컨시어지	보육교사, 베이비시터, 커리어컨설턴트, 전직지원전문가
삶의 질 향상을 위한 서비스 직업의 분화 가속	복고체험기획자, 가상여행기획자	호텔컨시어지, PB(Private Banker), 개인교육문제상담자, 감성디자이너
고령인구와 다문화사회를 위한 직업 증가	노인말벗도우미, 외국학생유치전문가, 조부모-손주관계 전문가	의사, 노인상담 및 복지전문가, 연금전문가

참고문헌

고용노동부, 한국고용정보원(2011). 2012 한국직업사전. 서울: 한국고용정보원.

교육부, 한국직업능력개발원(2003). 미래의 직업세계 2003 제1권 직업편. 서울: 교육부, 한국직업능력개발원.

김봉환, 정철영, 김병석(2006). 학교진로상담(2판). 서울: 학지사.

이무근(2003). 직업교육학원론(3판). 서울: 교육과학사.

이무근, 이찬(2014). 대학생의 진로 멘토링. 서울: 교육과학사.

임경희, 박미진, 정민선, 한수미, 이종범, 김진희, 홍지형, 문승태, 김수리, 최인화, 조봉환, 이인혁(2015). 직업기초능력 향상을 위한 자기개발과 진로설계. 서울: 학지사.

최지희(2000). 유망직업에 관한 기초연구. 서울: 한국직업능력개발원.

한국고용정보원(2012). 10년 후 미래 유망직업. 보도자료(2012.10.30.).

한국고용정보원(2013). 우리들의 직업 만들기. 한국고용정보원.

한국고용정보원(2015). 2016 직종별 직업사전. 한국고용정보원.

통계청(2007). 한국표준직업분류. http://www.kostat.go.kr

통계청(2014). 한국고용직업분류. http://www.kostat.go.kr

워크넷(2016). 우리나라 직업변천사. http://www.work.go.kr

5장

교육세계의 이해

조붕환

미래 사회의 환경이 변화하면서 교육환경도 크게 바뀌고 있다. 사회의 변화에 대한 이해와 더불어 교육세계의 변화를 인식하고 이에 대응해 변화할 수 있도록 조력하는 것은 진로교육에서 중요하다. 더불어 진학을 준비하고 선택하는 과정에 놓여 있는 학생과 교사에게 교육세계에 대한 이해는 진로의사결정 과정에서 현실적인 과제이다.

　우리 사회에서는 지식의 증가와 사회의 급격한 변화 때문에 학습해야 할 내용이 갈수록 늘어나고 하루가 다르게 바뀌고 있다. 학교교육만으로는 변화하는 세계를 따라잡기가 불가능하기 때문에 학업을 마친 후에도 계속해서 교육을 받아야 할 필요성이 점점 더 커지고 있다. 더불어 누구나, 언제나, 어디서나, 평생에 걸쳐 교육받을 수 있는 열린교육체제가 마련되어 평생학습사회로 진입하고 있다. 이에 따라 학교는 물론 가정, 직장, 사회 등이 모두 교육장소로 활용되며, 학교교육뿐만 아니라 재택학습이나 홈스쿨링 등도 일반적인 교육의 하나로 받아들여질 전망이다 (커리어넷, 2016).

　따라서 개인은 앞으로 사회 변화에 따른 다양한 교육세계에 대한 정보를 탐색함으로써 자신에게 맞는 교육의 형태와 장소, 방향 등을 스스로 선택하고 만들어 가야 한다.

　이 장에서는 미래 사회의 변화를 중심으로 교육세계를 개관하고, 정규교육과 비정규교육으로 나누어 교육세계를 소개한다. 정규교육에서는 현재의 학제를 중심으로 고등학교와 대학교의 분류체계와 유형별 특성, 고등교육 기관 수의 변화에 대해 살펴본다. 비정규교육에서는 중등교육 형태의 평생교육으로 대안학교, 외국인학교, 홈스쿨링을 소개하고, 고등교육 형태의 평생교육으로 후진학제도와 평생학습제도에 대해 알아본다. 끝으로 직업과 관련된 다양한 자격제도를 제시한다.

그동안 교육의 본질은 변화하지 않았을지 모르나, 시대와 사회의 변화에 따라 인간이 지녀야 할 상대적 능력이나 교육 방법, 교육에 대한 인식, 교육에 필요한 도구나 환경 또한 획기적으로 변화해 왔다. 인공지능시대를 눈앞에 둔 지금, 교육의 획기적인 변화가 일어나고 있을 뿐만 아니라 변화를 요구받고 있기도 하다.

미래학자들의 미래 전망에 공통적으로 포함되는 것은 지식기반 경제 및 산업체제로의 전환, 정보화, 세계화, 노동시장의 변화, 다원주의 등이다. 이와 같은 사회의 변화는 교육적으로 많은 시사점을 주는데, 여기에서는 탈산업사회화, 정보화, 세계화, 다원주의 측면에서 살펴본다(김영철 외, 1996).

첫째, 탈산업사회화 경향이다. 종래의 1, 2, 3차 산업구조의 변화를 넘어 새로운 직종 및 산업의 창출과 성장으로 4차, 5차 산업의 출현까지 예고되고 있다. 이는 인력구조와 고용구조에 일대 변혁을 일으킬 것이다. 특히 정보산업의 부상과 산업구조의 고도화로 지식 및 정보 관련 산업이 급속히 성장하면서 이 분야의 근로자 수가 증대될 것이다. 그리고 세계적인 경제 변화와 관련해 한국의 산업 및 경제는 머지않아 선진국 시장 체제에 진입하고, 세계의 산업 및 경제 변화와 유사한 변화를 보일 것으로 예상된다. 이에 따라 교육에서는 산업사회를 이끌어 나갈 전문 인력을 양성하기 위한 직업기술 체제의 개편이 필요하고, 평생교육 차원의 계속교육을 강화할 것이 요구된다.

둘째, 정보화 경향이다. 정보통신기술의 급속한 발달과 이에 따른 정보통신망의 확장과 정보통신기기의 확대 보급 및 정보통신의 광범위한 활용은 사회 전반의 정보화를 급속히 진전시킬 것이다. 또한 정보화는 정보통신산업의 급성장을 통해 산업 발달을 주도해 탈사회화를 촉진하게 됨은 물론, 시공간을 단축해 세계화를 촉진할 것이다. 교육에서는 정보화 경향에 따라 지식정보교육을 강조하고 정보통신기술을 교육에 적극 활용해야 한다. 특히 정보통신기술을 활용해서 원격교육과 개별화 수업을 해야 할 필요성이 절실해지고 있다.

셋째, 세계화 경향이다. 시공간의 압축과 글로벌 경제의 출현 및 시장경제의 확산 등으로 종래의 생존 영역이 국가 단위에서 지구촌으로 확대될 것이다. 이러한 변화 과정에서 문화의식의 범지구촌화 경향이 나타나게 될 것이다. 또한 인류 공동문제에 대응하려는 노력을 기울이게 될 것이다. 이러한 세계화 경향에 따라, 교육에서는 인류의 보편적 가치, 태도, 행동방식, 의사소통 그리고 인류 공동문제에 대한 인식 및 공동대응 등과 같은 국제 이해교육을 강화할 필요가 있다. 또한 교육체제를 대내외적으로 개방하는 정책을 추진하고 교육의 국제경쟁력을 제고해야 할 것이다.

넷째, 다원주의 경향이다. 지금까지 현대 사회를 주도해 온 근대주의적 사고 외에 탈근대를 지향하는 포스트모더니즘이 대두되고 생태주의적 관점이 강조될 것이다. 이에 따라 지금까지 인간 중심적 지성과 합리성을 강조하던 사조에서 벗어나 다양성과 인간 본성을 강조하고 자연과의 조화를 지향하는 경향이 강하게 나타날 것이다. 이러한 변화에 따라, 교육체제에서는 열린교육과 평생교육, 영재교육을 강조하고 이해 당사자들의 학교 경영 참여도를 늘려야 할 것이다. 또한 교육내용에서도 민주주의 교육, 인성 교육, 전통문화 교육, 창의성 교육, 환경 교육 등을 특별히 강조해야 할 것이다.

이에 따라 미래 사회의 교육환경에서는 지식의 증가와 사회환경의 빠른 변화로 지식을 창조하고 활용하는 능력과 직업기초 능력이 강조된다. 교육이 개방적인 분위기로 변하면서 교육의 패러다임도 평생교육으로 바뀌고 있다. 학령인구의 감소로 대학을 비롯한 많은 학교가 구조조정을 겪게 되고, 고등교육의 보편화로 고학력자들이 꾸준히 증가하며, 교사와 학생의 역할도 지금과는 상당히 달라질 것으로 전망된다. 이는 교육 세계의 개방화와 다양화로 이어진다. 이러한 전망을 자세히 살펴보면 다음과 같다(커리어넷, 2016).

첫째, 교육의 개방화 추세이다. 이는 교육대상, 교육영역, 교육장소 등 모든 부분에서 나타난다. 지식의 증가와 사회의 급격한 변화로 학습해야 할 내용이 갈수록 늘어나고 하루가 다르게 바뀌어서, 학업을 마친 후에도 계속해서 교육을 받아야 할 필요성이 점점 더 커지고 있다. 또한 정보화를 비롯한 기술 및 사회제도의 변화 때문에 누구나, 언제나, 어디서나, 평생에 걸쳐 교육받을 수 있는 열린교육체제와 평생학습사회가 실현되리라고 전망된다. 미래에는 학교 단계와 학교 프로그램 간의 벽이 상당 부분 허물어져 학생들의 수준별 교육을 위한 상·하급 학교 연계 운영 등이 보편화될 것이다. 대학의 경우 각 학과 사이의 문턱이 낮아져 전공·복합학문의 통로가 열릴 뿐만 아니라 학점은행제 등을 통해 학교와 학교, 학교와 사회교육기관 간의 소통이 더욱 활발해질 전망이다. 더불어 교육장소에 대한 개념이 달라짐으로써 학교는 물론 가정, 직장, 사회 등이 모두 교육장소로 활용되며, 재택학습이나 홈스쿨링 등도 일반적인 교육의 하나로 받아들여질 것으로 예상된다.

둘째, 교육의 다양화 추세이다. 이는 교육의 통합과 특성화, 국제화로 특징지을 수 있다. 현재 고교교육은 일반계와 특성화고 등으로 엄격히 구분되어 있으나, 앞으로는 기초교육의 성격이 강조되면서 계열이나 과정 사이의 구분이 사라지고 점차 통합학교의 성격을 띠게 될 것으로 예상된다. 문과와 이과의 구분도 사라질 것이다. 학생들은 자신의 관심, 흥미, 진로 등을 고려해서 자신이 원하는 교과목을 선택해 이수하고, 학생들이 집중적으로 이수한 교과목군이 계열이나 과정 구분과 동일한 기능을 할 것이다. 또한 학교만의 특징을 살린 특성화 경향도 강해질 것이다. 특성화 방향은 현재의 특수목적고등학교 체제를 대폭 확대해서 인문학고등학교, 사회과학고등학교, 공학고등학교 등으로 교과영역에 따라 확대하는 경우와 특수한 영역의 전문인력을 양성할 수 있도록 좀 더 전문화된 학교를 설립하는 경우로 구분될 수 있다.

셋째, 교육의 국제화 추세이다. 지식기반 사회와 함께 세계화가 진전됨에 따라, 한 국가에서 개인이 취득한 학위나 학점이 다른 나라에서도 인정받을 수 있는 형태로 나아갈 것으로 예상된다.

2 정규교육

정규교육의 사전적 정의는 정식으로 규정된 학제와 교육강령에 따라 진행되는 교육이다. 현재 우리나라의 정규 교육제도는 학제상 6·3·3·4제로, 모든 학생이 크게 하나의 학교 계통을 밟을 수 있게끔 하는 단선형 학제를 택하고 있다. 여기에서는 고등학교의 유형별에 따른 학교 특성에 대해 살펴보고, 대학교의 경우 고등교육법과 분류설립 유형에 따른 분류와 교육기본통계에 제시된 고등교육 기관 수에 대해 알아본다.

1) 고등학교

(1) 고등학교의 분류

초·중등교육법 시행령(대통령령 제27424호)에 따르면, 고등학교는 일반고등학교와 특수목적고등학교, 특성화고등학교, 자율형고등학교, 영재학교로 구분된다. 이러한 분류는 교육과정 운영과 학교의 자율성을 기준으로 한다(국가법령정보센터, 2016). 자세한 내용은 다음과 같다.

① 일반고등학교

일반고등학교는 특정 분야가 아닌 다양한 분야에 걸쳐 일반적인 교육을 실시하는 학교를 말한다.

② 특수목적고등학교

특수목적고등학교는 특수 분야의 전문적인 교육을 목적으로 설립되었다. 과학 계열의 고등학교는 과학인재 양성을 위한 학교이다. 외국어 계열의 고등학교는 외국어에 능숙한 인재 양성을 위한 학교이며, 국제 계열의 고등학교는 국제 전문인재 양성을 위한 학교이다. 예술인 양성을 위한 예술 계열의 고등학교와 체육인 양성을 위한 체육 계열의 고등학교가 있으며, 산업계의 수요와 직접 연계된 맞춤형 교육과정을 운영하는 산업수요 맞춤형 고등학교가 있다.

③ 자율형고등학교

자율형고등학교는 학교 또는 교육과정을 자율적으로 운영하는 학교로, 자율형 공립고등학교와 자율형 사립고등학교로 구분된다. 자율형 공립고등학교는 5년 이내로 지정·운영하되, 시·도 교육규칙이 정하는 바에 따라 5년 범위에서 연장할 수 있다. 자율형 사립고등학교의 경우 5년마다 시·도 교육규칙이 정하는 바에 따라 해당 학교 운영 성과 등을 평가해 지정 목적의 달성이 불가능하다고 인정되는 경우에는 지정을 취소할 수 있다.

④ 특성화고등학교

특성화고등학교는 특수 분야의 전문적인 교육을 목적으로 하는 학교이다. 소질과 적성 및 능력이 유사한 학생을 대상으로 특정 분야의 인재 양성을 목적으로 하는 교육을 하거나 자연현장실습 등 체험 위주의 교육을 전문적으로 실시한다.

⑤ 영재학교

영재학교는 영재교육을 위해 영재교육진흥법 시행령에 따라 지정되거나 설립되었다.

(2) 고등학교 유형별 학교 특성

고등학교의 유형별 학교 특성을 이해하기 위해 고등학교의 설립목적, 법적 근거, 학교 현황, 학생선발과 교육과정에 대해 살펴본다(고입정보포털, 2016). 세부적인 내용은 표 5-1과 같다.

표 5-1 고등학교 유형별 학교 특성

구분		특성화고		자율고		기타학교
		특성(직업)	특성(대안·체험)	자율형 사립고	자율형 공립고	영재학교
개요	목적	소질과 적성 및 능력이 유사한 학생을 대상으로 특정 분야의 인재 양성	자연현장실습 등 체험 위주 교육	학교별로 다양한 교육 실시, 사립학교의 자율성을 확보	교육 여건이 열악한 지역의 공립고 교육력 제고를 통해 지역 간·계층 간 교육 격차 완화	재능이 뛰어난 사람을 조기 발굴해 능력과 소질에 맞는 교육을 실시

구분		일반고	외국어·국제고	과학고	예술·체육고	마이스터고
	법적근거	초·중등교육법시행령 제76조의 2, 제91조	초·중등교육법시행령 제76조의 2, 제91조	초·중등교육법 제61조, 초·중등교육법시행령 제76조의 2, 제91조의 3	초·중등교육법 제61조, 초·중등교육법시행령 제76조의 2, 제91조의 4	영재교육진흥법 시행령 제19조
	현황(개교)	472	25	46	113	8
	모집단위	광역·전국 단위	광역·전국 단위	전국 단위(하나고, 용인외대부고, 북일고, 상산고, 김천고, 포항제철고, 광양제철고, 인천하늘고, 현대청운고, 민족사관고) 시도 단위(위 학교를 제외한 나머지 학교)	광역 단위	전국 단위
학생선발	일반입학전형	내신, 면접, 실기 등	내신, 면접, 실기 등	자기주도학습전형 선발을 원칙 기타: 민족사관고(학교 자체 방식), 송원고(추첨), 2016학년도 기준	평준화: 추첨·배정 비평준화: 내신+선발고사 ※ 자율형 공립고 중 비평준화 지역의 일부 학교에서는 자기주도학습전형을 통해 학생을 선발함(2012학년도 시범 도입)	추천 및 선정심사위원회의 심의
	사회통합전형	-	-	모집 정원의 20% 이상	-	-
	교육과정	필수이수단위 65단위 이상 전문교과 80단위 이상	필수이수단위 65단위 이상	필수이수단위 58단위 이상 교과군별 이수단위 준수의무 없음	필수이수단위 86단위 과목별이수단위 5±3단위 *기초교과 50% 이하	영재교육기관의 학칙으로 정함

구분		일반고	특목고			
			외국어·국제고	과학고	예술·체육고	마이스터고
개요	목적	중학교 교육 기초 위에 중등교육 실시	외국어에 능숙한 인재 양성(외국어고) 국제 전문인재 양성(국제고)	과학인재 양성	예술인 양성(예술고) 체육인 양성(체육고)	전문적인 직업교육을 위한 맞춤형 교육과정

법적 근거	초·중등교육법시행령 제76조의 2	초·중등교육법시행령 제76조의 2, 제90조	초·중등교육법시행령 제76조의 2, 제90조	초·중등교육법시행령 제76조의 2, 제90조	초·중등교육법시행령 제76조의 2, 제90조
현황 (개교)	1,545	외국어고 31 국제고 7	20	예술고 28 체육고 16	42
모집 단위	지역·광역 단위	광역 단위	광역 단위	전국 단위	전국 단위
학생 선발 — 일반 입학 전형	평준화 : 추첨·배정 비평준화 : 내신+선발고사 자기주도학습전형: 공주대부설고, 한일고, 익산고	자기주도학습전형	자기주도학습전형	내신, 면접, 실기 등	내신, 면접, 실기 등
학생 선발 — 사회 통합 전형	-	모집 정원의 20% 이상	모집 정원의 20% 이상	-	-
교육과정	필수이수단위 86단위 과목별이수단위 5±3단위 *기초교과 50% 이하	필수이수단위 77단위 이상 심화과목 80단위 이상	필수이수단위 77단위 이상 심화과목 80단위 이상	필수이수단위 77단위 이상 심화과목 80단위 이상	필수이수단위 65단위 이상 전문교과 80단위 이상 자율 편성

출처 : 고입정보포털(2016). 고입정보

2) 대학교

(1) 고등교육법에 따른 분류

고등교육법(법률 제14148호)에 따르면, 대학교의 종류는 대학, 산업대학, 교육대학, 전문대학, 방송대학·통신대학·방송통신대학 및 사이버대학(원격대학), 기술대학, 각종학교로 구분된다(국가법령정보센터, 2016). 고등교육법에 근거한 대학의 분류와 설립목적, 수업연한의 내용은 표 5-2와 같다.

표 5-2 고등교육법에 따른 분류

분류	설립 목적	수업연한
대학	인격을 도야(陶冶)하고, 국가와 인류사회의 발전에 필요한 심오한 학술이론과 그 응용방법을 가르치고 연구하며, 국가와 인류사회에 이바지함을 목적으로 함	4~6년 6년 : 의과 · 한의과 · 치과 · 수의과 · 약학대과(한약학과제외)
산업대학	산업사회에서 필요로 하는 학술 또는 전문적인 지식이나 기술의 연구와 연마를 위한 교육을 계속해서 받으려는 사람에게 고등교육의 기회를 제공해 국가와 사회의 발전에 이바지할 산업인력을 양성함을 목적으로 함	수업연한과 재학연한은 제한하지 않음
교육대학	초등학교 교원을 양성함을 목적으로 함	4년
전문대학	사회 각 분야에 관한 전문적인 지식과 이론을 가르치고 연구하며 재능을 연마해 국가와 사회의 발전에 필요한 전문직업인을 양성함을 목적으로 함	2~3년 3년 : 간호과 · 방사선과 · 임상병리과 · 물리치료과 · 치기공과 · 치위생과 4년 : 간호과
원격대학 (방송대학 · 통신대학 · 방송통신대학 및 사이버대학)	국민에게 정보 · 통신 매체를 통한 원격교육으로 고등교육을 받을 기회를 제공해 국가와 사회가 필요로 하는 인재를 양성함을 목적으로 함	2년 : 전문학사학위과정 4년 : 학사학위과정
기술대학	산업체 근로자를 대상으로 산업현장에서 전문적인 이론과 실무능력을 고루 갖춘 전문인력 양성을 목적으로 함	2년 : 전문학사학위과정 2년 : 학사학위과정
각종학교	고등교육법 제2조 제1호부터 제6호까지의 학교와 유사한 교육기관을 말하며, 대학 및 전문대학에 준하는 각종학교 중 교육부장관의 지정을 받아 상급 학위과정에의 입학 학력이 인정되는 각종학교의 학위 수여에 관해서는 제35조 제1항 · 제6항과 제50조를 준용함	

(2) 설립 유형에 따른 분류

고등교육법 제2조와 그 밖의 다른 법률에 따라 설립 유형에 따른 대학을 분류했으며, 대학정보공시 대상에 해당되는 학교를 대상으로 했다. 육군 · 해군 · 공군 사관학교, 국방대학교, 국군간호사관학교, 경찰대학, 육군3사관학교, 국가정보대학원은 특례법(제2조 5호, 국방 · 치안 등의 사유로 정보공시가 어렵다고 대통령령으로 정하는 대학 제외) 때문에 제외했으며, '평생교육법'에 의한 원격대학과 사내대학은 평생교육시설이므로 공시대상에 해당되지 않아 제외했다. 사이버대학(원격대학)은 고등교육법에 의한 사이버대학(원격대학)만을 대상으로 했다(대학알리미, 2016). 설립 유형에 따른 구분, 근거, 학교 종류, 학교 수(국·공·사립)의 내용은 표 5-3과 같다.

표 5-3 설립 유형에 따른 분류

구분	근거	학교종류	학교 수	국립	공립	사립
고등교육법	고등교육법(제2조)	대학	191	29	1	161
		산업대학	2	–	–	2
		교육대학	10	10	–	–
		전문대학	137	1	7	129
		방송통신대학	1	1	–	–
		사이버대학	19	–	–	19
		기술대학	1	–	–	1
		각종학교	2	1	–	1
	고등교육법(제30조)	대학원대학	44	–	–	44
소계			407	42	8	357
그 밖의 다른 법률	근로자직업능력개발법(제39조)	한국폴리텍대학/ICT폴리텍대학	9	–	–	9
	한국농수산대학설치법(제1조)	한국농수산대학	1	1	–	–
	한국과학기술원법 (제1조)	한국과학기술원	1	1	–	–
	광주과학기술원법 (제1조)	광주과학기술원	1	1	–	–
	대구경북과학기술원법(제1조)	대구경북과학기술원	1	1	–	–
	울산과학기술원법 (제1조)	울산과학기술원	1	1	–	–
	한국전통문화대학교 설치법(제1조)	한국전통문화대학교	1	1	–	–
	한국학중앙연구원육성법(제6조)	한국학대학원	1	1	–	–
	암관리법(제29조)	국제암대학원대학교	1	1	–	–
소계			17	8	–	9
합계			424	50	8	366

출처 : 대학알리미(2016). 공시대상학교

(3) 교육기본통계에 따른 고등교육 기관 수의 변화

일반대학 및 전문대학은 각각 189개교와 138개교로 전년(2016년 기준)과 동일하며, 대학원대학은 46개교로 전년대비 1개교가 감소했다. 고등교육기관은 일반대학, 교육대학, 산업대학, 대학원, 전문대학, 방송통신대학, 기술대학, 각종학교, 원격대학 형태의 평생교육시설, 사이버대학, 사내대학 형태의 평생교육시설, 기능대학, 전공대학을 대상으로 했다. 특별법 및 타 부처 설립에 근거한 고등교육기관은 2011년부터 정식으로 조사해 학교 수에 포함했다. 기타는 교육대학, 산업대학, 방송통신대학, 기술대학, 각종학교, 원격대학 형태의 평생교육시설, 사이버대학, 사내대학 형태의 평생교육시설, 전공대학, 기능대학을 대상으로 한 자료이다(교육부, 2016). 교육기본통계에 따른 고등교육기관 수의 내용은 표 5-4와 같다.

표 5-4 교육기본통계에 따른 고등교육 기관 수의 변화

(단위: 개교)

구 분	고등교육기관	일반대학	대학원대학	전문대학	기타
2016	432	189	46	138	59
2015	433	189	47	138	59
2014	433	189	44	139	61
2013	433	188	43	140	62
2012	432	189	43	142	58
2011	434	183	41	147	63
2010	411	179	40	145	47
2000	372	161	17	158	36
1990	265	107	-	117	41
1980	237	85	-	128	24
1970	168	71	-	65	32

출처 : 교육부(2016). 2016 교육기본통계

여기에서는 비정규교육 관련 내용을 소개한다. 중등교육 형태의 평생교육으로 대안학교, 외국인학교, 홈스쿨링에 대해 알아보고, 고등교육 형태의 평생교육으로 후진학제도와 평생학습제도에 대해 살펴본다.

1) 중등교육 형태의 평생교육

(1) 대안학교

학업을 중단하거나 개인적 특성에 맞는 교육을 받으려는 학생을 대상으로 현장실습 등 체험 위주의 교육, 인성 위주의 교육, 개인의 소질·적성 개발 위주의 교육 등 다양한 교육을 하는 학교로, 각종학교에 해당한다. 대안학교는 초등학교·중학교·고등학교의 과정을 통합해서 운영할 수 있다(국가법령정보센터, 2016). 인가 대안학교의 현황은 표 5-5와 같다(교육부, 2016).

표 5-5 인가 대안학교 현황

('16.1월 기준)

시도	학교명 (과정)	설립 구분	설립 연도	소재지	시도	학교명 (과정)	설립 구분	설립 연도	소재지
서울	서울실용음악학교(고)	사립	'09	중구 신당동	경기	TLBU글로벌학교 (초·중 통합)	사립	'08	경기 고양시
	여명학교(고)	사립	'10	중구 남산동		경기새울학교(중)	공립	'13	경기 이천시
	지구촌학교(초)	사립	'12	구로 오류동		광성드림학교 (초·중 통합)	사립	'14	경기 고양시
	서울다솜학교(고)	공립	'12	중구 흥인동		하늘꿈학교 (중·고 통합)	사립	'16	경기 성남시

지역	학교명	구분	설립	소재지	지역	학교명	구분	설립	소재지
인천	인천청담고등학교(고)	사립	'11	연수 동춘동	충북	글로벌선진학교 (중·고 통합)	사립	'11	충북 음성군
	인천해밀학교 (중·고 통합)	공립	'12	남동 구월동		한국폴리텍다솜학교 (고)	사립	'12	충북 제천시
	인천한누리학교 (초·중·고 통합)	공립	'13	남동 논현동	충남	여해학교(중)	공립	'13	충남 아산시
광주	월광기독학교(초)	사립	'14	서구 화정동	경북	한동글로벌학교 (초·중·고 통합)	사립	'11	경북 포항시
대전	그라시아스음악학교 (고)	사립	'12	서구 도마동		글로벌선진학교 문경캠퍼스 (중·고 통합)	사립	'13	경북 문경시
경기	새나래학교 (중·고 통합)	사립	'11	경기 용인시		산자연학교(중)	사립	'14	경북 영천시
	화요일아침예술학교 (고)	사립	'11	경기 연천군		나무와학교(중)	사립	'14	경북 영천시
	쉐마기독학교 (초·중·고 통합)	사립	'11	경기 양주시	경남	꿈키움학교(중)	공립	'14	경남 진주시
						지리산중학교(중)	사립	'14	경남 하동군

출처 : 교육부(2016). 대안학교 현황

(2) 외국인학교

외국인학교는 외국에서 일정기간 거주하고 귀국한 내국인 중 대통령령으로 정하는 사람, 국적법 제4조에 따라 국적을 취득한 자의 자녀 중 해당 학교의 장이 대통령령으로 정하는 기준과 절차에 따라 학업을 지속하기 어렵다고 판단한 사람, 외국인의 자녀를 교육하기 위해 설립된 학교로, 각종학교에 해당한다. 외국인학교에 대해서는 초·중등교육법 제7조, 제9조, 제11조부터 제16조까지, 제21조, 제23조부터 제26조까지, 제28조, 제29조, 제30조의 2, 제30조의 3, 제31조, 제31조의 2, 제32조부터 제34조까지 및 제34조의 2를 적용하지 아니한다. 외국인학교는 유치원·초등학교·중학교·고등학교의 과정을 통합해 운영할 수 있다(국가법령정보센터, 2016). 인가 외국인학교의 현황은 표 5-6과 같다(교육부, 2016).

표 5-6 인가 외국인학교 현황

('15.9월 기준)

시도	학교명(과정)	시도	학교명(과정)
서울	남산국제유치원	부산	부산외국인학교
	이씨엘씨외국인유치원		부산 부산일본인학교
	프란치스코 외국인 유치원		부산 부산화교소학교
	덜위치칼리지서울영국학교		부산 부산화교중고등학교
	레인보우외국인학교	대구	한국대구화교중고등학교
	서울 드와이트 외국인학교		한국대구화교초등학교
	서울독일학교	인천	인천화교소 · 중산중고등학교
	서울아카데미국제학교		청라달튼외국인학교
	서울외국인학교	광주	광주외국인학교
	서울용산국제학교	대전	대전외국인학교
	서울일본인학교	울산	현대외국인학교
	서울프랑스학교	경기	경기수원외국인학교
	아시아퍼시픽국제외국인학교		국제크리스천학교
	재한몽골학교		서울국제학교
	지구촌기독외국인학교		수원화교중정소학교
	하비에르 국제학교		의정부화교소학교
	한국기독교100주년기념외국인학교		평택크리스천외국인학교
	한국영등포화교소학교		한국외국인학교(판교)
	한국외국인학교(서울캠퍼스)	강원	원주화교소학교
	한국켄트외국인학교	충북	충주화교소학교
	한국한성화교소학교	전북	군산화교소학교
	한국한성화교중고등학교	경남	거제국제외국인학교
부산	부산국제외국인학교		경남국제외국인학교

출처 : 교육부(2016). 인가 외국인학교 현황

(3) 홈스쿨링

홈스쿨링은 가정(home)과 학교 다니기(schooling)라는 두 용어가 합해진 말로, 적령기의 아동을 학교에 보내지 않고 학부모가 직접 또는 다른 사람들의 도움을 받아 가정에서 아동을 교육하는 제도를 말한다(김재웅, 2009). 미국의 경우 1960년대 후반과 1970년대 초기에 공교육에 대한 비판이 제기되고 이러한 교육 문제가 사회적 이슈가 되면서 홈스쿨링의 합법화 과정이 시작되었다(육권인, 2012). 홈스쿨링이라는 대안적 교육 방식이 아직 합법화되어있지 않은 우리나라의 경우, 그 수를 파악하기가 어렵고 측정 방법과 범위가 다르며 수치의 차이가 커서 수치 자체가 주는 의미는 별로 없다. 그러나 어떤 방법을 사용해서 측정하든지 홈스쿨링에 참여하고 있는 학생의 수는 매년 증가하고 있다(김재웅, 2010).

홈스쿨링 가정의 홈스쿨링에 대한 동기는 공교육에 대한 회의, 부모의 신념에 따른 선택, 자녀의 부적응을 들 수 있다. 홈스쿨링 가정의 부모와 자녀는 초기에 적응상의 문제로 어려움을 겪지만 가족이 함께하는 시간이 점차 증가하면서 부모와 자녀에게 변화가 일어나기 시작한다. 부모의 양육 태도는 긍정적으로 변화되고, 자녀는 자기주도적인 학습양식을 체득해 자신이 원하는 공부에 몰입하게 된다는 장점이 있다. 이를 통해 홈스쿨링이 단순히 교육방식이 아니라 가족 모두에게 영향을 미치는 삶의 방식으로 연결된다고 본다(김현주·양성은, 2011).

홈스쿨링에 참여하는 학생들은 검정고시를 통해 학력 인정을 받고 상급학교에 진학할 수 있다. 고졸 검정고시의 고시과목은 국어, 수학, 영어, 사회, 과학, 한국사의 필수 6과목과 도덕, 기술·가정, 체육, 음악, 미술 중 선택 1과목이다. 대학 진학의 경우 검정고시 점수를 내신으로 환산해 수시 모집에 지원할 수 있고, 수능을 본 후 정시 모집에 지원할 수 있다. 또한 평생교육기관, 학점은행제 등을 통해 학위를 취득한 후 대학에 편입하는 방법도 있다.

홈스쿨링과 초·중·고의 학업중단 학생은 밀접하게 관련되는데, 2015년 초·중·고등학교별 학업중단율은 초등학교 14,555명(0.5%), 중학교 9,961명(0.6%), 고등학교 22,554명(1.3%)으로 초등학교는 전년과 동일, 중학교와 고등학교는 전년 대비 각각 0.1%p, 0.1%p 감소했다. 학년도에 따른 학업중단율은 표 5-7과 같다(교육부, 2016).

표 5-7 초 · 중 · 고등학교 학업중단율

(단위: 명, %)

구분 (학년도)	계			초등학교			중학교			고등학교		
	재적 학생수	학업 중단자	학업 중단율	재적 학생수	학업 중단자	학업 중단율	재적 학생수	학업 중단자	학업 중단율	재적 학생수	학업 중단자	학업 중단율
2015	6,088,827	47,070	0.8	2,714,610	14,555	0.5	1,585,951	9,961	0.6	1,788,266	22,554	1.3
2014	6,285,792	51,906	0.8	2,728,509	14,886	0.5	1,717,911	11,702	0.7	1,839,372	25,318	1.4
2013	6,481,492	60,568	0.9	2,784,000	15,908	0.6	1,804,189	14,278	0.8	1,893,303	30,382	1.6
2012	6,721,176	68,188	1.0	2,951,995	16,828	0.6	1,849,094	16,426	0.9	1,920,087	34,934	1.8
2011	6,986,847	74,365	1.1	3,132,477	19,163	0.6	1,910,572	17,811	0.9	1,943,798	37,391	1.9
2010	7,236,248	76,589	1.1	3,299,094	18,836	0.6	1,974,798	18,866	1.0	1,962,356	38,887	2.0

출처 : 교육부(2016). 2016년 교육기본통계 주요내용

2) 고등교육 형태의 평생교육

21세기를 일컬어 평생학습시대라고 한다. 우리나라의 교육도 정규학교 교육을 넘어 실용지향적인 지식을 배워 가는 패러다임의 전환을 맞이하고 있다. 사회 변화가 가속화되고 사회·경제적 생활양식이 변화하면서 가정, 학교, 직장 어디에서든지 일생 동안 다양한 형태의 학습을 추구하고자 하는 평생교육에 대한 수요와 관심이 갈수록 높아지고 있다. 평생교육의 필요성에 대한 공감대가 이미 사회적으로 충분히 형성되어 있다고 해도 과언이 아닐 것이다(교육부, 한국교육개발원, 2013). 여기에서는 후진학제도와 평생학습제도를 중심으로 고등교육 형태의 평생교육제도에 대해 살펴본다.

(1) 후진학제도

고교 졸업 후 선취업해서 현장 경험을 바탕으로 지속적인 경력과 능력 개발을 할 수 있도록 일과 학습을 병행할 수 있는 기회를 제공하는 정책이다. 후진학제도에 대한 자세한 내용은 다음과 같다(하이파이브, 2016).

① 재직자 특별전형

재직자 특별전형은 선취업-후진학 풍토를 조성하기 위해 특성화고와 마이스터고 졸업생을 대상으로 일과 학습의 병행을 통해 이론과 실무를 겸비한 해당 분야 전문가를 양성하는 데 목적이 있다. 재직자 특별전형 대상은 특성화고등학교 졸업자이면서 3년 이상 산업체 재직자이며, 수능을 보지 않고 무시험 특별전형으로 선발한다.

② 사내대학

사내대학은 근로자의 면학 욕구 충족과 전문 직무교육 및 특화교육을 통한 생산성 향상에 기여하는 데 목적이 있다. 사내대학 대상은 종업원 200명 이상의 사업장에 고용된 종업원과 해당 사업장에서 일하는 타 업체 종업원 및 해당 사업장과 하도급·협력업체 관계의 종업원이며, 수여 학위는 전문학사와 학사이다.

③ 계약학과

계약학과는 산업체 인력 수요에 탄력적으로 대응해서 맞춤형 인력을 양성하고 소속 직원의 재교육 및 직무능력 향상을 위한 교육을 할 수 있도록 하는 제도이다. 계약학과의 유형으로는 다음의 2가지가 있다. 첫째, 채용조건형은 산업체 등이 채용을 조건으로 학자금 지원 계약을 체결하고 특별한 교육과정의 운영을 요구하는 경우로, 단독계약형(삼성전자, SK 하이닉스, LG이노텍 등 대기업이 단독으로 대학과 계약해 운영)과 제3자계약형(한국정보통신산업진흥원, 한국콘텐츠진흥원 등 공공기관이 산업체와 대학 간 체결된 계약에 대해 지원)이 있다. 둘째, 재교육형은 산업체 등이 소속 직원의 재교육, 직무능력 향상, 전직교육을 위해 경비의 전부 또는 일부를 부담하면서 교육을 의뢰하는 경우이다.

④ 방송통신대

방송통신대의 입학 자격은 고등학교를 졸업한 자 또는 법령에 따라 이와 같은 수준 이상의 학력이 있다고 인정된 사람이다. 방송통신대학은 원격교육을 소개한 최초의 4년제 국립대학으로, 직장과 학업의 병행이 가능하고, 다양한 교육매체를 활용하며, 다양한 직업과 연령층이 모인 전국의 학우를 만날 수 있는, 우리나라 평생교육의 중심 대학이다.

⑤ 사이버대학

사이버대학의 입학 자격은 고졸 또는 동등 이상의 학력을 가진 사람이다. 학교생활기록부, 대학수학능력시험 성적, 대학별 고사(논술 또는 구술고사, 적성평가 등) 중 1개 이상을 포함한 기준을 통해 학생을 선발한다.

⑥ 산업체 위탁 교육

산업체로부터 소속 직원의 교육을 위탁받아 해당 산업체와의 계약에 따라 실시한다. 지원자격은 고등학교 졸업 또는 이와 동등 이상의 학력이 있다고 인정되는 사람이다. 산업대학과 전문대학의 상호 계약에 따라 학과를 개설하고, 산업체의 요구(교육과정, 교육장소)에 맞는 교육과정을 이수하면 학위를 취득할 수 있다.

⑦ 기능·기술인 국비유학

기능·기술 분야 중소기업 재직자를 대상으로 유학 및 연수 대상을 선발한다. 2014년 이후 시행하고 있으며, 선발 분야는 유학과 연수로 나누어 지원자가 원하는 전공 분야로 15명을 선발한다. 파견 대상은 해외 대학·연구소·산업체 등으로, 유학 및 연수기간은 3년 이내이다. 선발 유형은 학위취득형(석·박사) 유학과 자격취득형, 산업체연수형 연수로 나뉜다. 응시자격은 특성화고·마이스터고 출신자 등으로 중소기업 10년 이상 또는 그에 준하는 현장 경력을 갖고 있는 재직자이다.

(2) 평생학습 제도

평생학습 제도에는 학점은행제와 독학학위제가 있다. 학점은행제는 학점인정 등에 관한 법률(법률 제 11690호)에 의거해, 학교에서뿐만 아니라 학교 밖에서도 이루어지는 다양한 형태의 학습과 자격을 학점으로 인정하고 학점이 누적되어 일정 기준을 충족하면 학위취득을 가능하게 함으로써 궁극적으로 열린교육사회, 평생학습사회를 구현하기 위한 제도이다. 독학학위제는 독학자에게 학사학위 취득의 기회를 부여함으로써 평생교육의 이념을 구현하고 개인의 자아실현과 국가와 사회의 발전에 기여함을 목적으로 국가가 시험에 합격한 사람에게 학위를 수여해 대학에서 취득한 학위와 동등한 대우를 받게 하는 제도이다(교육부·한국교육개발원, 2013).

① 학점은행제

학점은행제는 학점인정 등에 관한 법률에 의거하여 학교에서뿐만 아니라 학교 밖에서 이루어지는 다양한 형태의 학습과 자격을 학점으로 인정하고, 학점이 누적되어 일정 기준을 충족하면 학위취득을 가능하게 함으로써 궁극적으로 열린교육사회, 평생학습사회를 구현하기 위한 제도이다(국가평생교육진흥원, 2016). 고등학교 졸업자 또는 동등 이상의 학력을 가진 자는 누구나 학점은행제를 이용할 수 있다. 학점은행제를 통해 학위를 취득하면 학점인정 등에 관한 법률(제8조)에 의거해 대학 또는 전문대학을 졸업한 자와 동등한 학력을 인정받는다. 학점은행제와 대학교의 차이점은 표 5-8과 같다.

표 5-8 학점은행제와 대학교의 차이

구분	학점은행제	대학교
같은 점	• 학위 취득 시 법적으로 동일한 학력을 인정받음 • 각종 자격 취득, 취업, 진학이 가능함 • 전공을 선택해야 함 • 2월, 8월 학위를 수여함	

다른 점	• 학점인정 등에 관한 법률에 의거해 운영
	• 진입 장벽이 낮음
	• 표준교육과정을 기준으로 스스로 필요한 과목 이수
	• 다양한 학점 취득 방법이 있음
	• 전문학사, 학사, 전문학사 타 전공, 학사 타 전공과정이 있음
	• 필요한 등록(신청) 절차를 이행해야 함
	  학습자 등록, 학점인정 신청, 학위 신청
	• 등록에 따른 수수료 발생
	  학습자 등록(4,000원), 학점인정 신청
	  (1학점당 1,000원)
		• 대학교 학칙에 따라 운영
		• 수능 등 입학전형을 통해 입학
		• 정원이 정해져 있음.
		• 학교에서 제공하는 교육과정에 따라 수업 이수
		• 학칙에 따라 학점 교류 가능
		• 입학한 학교의 학제에 따라 하나의 학위 과정 진행
		• 부(복수)전공 과정이 있음.
		• 입학금, 등록금 납부
		• 캠퍼스가 있음.
		• 입학, 졸업 개념이 있으며, 졸업 연한이 정해져 있음

② 독학학위제

독학학위제는 독학에 의한 학위취득에 관한 법률에 의거해 국가에서 실시하는 학위취득시험에 합격한 독학자에게 학사학위를 수여함으로써 평생교육의 이념을 구현하고 개인의 자아실현과 국가사회의 발전에 이바지하는 것을 목적으로 하는 제도이다.

대학교에 다니지 않아도 스스로 공부해서 학위를 취득할 수 있다. 일과 학습을 병행할 수 있어 시간과 비용을 최소화할 수 있다. 언제 어디서나 학습이 가능한 평생학습시대의 자아실현을 위한 제도이다(국가평생교육진흥원, 2016).

독학학위제 대상은 고등학교 졸업 이상의 학력을 가진 사람으로, 누구나 시험에 응시할 수 있다. 학위취득 과정은 4개의 과정(교양과정, 전공기초과정, 전공심화과정, 학위취득 종합시험)으로 이루어져 있으며, 각 과정별 시험을 모두 거쳐 학위취득 종합시험에 합격하면 학사학위를 취득할 수 있다. 학점인정 등에 관한 법률(제7조 제2항 제5호)에 따라 독학학위제 시험 합격 및 면제교육과정을 이수한 사람은 표 5-9와 같이 학점은행제에서 학점인정을 받을 수 있다.

표 5-9 학점은행제에서의 학점인정

시험 합격(면제) 과정	학점인정 기준
교양과정 인정시험	과목당 4학점, 최대 20학점
전공기초과정 인정시험	과목당 5학점, 최대 30학점
전공심화과정 인정시험	과목당 5학점, 최대 30학점
학위취득 종합시험	과목당 5학점, 최대 30학점

3) 자격제도

자격은 일반적으로 일정한 기준과 절차에 따라 평가 또는 인정된 능력(지식, 기술 및 소양 등)을 말한다. 여기에는 직무수행과 직접 관련이 있는 직업자격 또는 기술자격 그리고 구체적인 직업 · 직무에 관련되지는 않지만 직업 생활에 공통적으로 요구되는 기초 소양 등이 포함될 수 있으며, 학업(교육훈련)의 이수 결과나 일부 부처에서 시행하고 있는 명장제도나 무형문화재 등과 같은 능력평가인정 등도 모두 포함될 수 있다(김봉환 · 정철영 · 김병석, 2006).

여기에서는 먼저 한국산업인력관리공단에서 시행하고 있는 국가기술자격과 국가

전문자격에 대해 살펴보고, 다음으로 타 기관에서 시행하고 있는 국가기술자격과 국가
전문자격에 대해 알아본다(한국산업인력관리공단, 2016). 끝으로 한국산업인력관리공단
과 한국직업능력개발원에서 시행하고 있는 민간자격 현황에 대해 살펴본다.

(1) 한국산업인력관리공단 시행 국가기술자격과 국가전문자격

한국산업인력관리공단에서는 국가기술자격과 관련해 49직군, 467종목의 자격증
을 관리하고 있다. 국가기술자격 자격증은 토목직이 46종목으로 가장 많고, 기계장비
설비·설치직은 31종목, 건축직은 29종목, 안전관리직은 25종목, 환경직은 23종목 등이
있다. 한국산업인력관리공단에서 시행하고 있는 국가기술자격 자격증 현황은 표 5-10
과 같다.

표 5-10 국가기술자격 자격증 현황

('16.9월 기준)

직군	자격증수	직군	자격증수	직군	자격증수	직군	자격증수
건설기계운전	11	건설배관	3	건축	29	경비·청소	1
경영	6	금속·재료	17	금형·공작기계	7	기계장비 설비·설치	31
기계제작	16	농업	13	단조·주조	4	도시·교통	5
도장·도금	6	디자인	10	목재·가구·공예	11	보건·의료	3
비파괴검사	15	사회복지·종교	2	생산관리	7	섬유	8
숙박·여행·오락·스포츠	1	식품	6	안전관리	25	어업	7
에너지·기상	10	영업·판매	1	용접	6	운전·운송	2
위험물	3	의복	7	이용·미용	5	인쇄·사진	5
임업	12	자동차	8	전기	16	전자	19
정보기술	7	제과·제빵	1	조경	4	조리	8
조선	6	채광	4	철도	5	축산	5
토목	46	판금·제관·새시	5	항공	8	화공	7
환경	23	소계	77	소계	127	소계	101
소계	162	합계				467	

한국산업인력관리공단에서 관리하고 있는 국가전문자격 자격증은 18개 기관의 107개 종목이다. 문화재청이 30종목으로 가장 많고, 문화체육관광부 18종목, 중소기업청 15종목, 농림수산식품부 8종목, 고용노동부 7종목 등이 있다. 한국산업인력관리공단에서 시행하고 있는 국가전문자격 자격증 현황은 표 5-11과 같다.

표 5-11 국가전문자격 자격증 현황

('16.9월 기준)

기관	자격증 수	기관	자격증 수	기관	자격증 수	기관	자격증 수
보건복지부	1	환경부	3	고용노동부	7	해양수산부	3
중소기업청	15	경찰청	2	공정거래위원회	1	문화체육관광부	18
문화재청	30	관세청	1	여성가족부	6	농림축산식품부	8
국토교통부	4	해양수산부	1	국민안전처	2	행정자치부	3
국세청	1	특허청	1	소계	16	소계	32
소계	51	소계	8	합계		107	

(2) 타 기관 시행 국가기술자격과 국가전문자격

타 기관 시행 국가기술자격 자격증은 8개 기관의 60개 종목이다. 한국방송통신 전파진흥원 16종목, 대한상공회의소 15종목, 한국기술자격검정원 12종목, 한국광해 관리공단 7종목 등이 있다. 타 기관 시행 국가기술자격 자격증의 현황은 표 5-12와 같다.

표 5-12 타 기관 시행 국가기술자격 자격증 현황

기관	자격증 수	기관	자격증 수	기관	자격증 수	기관	자격증 수
대한상공회의소	15	영화진흥위원회	2	한국광해 관리공단	7	한국기술자격 검정원	12
한국방송통신 전파진흥원	16	한국원자력 안전기술원	3	한국인터넷 진흥원	2	한국콘텐츠 진흥원	3
소계	31	소계	5	소계	9	소계	15
합계				60			

타 기관 시행 국가전문자격 자격증은 20개 기관의 107개 종목이다. 보건복지부 27
종목, 국토교통부 16종목, 해양수산부 10종목, 교육부 8종목, 미래창조과학부 7종목 등
이 있다. 타 기관 시행 국가전문자격 자격증의 현황은 표 5-13과 같다.

표 5-13 타 기관 시행 국가전문자격 자격증 현황

('16.9월 기준)

기관	자격증 수	기관	자격증 수	기관	자격증 수	기관	자격증 수
산림청	5	보건복지부	27	환경부	1	고용노동부	1
해양수산부	10	경찰청	3	문화체육관광부	6	방송통신위원회	2
관세청	1	미래창조과학부	7	농림축산식품부	6	산업통산지원부	1
국토교통부	16	교육부	8	국민안전처	5	국세청	1
해양경찰청	1	법무부	1	법원행성처	1	금융위원회	4
소계	33	소계	46	소계	19	소계	9
합계				107			

(3) 민간자격

민간자격 국가공인제도는 자격기본법 제19조에 따라 국가 외의 법인, 단체 또는
개인이 운영하는 민간자격 중에서 사회적 수요에 부응하는 우수 민간자격을 국가가 공
인해 주는 제도이다. 이는 자격제도를 활성화하고 공신력을 높임으로써 산업체가 요구
하는 질 높고 다양한 인력을 양성하고 자격증에 대한 사회적인 효용가치를 향상하는
데 그 목적이 있다(한국산업인력관리공단, 2016). 한국산업인력관리공단에서 시행 중인
국가공인 민간자격증은 50개 기관의 87개이다. 국가공인 민간자격에 대한 종목별 상세
정보는 Q-net 자격정보(민간자격)에 소개되어 있다.

한국직업능력개발원 민간자격공인서비스의 통계자료를 살펴보면, 2008년 민간자
격 등록수는 544개에 불과했으나, 2012년 1,273개, 2015년에는 6,240개로 급증했다.
2016년 기준 누적 민간자격수는 총 22,223개이다. 한국직업능력개발원 민간자격공인
서비스에서 제공하는 민간자격 등록 현황(한국직업능력개발원 민간자격공인서비스, 2016)
은 표 5-14와 같다.

표 5-14 민간자격 등록 현황

('16.9월18일 기준)

연도	전체등록 자격 수	등록폐지 자격 수	등록취소 자격 수	등록 자격 수	누적 자격 수
2016	4,603	25	0	4,578	22,223
2015	6,521	281	0	6,240	17,645
2014	6,253	734	11	5,508	11,405
2013	2,748	332	0	2,416	5,897
2012	1,453	180	0	1,273	3,481
2011	1,053	167	0	886	2,208
2010	539	75	0	464	1,322
2009	380	65	1	314	858
2008	655	111	0	544	544
총계	24,205	1,970	12	22,223	0

참고문헌

고용노동부, 한국고용정보원(2012). 직업정보 개발 가이드라인 연구. 서울: 한국고용정보원.

교육부, 한국교육개발원(2013). 2013 평생교육통계자료집. 서울: 한국교육개발원.

김봉환, 정철영, 김병석(2006). 학교진로상담(2판). 서울: 학지사.

김영철, 박덕규, 박재윤, 박영숙, 김혜숙, 김흥주, 이명준(1996). 한국교육비전 2020: 세기의 대전환. 서울: 한국교육개발원.

김재웅(2009). 미국 사이버 차터스쿨의 정치학: 홈스쿨링과의 관계를 중심으로. 교육정치학연구, 16(1), 219-245.

김재웅(2010). 홈스쿨링의 정치학. 서울: 민들레.

김현주, 양성은(2011). 한국 가족의 홈스쿨링 경험에 대한 현상학적 고찰. 한국가정관리학회지, 29(4), 201-202.

육권인(2012). 홈스쿨링 합법화 국제 비교 연구: 미국과 한국을 중심으로. 연세대학교 대학원 석사학위논문.

정철영, 김재호(2010). 진로교육개론: 진로진학상담교사 자격연수교재. 서울: 교육부.

정철영, 정연순, 김중진, 김한준, 김화진, 박상철, 서현주, 오소라, 장주희, 허은영(2011). 직업세계와 직업정보탐색: 진로진학상담교사 자격연수교재. 서울: 교육부.

고입정보포털(2016). 고입정보. http://www.hischool.go.kr

교육부(2016). 2016년 교육기본통계. http://www.moe.go.kr

교육부(2016). 2016년 교육기본통계 주요내용. http://www.moe.go.kr

교육부(2016). 대안학교 현황. http://www.moe.go.kr

교육부(2016). 외국인학교 현황. http://www.moe.go.kr

국가법령정보센터(2016). 고등교육법 시행령. http://www.law.go.kr

국가법령정보센터(2016). 초중등교육법 시행령. http://www.law.go.kr

국가평생교육진흥원(2016). 독학학위제. www.cd.or.kr

국가평생교육진흥원(2016). 학점은행제. www.cd.or.kr

대학알리미(2016). 공시대상학교. http://www.academyinfo.go.kr

커리어넷(2016). 학과자료실 미래의 교육세계 http://career.go.kr

하이파이브(2016). 후진학제도. www.hifive.go.kr

한국산업인력관리공단(2016). Q-net 자격정보. www.q-net.or.kr

한국직업능력개발원(2016). 한국직업능력개발원 민간자격공인서비스. www.pqi.or.kr

6장

진로의사결정

김은희

사람은 인생을 살아가면서 크고 작은 의사결정을 해야 한다. 예를 들어 오늘 친구와 먹을 점심메뉴를 선택할 때, 스마트폰을 구매할 때, 연인에게 프로포즈를 하기 위한 근사한 장소를 고를 때, 더 나아가 대학의 학과나 직업을 선택할 때 등 무언가를 결정해야 할 순간에 놓이게 된다. 결정해야 할 문제의 비중이 클수록 삶에 미치는 영향도 클 수밖에 없다. 진로와 직업 같은 인생에서의 중요한 일을 선택해야 할 때는 더욱 결정하기가 어렵다.

의사결정을 하는 문제에 성공적으로 대처한다면 만족감과 행복감을 얻을 수 있다. 그러나 그것이 최선의 선택이었는지의 여부는 실행에 옮겼을 때 비로소 알게 된다. 만일 잘못된 의사결정 과정을 반복해서 경험한다면, 진로를 선택해도 실천에 옮기지 못하는 경우가 생긴다. 따라서 만족할 만한 최선의 선택을 하기 위해서는 자기 자신과 환경에 대한 이해가 선행되어야 한다.

진로와 직업을 선택하는 일은 미래의 삶에 큰 영향을 미칠 수 있는 중요한 결정이다. 그렇기 때문에 진로를 합리적으로 결정하도록 지도하는 것은 진로지도와 진로상담의 핵심적인 요소이다. 사회가 발전하면서 다양한 진로와 직업이 등장해 진로에 대한 선택의 폭이 넓어졌지만, 진로의사결정 과정에서 어려움을 겪을 확률도 상대적으로 높아졌다. 교사는 학생들의 진로와 직업 선택 과정에서 자신의 의사결정 유형을 점검해 보고 합리적으로 의사결정을 할 수 있는 방법을 익히도록 교육해야 한다. 이 장에서는 진로의사결정의 개념과 이론에 대해 살펴보고, 합리적인 진로의사결정 방법과 이를 교육 현장에서 학생들에게 적용하는 방법에 대해 알아본다.

1) 진로의사결정

사람은 선택의 순간마다 만족할 만한 결정을 하기 위해 어떤 결정이 가장 자신에게 좋을지에 대해 스스로 질문한다. 특히 중요한 선택과 결정을 해야 하는 상황에서는 타인에게 자문을 구하거나 관련 정보를 탐색하는 등의 노력을 하기도 한다. 이렇게 개인이 정보를 조직하고 여러 가지 대안을 신중하게 검토해 진로선택을 하기 위한 행동에 전념하는 심리적인 과정을 진로의사결정(career decision making)이라고 한다(Harren, 1979). 이는 목표를 달성하기 위한 몇 가지 대안을 탐색해 일정한 기준과 방법에 따라 상호 비교함으로써 가장 합리적이고 실행 가능한 방안을 선택하는 행동이다.

진로의사결정에 대한 정의는 학자마다 다양하다. 크라이티스(Crites, 1969)는 진로의사결정을 개인이 특별한 직업군에 진입하기 위한 의사표현이라고 정의했다. 젭슨(Jepsen, 1974)은 진로의사결정을 청소년의 진로발달의 특수한 영역으로 보고, 진로에 대한 개인적 목표를 달성하기 위해 자신과 관련된 정보와 진로조건을 연관 지을 때 일어나는 사고 행동이라고 했다. 크롬볼츠(Krumboltz, 1989)는 진로의사결정을 진로와 관련된 사회적 강화, 이론화, 직접적 강화, 그리고 그 단어 및 이미지의 결과로 선호적 진로를 선택하는 능력으로 보았다. 이러한 정의들의 공통점은 개인의 심리적이고 환경적인 요인의 중요성을 강조했다는 것이다. 진로의사결정에 대한 연구는 다양한 선택지점에서 개인이 의사결정을 할 때 사용하는 심리적 과정을 기술하거나 탐구하는 데 주안점을 두고 있으므로, 진로의사결정을 하기 위해 정보를 조직하고 대안을 고려하는 심리적 과정을 기술하거나 분석한다(Phillips & Pazienza, 1988). 따라서 직업을 선택하는 과정을 설명하기 위해 진로의사결정 모델들이 개발되었다. 진로의사결정 모델에는 대표적으로 기술적(descriptive) 모델과 처방적(prescriptive) 모델이 있다. 기술적 모델은 진로결정을 할 때 사람들이 실질적으로 어떻게 결정을 내리는지에 대해 설명하는 것에 중점을 두었다. 처방적 모델은 심리학적이고 인지적인 의사결정 과정을 근거로 개발되어, 결정이 어떻게 이루어져야 하는지에 관한 이상적인 접근에 초점을 맞춘다.

또한 의사결정 과정에서는 의사결정자가 매우 중요한 변수이다. 이러한 이유 때문에 의사결정자의 나이, 성별, 성격적 특성, 사회경제적 지위 등과 같은 요소가 의사결정에 미치는 영향이 광범위하게 연구되었다. 따라서 현장에서 학생을 지도하고 상담하는 교사는 학생의 특성이 의사결정 과정에 미치는 영향을 정확하게 알고 있어야 한다(김봉환·정철영·김병석, 2006). 학생들이 자기 자신을 올바르게 이해하고 일과 직업세계에 대한 폭넓은 정보를 습득해 진로와 관련된 여러 가지 갈등을 합리적으로 해결해서 최종적인 진로의사결정을 할 수 있도록 지도해야 한다.

2) 진로미결정

진로결정 수준은 자신의 진로선택과 관련된 확신의 정도이다. 확신의 정도가 높은 상태를 '결정', 확신의 정도가 낮은 상태를 '미결정'으로 본다. 발달적인 관점에서 진로미결정은 아직 결정에 이르지 않은 상태를 의미한다. 진로미결정자는 정보가 부족하거나 의사결정 능력이 부족해서 아직 결정을 못했거나 결정에 몰입하지 못한다. 발달 과정 중인 진로미결정자와는 달리 성격적인 측면에서 우유부단한 성격 특성을 동반해 만성적인 미결정 상태로 남아 있는 진로미결정자들도 있다. 이들은 '우유부단함'이라는 성격 특성 때문에 시간이 지나거나 정보가 제공되더라도 여전히 의사결정을 하지 못한다. 우유부단한 사람은 성격적으로 결단성이 부족하므로 진로와 관련된 결정뿐만 아니라 일상생활에서도 결정을 하지 못하는 어떤 특성을 지니고 있다(Harren, 1979).

진로미결정은 심리측정적 관점에서 설명하면 우유부단함과 같은 성격적 특성에서 비롯된 개인 내적인 문제이고, 발달적 관점에서 보면 진로발달의 과정에서 발생할 수 있는 결정의 문제이다. 이러한 미결정의 원인으로 준비의 부족, 정보의 부족, 정보의 불일치를 들 수 있다(황매향 외, 2011).

(1) 준비의 부족

구체적인 진로를 결정하는 데 참여하기 전에 선행하는 문제로, 되도록 빨리 이 단계에서 벗어나야 한다. 동기의 부족과 우유부단, 자신의 신념과 완전히 일치하는 진로가 나타날 때까지 결정을 유보하는 '잘못된 신념' 등이 이에 속한다.

(2) 정보의 부족

자신의 흥미, 적성, 가치관, 성격 등 진로의사결정에서 중요하게 고려해야 할 정보를 잘 알지 못하고 있는 상태이다. 즉 자신에 대한 이해, 직업세계에 대한 이해가 부족하거나 직업에 관한 정보를 획득하는 방법을 잘 모르고 있는 경우이다.

(3) 정보의 불일치

정보의 불일치에는 믿을 수 없거나 혼란스러운 정보와 관련된 문제를 포함하는 신뢰할 수 없는 정보, 개인 내의 갈등을 포함하는 내적 갈등, 의미 있는 타인의 영향과 갈등을 포함하는 외적 갈등이 포함된다. 신뢰할 수 없는 정보는 개인의 선호에 대한 혼란스러운 정보, 학생이 감지하고 있는 능력에 대해 신뢰할 수 없는 정보, 적절하다고 여겨지는 진로대안과 관련된 믿을 수 없는 정보 등을 말한다(황매향 외, 2011).

2 진로의사결정 이론

1) 합리적 진로의사결정 이론

진로의사결정 이론에서는 개인의 진로발달 과정에서 진로를 결정하는 과정을 탐구하고 진로결정 방법과 진로결정에 영향을 미치는 요인을 설명한다. 이는 진로의사결정을 개인의 진로발달의 한 측면으로 이해하려는 시도이다. 톨버트(Tolbert, 1980)는 진로의사결정 이론을 넓은 의미에서 진로발달 이론의 하나로 분류하고, 진로발달 과정을 통해 개인의 진로행동을 설명할 수 있는 방법을 제시했다. 진로의사결정 이론들은 개인의 일생에서 진로발달에 매우 큰 영향을 미치는 일련의 선택이 가능한 중요한 시기가 있다는 것을 전제로 한다. 이러한 진로의사결정을 하는 시점을 교육적 선택, 직장의 선택, 직업의 변화 등에서 겪는 중요한 변환점이라고 지적했다. 또한 어떤 진로선택이 자신에게 도움이 되는지를 인식하는 바로 그 시점에서 중요한 진로의사결정을 내린다고 본다. 합리적 진로의사결정 이론의 목표는 실행 가능한 모든 대안을 찾아 이들을 비교하고 평가해서 최선의 대안을 선택하도록 하는 것이다. 대표적인 합리적 진로의사결정 이론은 다음에 소개하는 겔라트(Gelatt, 1962), 카츠(Katz, 1963), 타이드먼과 오하라(Tiedeman & O'Hara, 1963), 하렌(Harren, 1979)의 이론이다.

(1) 겔라트의 이론

겔라트는 진로상담의 중요한 목표 중 하나가 훌륭한 결정을 내릴 수 있도록 돕는 것이라고 가정하고 의사결정의 과정을 중시해야 한다고 제안했다. 최선의 결정이란 선택에 도달하기까지 체계적인 과정이 있고 의사결정자가 선택의 결과에 책임질 수 있는 것이어야 한다. 겔라트는 직업선택과 발달의 과정을 의사결정 순환 과정으로 보았다. 겔라트의 진로의사결정 단계는 다음과 같다. 1단계에서는 의사결정의 목표나 목적을 정한다. 2단계에서는 적성검사, 성적표, 흥미검사 등 자료를 수집한다. 3단계에서는 선택 가능한 대안을 만들고 가능한 결과를 예상해 보며 결과의 가능성을 평가해 본다. 4단계에서는 각각의 대안의 가능성을 시험해 봄으로써 가치체계를 우선순위로 정한다. 5단계에서는 행동 과정을 선택하고 성공 기준에 따라서 결과를 평가한다. 5단계가 끝나면 첫 단계로 되돌아가 목표나 목적이 제대로 이루어졌는지를 확인하고 결정이 단기 목적이나 궁극적 목표에 어떤 영향을 미치는지를 평가한다. 각 단계의 성공 여부는 제때에 적절하고 신뢰할 만한 정보를 얼마나 쓸 수 있는지에 달려 있다.

의사결정을 할 때 순환 과정은 반복된다(김충기·장선철, 2011). 따라서 의사결정은 주기적이고 반복적인 성격을 띠게 된다. 겔라트의 이론에서는 급격한 사회 변화 속에서 예측하기 어려운 미래를 바탕으로 한 상황에서는 변화, 불확실성, 불일치성을 수용하고 사고와 선택의 비합리적인 면이나 직관적인 면을 활용하도록 도와주는 의사결정과 상담이 필요하다는 점을 강조했다.

(2) 카츠의 이론

카츠는 가치결정을 근거로 하는 모형을 제안했다. 그는 개인의 목적이 될 수 있는 성취, 관계성, 명성, 수입, 여가시간 등과 같은 기본적인 성향을 제시했다. 이러한 제안은 가치를 점검해서 개인의 가치실현을 극대화해 주는 직업을 구분할 수 있도록 도와준다. 카츠는 컴퓨터를 이용하는 진로지도 체제를 제안했다. 가치체계 과정은 다른 사람들이 지닌 가치와 비교해 각 개인이 추정한 각각의 가치가 지닌 장점을 수용함으로써 시작된다. 그 후에 각 개인은 컴퓨터의 도움을 받아 진로의사결정을 하게 되고, 각 가치의 최소한의 출발점을 판별하기 위해 자신의 진로의사결정을 검증한다. 이러한 것을 충족시키기 위해 개인이 지닌 가치를 조화시키는 것은 가치의 크기를 다중화함으로써 이루어지며, 결과적으로 각 직업에 대한 가치가 반환된다. 각 직업에 대한 반환가치가 효율적일수록 개개인은 더 적합한 직업을 얻게 된다. 진로의사결정을 획득하는 능력에서 개인의 신념은 각각의 대안에 대해 '기대된 가치'를 부여하게 되며, 기대된 가치가 높을수록 더욱 더 적절한 선택을 하게 된다(이현림 외, 2003).

(3) 타이드먼과 오하라의 이론

타이드먼은 의사결정의 구조를 명확히 함으로써 진로발달을 좀 더 과학적으로 연구할 수 있다고 했다. 타이드먼과 오하라는 진로의사결정과 관련해 이를 개념화했다. 즉 진로발달은 자신을 동일시하면서 계속적으로 분화하고 통합하는 과정이라고 볼 수 있는데, 분화는 분리된 경험의 문제이고 통합은 확장된 경험을 모아 구조화하는 문제이다. 분화와 통합은 논리적으로는 분리되지만 실제 경험에서는 분리되지 않는다. 따라서 이들은 진로의사결정 과정을 인지적인 구조의 분화와 통합이 현재의 불만족스러운 상황이나 문제에 대한 인식을 통해 움직이고 있는 의식적인 문제해결행동으로 보았다(이현림 외, 2003). 즉 새로운 경험이 쌓일수록 개인의 정체감은 발달한다. 분화와 통합의 과정에서 형성된 자아정체감은 직업정체감의 형성에 중요한 기초 요인이다. 이들은 자신의 특성을 파악하고 자아를 실현시킬 수 있는 일이 무엇인가를 인식해 가는 과정을 중시한다. 타이드먼과 오하라는 진로의사결정의 단계를 예상기와 실행기로 구분하고 이를 다시 7단계로 나누어 다음과 같이 제시했다.

① 예상기
- 탐색 단계 : 문제인식의 단계로, 자아와 직업에 관한 정보 부족이나 대안 탐색의 준비 부족 같은 문제를 인식한다.
- 구체화 단계 : 대안을 찾아보는 단계로, 가능한 대안에 대한 선택을 하게 되고 이로 인한 갈등도 인식하게 된다. 각 대안의 장·단점을 비교하고 검토해서 서열화하고 조직화한다.
- 선택 단계 : 의사결정 과정과 관련된 확신 정도에 따라 선택 방향을 정하는 단계이다. 자신의 개성이나 용모에 중점을 두기도 한다.
- 명료화 단계 : 미래의 상상이 좀 더 분명해지는 단계로, 의심스러운 것을 배제하거나 좀 더 세밀하고 명확하게 만든다. 사고의 과정과 자아 이미지의 완성, 미래에 대한 자신의 이미지형성과정에 중점을 두는 단계이다.

② 실행기
- 적응 단계 : 개인의 목표와 포부가 집단의 목표에 동화되고 수정되는 단계이다.
- 개혁 단계 : 수동적인 수용의 성격에서 적극적인 자세로 변화되는 단계이다. 집단보다는 자아개념이 강하게 된다.
- 통합 단계 : 자아와 집단이 적절한 조화를 이루도록 노력하는 단계로, 자아와 집단의 이미지를 통합한다.

예상기와 실행기는 연속적 과정으로, 직업이나 진로와 관련된 상황마다 거쳐야 하는 단계로 구성되어 있다. 교사는 학생들에게 자신의 체계나 환경을 이해하도록 지도해야 하고, 이를 바탕으로 학생들은 좀 더 나은 진로 결정을 할 수 있다.

(4) 하렌의 이론

하렌은 진로발달과 진로의사결정에 포함되어 있는 여러 가지 중요한 변인을 고려한 광범위한 이론을 발달시켰다. 하렌의 이론은 타이드먼과 오하라의 모형을 확장시킨 것이다. 하렌은 개인이 진로를 어떻게 결정하게 되는지에 관심을 두고 의사결정의 과정, 의사결정의 특징, 학생이 당면한 발달과업, 의사결정 상황에 대한 환경 요인에 대해 설명했다. 특히 진로의사결정 과정을 인식, 계획, 확신, 이행의 4단계로 요약하고, 각 단계에서 문제의 핵심을 끌어내어 다음 단계로의 이행을 원활히 하는 해결책을 모색하고자 했다. 진로의사결정의 단계를 살펴보면 다음과 같다(이현림 외, 2003).

① 인식 단계

현재 진로계획이 없어서 만족하지 못하므로 불행하다는 것을 느끼는 상태이다. 불만족의 원인을 인식하면서 더욱 현실적이고 적절한 선택을 할 수 있게 된다.

② 계획 단계

이 단계에서는 자신과 직업세계에 대해 많은 정보를 수집하고 직업에 대해 잠정적인 결정을 할 준비를 갖춘다. 불만족의 원인을 이해하고 여러 가지 대안을 수립해서 자신에 대해서 더욱 잘 알게 되고 불만족에 적절히 대응할 수 있다.

③ 확신 단계

주위 사람들의 다양한 반응을 얻는 것은 진로의사결정 과정에서 중요하다. 자신이 계획했던 것에 대해 결정하고, 그러한 결정을 내린 이유를 친구, 부모 등과 함께 의논하고 반응을 얻는다. 긍정적인 평판은 자신감을 갖게 하고 적극적인 동기를 부여하기 때문에 실행할 때 개인의 확신이 증가하게 된다. 사람들의 의견이 부정적이라면, 계획 단계로 되돌아가서 정보를 좀 더 수집하거나 다른 대안을 고려한다.

④ 이행 단계

자신이 내린 결정을 행동으로 옮기기 시작하는 단계이다. 진로의사결정을 할 때 다음의 세 단계를 거치는 것이 중요하다.

• 동조 단계 : 사회적 승인이나 인정에 대한 높은 욕구를 경험하고 외부 환경에 의

해 자신의 욕구, 가치, 목표가 경시되거나 억압당하는 것을 경험한다.

- 자율 단계 : 자신의 요구를 주장하고 명확히 하는 단계이다. 때로는 주장이 과대 포장되기도 한다.
- 상호의존 단계 : 다른 사람과의 상보적 및 상호적 작용을 통해 결정한다.

2) 진로의사결정 유형

진로의사결정 유형은 결정할 때에 선호하는 접근방식을 말한다. 즉, 의사결정이 필요한 과제를 인식하고 그것에 반응해 개인이 의사결정을 내리는 방식이다(Harren, 1979). 딘클리지(Dinklage, 1968)는 개인의 의사결정 방식을 계획형, 직관형, 순응형, 운명론형, 충동형, 지연형, 번민형, 마비형의 8가지로 분류했다. 이 중에서 계획형은 가장 합리적인 의사결정 유형이고 직관형도 어느 정도 효과적인 유형이다. 그러나 나머지 유형은 비효과적이다. 하렌은 딘클리지의 분류를 재분류해 좀 더 포괄적으로 유형을 분류했다. 분류의 기준은 의사결정에 대해 개인이 책임지는 정도와 의사결정 과정에서 논리를 사용하는 정도이다.

하렌은 의사결정 과정에 영향을 미치는 의사결정자의 개인적인 특징으로 자아개념과 의사결정 유형을 중요시했다. 직업적 자아개념은 직업적으로 관련된 태도와 특성을 의미하고, 정체감과 자아존중감으로 나뉜다(Harren, 1979). 의사결정 유형은 의사결정의 과제에 반응하는 특징적인 방식으로, 합리적 유형, 직관적 유형, 의존적 유형으로 나눌 수 있다. 이 세 가지 유형의 특징은 다음과 같다.

(1) 합리적 유형

① 의사결정 과업에 대해서 논리적이고 체계적으로 접근한다.

② 결정에 대한 책임을 수용하고, 결정을 하기 위해 이전의 결정에 대한 결과를 평가할 수 있는 능력을 갖고 있다.

③ 미래의 의사결정의 필요성을 예견하고, 기대되는 상황에 대한 정보를 수집하고 준비한다.

④ 매우 신중하고 논리적으로 결정한다.

(2) 직관적 유형

① 의사결정을 할 때 개인 내적인 감정적 상태에 의존한다.

② 결정에 대한 책임은 수용하지만 미래에 대해서 거의 예견하지 않는다.

③ 정보 수집을 위한 활동이 별로 없으며, 사실에 대해서 논리적인 비중을 거의 두지 않는다.

④ 환상을 활용하고 현재의 느낌에 주의를 기울인다.

⑤ 결정 과정에 대한 각 단계의 선택과 수용이 비교적 빨리 이루어지고, 어떻게 결정에 도달했는지를 명백하게 진술하지 못하는 경향이 종종 있다.

(3) 의존적 유형

① 결정에 대한 자신의 책임을 거부하고 가족, 친구, 동료 등 타인에게 책임을 전가한다.

② 타인의 기대에 크게 영향을 받고 수동적이며 복종적이다.

③ 사회적인 승인에 대한 욕구가 높다.

하렌의 이론을 토대로 개발된 '의사결정유형검사'의 문항과 유형별 문항 번호는 표 6-1과 같은 내용으로 구성되어 있다.

표 6-1 의사결정유형검사의 문항과 유형별 문항 번호

1. 나는 중요한 의사결정을 할 때 한 단계 한 단계 체계적으로 한다.
2. 나는 내 자신의 욕구에 따라 매우 독특하게 의사결정을 한다.
3. 나는 얻을 수 있는 정보를 수집하지 않고는 중요한 의사결정을 거의 하지 않는다.
4. 나는 의사결정을 할 때 친구들이 내 결정을 어떻게 생각할지를 매우 중요시한다.
5. 나는 의사결정을 할 때 의사결정과 관련된 결과까지 고려한다.
6. 나는 다른 사람의 도움 없이는 중요한 의사결정을 하기가 힘들다.
7. 나는 어려운 문제에 부딪히면 재빨리 결정을 내린다.

8. 나는 의사결정을 할 때 내 자신의 즉각적인 느낌이나 감정에 따른다.

9. 나는 내가 하고 싶은 것보다 다른 사람이 어떻게 생각하느냐에 영향을 받아 의사결정을 한다.

10. 나는 의사결정을 할 때 시간을 갖고 주의 깊게 생각해 본다.

11. 나는 문제의 본질에 대해 순간적으로 떠오르는 생각에 따라 결정한다.

12. 나는 친한 친구에게 먼저 이야기하지 않고는 의사결정을 거의 하지 않는다.

13. 나는 중대한 의사결정 문제가 예상될 때, 그것을 계획하고 생각할 시간을 충분히 갖는다.

14. 나는 의사결정을 못한 채 뒤로 미루는 경우가 많다.

15. 나는 의사결정을 하기 전에 올바른 사실을 알고 있는지 확인하기 위해 관련된 정보를 다시 살펴본다.

16. 나는 의사결정에 관해 실제로 생각하지는 않지만 갑자기 생각이 떠오르면서 무엇을 해야 할지를 알게 된다.

17. 나는 어떤 중요한 일을 하기 전에 신중하게 계획을 세운다.

18. 나는 의사결정을 할 때 다른 사람의 많은 격려와 지지를 필요로 한다.

19. 나는 의사결정을 할 때 마음이 가장 끌리는 쪽으로 결정한다.

20. 나는 인기를 떨어뜨릴 의사결정은 별로 하고 싶지 않다.

21. 나는 의사결정을 할 때 예감 또는 육감을 중요시한다.

22. 나는 조급하게 결정을 내리지 않는데, 그 이유는 올바른 의사결정임을 확신하고 싶기 때문이다.

23. 나는 어떤 의사결정이 감정적으로 나에게 만족스러우면 그 결정을 올바른 것으로 본다.

24. 나는 올바른 의사결정을 할 수 있는 능력에 대해 자신이 없기 때문에 주로 다른 사람의 의견에 따른다.

25. 나는 내가 내린 각각의 의사결정을 일정한 목표를 향한 진보의 단계로 본다.

26. 나는 내가 내리는 의사결정을 친구들이 지지해 주지 않으면 그 결정에 대해 확신을 갖지 못한다.

27. 나는 의사결정을 하기 전에, 그 결정을 함으로써 생기는 결과에 대해 가능한 한 많이 알고 싶다.

28. 나는 '이것이다'라는 느낌에 의해 결정을 내릴 때가 종종 있다.

29. 나는 대개의 경우 주위 사람들이 바라는 방향으로 의사결정을 한다.

30. 나는 여러 가지 정보를 수집하거나 검토하는 과정을 갖기보다, 나에게 떠오르는 생각대로 결정을 내리는 경우가 자주 있다.

의사결정 유형	문항 번호
합리적 유형 문항	1, 3, 5, 10, 13, 15, 17, 22, 25, 27
직관적 유형 문항	2, 7, 8, 11, 16, 19, 21, 23, 28, 30
의존적 유형 문항	4, 6, 9, 12, 14, 18, 20, 24, 26, 29

효과적인 의사결정자는 적절한 자아존중감과 잘 분화되고 통합된 자아개념을 형성하고 있다. 합리적으로 의사결정을 하고 그 결정에 대한 책임을 지는 사람으로, 성숙한 대인관계를 맺고 분명한 목적의식을 갖고 있다.

하렌은 대학생 연령의 진로의사결정에 초점을 맞추어 진로발달과 진로의사결정에 포함되어 있는 여러 가지 중요한 변인을 고려한 광범위한 모형을 발달시켰다. 그는 의사결정 과정에서 인식, 계획, 확신, 이행의 4단계를 가정한다. 인식 단계는 분화가 일어나기 시작하는 시기로, 개인이 심리적 불균형을 느끼고 어떤 결정을 해야 할 필요를 인식하는 단계이다. 두 번째로 계획 단계는 여러 가지 대안을 탐색하고 그것들을 가치의 우선순위와 관련지으면서 교체하고 확장하며 제한하는 과정이다. 이어 확신 단계에서는 자신의 선택에 대해 깊이 탐색하고 다각도로 검토해서 선택의 장단점을 명료화한다. 마지막 이행 단계에서는 사회적 인정에 대한 욕구와 자신이 선택한 가치 사이에 조화와 균형을 추구하면서 자신의 선택에 적응하게 된다.

3 진로의사결정 방법

1) 합리적 의사결정 모델의 적용

크롬볼츠(Krumboltz)는 진로의사결정의 7단계를 제시하고, 각 단계의 머리글자를 따서 "DECIDES"라고 명명했다. 합리적 7단계 모델(DECIDES)은 다음과 같다.

- 1단계 : 문제의 정의(Define the problem)
- 2단계 : 계획 수립(Establish an action plan)
- 3단계 : 가치의 명료화(Clarify value)
- 4단계 : 대안 모색(Identify alternatives)

- 5단계 : 결과 예측(Discover probable outcomes)
- 6단계 : 대안의 체계적 배제(Eliminate alternatives systematically)
- 7단계 : 행동 수행(Start action)

이 중에서 6단계인 '대안의 체계적인 배제'는 가장 핵심적인 과정이다. 모든 대안 가운데 최종적으로 한 가지를 결정하기 위해 다른 대안을 제외해야 하는데, 이 과정이 의사결정 과정에서 가장 어렵다. 따라서 의사결정 모델은 6단계에서 일어나는 대안의 배제와 관련된다. 가장 활발하게 활용되고 있는 기대효용 모델, 결합 모델, 순차적 배제 모델에 대해 살펴보면 다음과 같다.

(1) 기대효용 모델

기대효용 모델이란 상보적 의사결정 모델의 일종으로, 개인이 가능한 진로대안들이 자신이 고려하는 모든 측면에서 어느 정도 효용(utility), 즉 만족감을 주는지를 비교해서 그 중 가장 높은 효용을 갖는 진로대안을 선택하는 것이다. 진로의사결정 영역의 연구에서 기대효용 모델로 가장 먼저 소개된 것은 겔라트의 모델이다. 이 모델은 되도록이면 많은 정보를 수집하고 가치관검사를 실시해서 평가한 후에 최고의 만족도를 가진 대안을 선택하는 방식이다. 피츠(Pitz)와 하렌의 기대효용 모델의 경우, 사람이 최대 효용을 주는 대안을 선택해야 한다는 지침을 제공하는 처방적 특징이 있다. 의사결정 과정은 매우 복잡한 현상이지만 효용을 계산하는 단계는 수학적이어서, 기대(가능성)와 값(효용)을 결합시키는 어떤 규칙이 존재하고 있다(황매향 외, 2011).

기대효용 모델은 계속 발전해서 주관적 기대효용 모델로 다시 선보였는데, 이 모델에서는 의사결정자들이 바람직한 결과를 얻을 수 있는 가능성의 극대화가 의사결정의 목표라고 기술했다. 이를 위해서는 진로결정의 영역에서 주관적인 가치와 가능성을 별도로 고려해야 하고, 여러 가지 서로 다른 진로 측면의 중요성에 대한 주관적인 평가에 따라 가중치를 매기도록 한다. 즉 고려되는 모든 직업이나 진로의 특성이 동일한 중요성으로 다루어지던 기존의 모델과 달리, 그 상대적인 중요성을 고려해 개인적인 만족도를 좀 더 높여 준다는 것이다(황매향 외, 2011). 이를 적용한 것이 표 6-2의 진로 대차대조표이다. 이를 활용해서 의사결정의 방법을 지도할 때 유용하게 쓸 수 있다.

표 6-2 진로 대차대조표를 활용한 의사결정 연습

진로대안	자율성 (20점)	지위 (10점)	경제적 보상 (40점)	안정성 (30점)	매력도 합계 (100점)	성취 가능성 (%)	점수(매력도× 성취가능성)
예) 코디네이터	33	7	25	10	75	80	6,000
방송연출가	20	10	35	25	90	70	6,300
교사							
...							

진로 대차대조표를 작성하는 방법을 살펴보면, 첫째, 진로대안 항목에 현재 자신이 고려하고 있는 진로대안(직업명, 학과명)을 적는다. 둘째, 진로선택을 할 때 자신이 그 직업을 통해서 중요하게 추구하는 것이 무엇인지를 생각해서 적는다. 예를 들어 자율성, 지위, 경제적 보상, 안정성 등이다. 셋째, 각각의 진로대안에 대한 매력도 점수를 항목별로 적고 합산해 성취 가능성을 %로 표시한다. 매력도의 합계와 가능성을 곱해서 최종 점수를 산출한다. 가장 높은 점수의 진로대안이 현재 학생에게 가장 만족스러운 것이라고 할 수 있다.

(2) 결합 모델

의사결정 모델은 상보적 모델과 비상보적 모델로 분류할 수 있는데, 결합 모델은 비상보적 모델에 속한다. 기대효용 모델에 따라 의사결정을 할 경우에 인지적인 활동이 비현실적이라고 할 만큼 과다하다고 생각한 연구자들은 정보처리 과정의 부담감을 조금 줄일 수 있는 선택 모델을 제시했다(Gati & Tikotzki, 1989). 그 중 하나가 시몬(Simon)의 만족의 원리이다. 만족할 만한 대안이 발견될 때까지 대안을 하나씩 탐색하고, 어떤 대안이 자신이 생각하고 있는 모든 직업의 측면을 각각 최소한의 수준 정도로만 만족시키면 그 대안을 선택하는 것이다. 즉, 의사결정자가 고려할 모든 직업의 측면에 대해 자신을 만족시킬 수 있는 효용의 최소선을 먼저 정한다. 이 효용의 최소선이라

는 준거를 진로대안 각각에 적용해 모든 측면의 효용 최소선을 만족시키는 대안을 선택한다(황매향 외, 2011). 결합모델과 기대효용 모델의 차이는 진로대안에 대한 탐색의 깊이이다. 결합 모델에서는 어떤 진로대안이 어느 한 가지 측면의 최소 수준 만족도를 충족시키지 못하면 더 이상 탐색하지 않고 배제한다(황매향, 2007).

(3) 순차적 배제 모델

기대효용 모델에 대한 또 다른 대안은 진로의사결정에서의 순차적 배제 모델(Sequential Elimination Mode, SEM)이다. 가티(Gati, 1986)가 제안한 이 모델은 각 직업의 대안을 어떤 특성의 종합체로 본다. 특성이란 높은 사회적 지위 또는 융통성 있는 근무시간 등 어떤 측면의 질적 또는 양적 수준을 말한다. 대학 졸업 이상의 학력이 필요하거나 또는 필요 없는 것처럼, 수준이나 양이 아닌 이분법적인 특성도 있다. 어떤 배제의 단계에서든 상대적으로 가장 중요한 특성이 선택된다. 중요한 측면을 선택하고 나면 그 특성을 기준으로 진로대안을 제외하는 단계로 넘어간다. 이러한 측면의 선택과 대안의 배제 과정은 한 가지 대안이 남을 때까지 계속된다. 만족할 수준이나 그 수준의 방향성은 개인이 정하는 것이다. 즉 바람직한 특성과 바람직하지 못한 특성은 진로의사결정의 중요성을 반영해 준다면 어떤 방식으로든 결합될 수 있다(Tversky, 1972).

가티는 진로의사결정에서 고려되는 측면을 확인하는 세 가지 방법을 다음과 같이 제시했다. 첫째, 직업을 선택하는 데 가장 도움이 되는 정보가 무엇인지 질문하거나 진로선택 시뮬레이션에서 어떤 것이 중요한지 말해 보게 한다. 둘째, 진로의사결정자에게 자신의 가장 이상적인 진로대안이 무엇인지 상상해 보게 하고 그 직업의 구직 가능성, 직업의 동향 등 특성을 기술하게 한다. 셋째, 진로의사결정자에게 자신이 알고 있는 직업대안의 구조를 자신의 인식을 바탕으로 분석하도록 한다.

2) 진로의사결정 개입방법

합리적인 진로의사결정을 할 수 있도록 지도하기 위해서는 적절한 개입이 필요하다. 개인의 의사결정을 촉진하기 위한 상담 개입방법이란 상담자가 사용하는 상담 이론과 기법을 말하고(Lambert, 1992), 진로의사결정 개입방법이란 진로상담 과정에서 내담자가 적절한 의사결정을 할 수 있도록 하기 위해 상담자가 사용하는 상담 이론과 기법을 말한다. 황윤미(2014)가 열거한 바를 바탕으로 현재까지 주로 사용되어 온 진로결정 개입방법의 종류를 살펴보면 다음과 같다.

(1) 진로대안의 장점과 단점 목록을 만드는 방법

진로의사결정은 전형적으로, 장기적인 진로목표를 향해 나아가면서 당면한 문제를 해결하기 위해 몇 가지 대안 가운데에서 하나를 선택하는 것을 의미한다(김충기·김희수, 2003). 진로결정을 하는 가장 흔한 방법 중 하나는 장점과 단점 목록을 만들어 보는 것이다(이동혁·황매향·임은미, 2013). 이는 진로대안별로 장점과 단점 목록을 만들어 서로 비교해 보거나 잠정적으로 결정한 대안에 대한 장점과 단점 목록을 만들어 봄으로써 최종 선택을 용이하게 하는 방법이다.

(2) 진로수레바퀴를 활용하는 방법

진로수레바퀴를 활용하는 방법은 크게 두 가지로 진행된다. 첫째, 하나의 진로대안을 진로수레바퀴의 중심에 두고, 바퀴를 부채꼴로 나누어 직업 또는 여가 경험, 교육 배경, 의미 있는 타인, 가치, 흥미, 기술 등 결정에 필요한 내용을 여러 측면에 배치한다. 둘째, 중심에 위치한 진로대안이 결정에 필요한 측면들과 얼마나 맞는지 살펴본다(이동혁·황매향·임은미, 2013). 이 과정을 거쳐 여러 가지 진로대안 중 결정에 필요한 측면들과 가장 부합하는 대안을 최종 선택한다.

(3) 특성에 의한 제거 방법

트버스키(Tversky, 1972)가 개발하고 가티(Gati, 1986)가 진로의사결정을 위해 개조한, 특성에 의한 제거 방법(EBA)이 있다. 특성에 의한 제거 방법은 여러 가지 대안을 평가할 때 한 번에 오직 하나의 특성만을 고려하는데, 이 과정에서 고려해야 할 범주를 확인해 주는 장점이 있다. 이 방법은 의사결정을 개선하거나 의사결정 실패에 대처하는 것을 돕기 위한 목적으로 개발되었다(김충기·김희수, 2003). 대차대조표를 활용하는 방법은 먼저 직업대안을 평가할 특성들을 선정하고 직업대안별로 각 특성에 -5점~+5점까지 점수를 부여하는 것이다. 이 중에서 가장 높은 점수를 기록한 대안을 최종 선택한다.

(4) 주관적 예상 유용성을 활용하는 방법

주관적 예상 유용성을 활용하는 방법은 진로의사결정자들이 두 가지 변수를 고려해서 바람직한 결정을 할 수 있는 가능성을 극대화하도록 돕는 것이다. 두 가지 변수는 선택의 결과로 주어질 이익(효용성)과 그 결과가 실현될 가능성이다. 주관적 예상 유용성을 활용하는 방법을 사용할 때 선택을 하기 위해 고려할 특성은 내담자가 주관적으로 선정한다(김충기·김희수, 2003). 주관적으로 선정한 평가할 특성에 대해 직업대안별로 -10점~+10섬까지 점수를 부여하고, 이 점수를 계산해서 가장 높은 점수를 기록한 대안을 최종 선택한다.

(5) 비교 평가를 통한 선택 방법

비교 평가를 통한 선택 방법은 카츠의 이론을 기반으로 아밋과 가티(Amit & Gati, 2013)가 고안한 방식이다. 이 방법은 합리적 사고 과정을 반영한 것이다. 합리적 사고 과정은 '천천히 노력해서 심각하게 관찰하고 숙고'하는 과정을 거쳐 사고가 진행되는 것을 뜻한다(Kahneman, 2003). 분석적이고 의식적인 사고 과정으로 한 번에 제한된 양의 정보만을 순차적으로 처리하며, 직관적 사고 과정에 비해 상대적으로 처리 속도가 느리다(Evans, 2003; 황윤미, 2014 재인용). 그리고 합리적 사고 과정은 여러 개의 대안을 논리적, 외현적, 분석적, 반성적으로 비교하고 평가하는 특징을 지닌다. 비교 평가를 통한 선택에는 합리성을 기반으로 해서 대안의 상대적인 장점을 검토하고 가중치를 매기는 과정을 포함시켰다. 그리고 보상적 방식을 사용하는데, 보상적 방식이란 한 가지 요인에서 낮은 평가를 받아도 다른 요인에서 높은 평가를 받으면 보상이 되어 총점이 가장 높은 대안을 선택하는 방식이다(안광호·곽준식, 2011).

(6) 연상을 통한 선택 방법

연상을 통한 선택 방법은 직관적인 요소를 포함하는 진로결정 개입방법으로, 아밋과 가티가 고안했다. 이 개입방법의 가장 큰 특징은 내담자로 하여금 직업대안에 대한 현재 느낌을 활용하도록 유도한다는 것이다. 직관적 사고는 암묵적, 직관적, 반사적 특징을 지닌 자동화된 사고 과정이다. 에반스(Evans, 2003; 황윤미, 2014 재인용)는 직관적 사고 과정에 대해 한 번에 많은 양의 정보를 빠른 속도로 처리하고 정보의 내용을 맥락화하며 연관학습이 일어난다고 말했다. 그리고 직관적 사고는 종종 감정적으로 사고한다(Kahneman, 2003)는 점도 합리적 사고와 대별되는 특징이라고 할 수 있다. 또한 직관적 사고 과정에는 비보상적인 방식이 적용된다(안광호·곽준식, 2011). 즉 한 요인의 장점이 다른 요인의 약점을 보완해 주지 못한다는 것이다. 그러므로 여러 요인의 장·단점을 비교하고 평가하는 과정과 달리 자신이 중요하게 생각하는 특정 요인을 중심으로 선택하게 될 가능성이 큰 방식이라고 할 수 있다.

(7) 자문을 통한 선택 방법

자문을 통한 선택 방법은 상담자가 적극적으로 개입하는 진로결정 방법으로, 다음의 순서로 진행된다. 첫째, 직업선택을 할 때 고려하는 특성을 나열한다. 둘째, 나열한 특성들에 중요도에 따라 순위를 매긴다. 셋째, 고려하고 있는 직업들과 특성을 비교해서 어떤 대안을 제거할지 결정한다. 이 방법은 최종 선택을 하기 위한 것이라기보다는 선택안을 좁히기 위한 도구로서의 활용도가 더 크다(Gati, 1986). 스트롱(Strong, 1968)이 주장한 바에 따르면, 내담자는 상담자가 전문적이라고 기대할수록 상담자의 충고나 제안을 좀 더 잘 받아들이며 전문성이 확보된 상담자의 지시적인 상담에 대해 높은 평가를 한다고 했다.

3) 합리적 의사결정 훈련

일반적으로 합리적 의사결정의 방법은 총 6단계로 나뉜다. 각 단계별로 과정을 활용함으로써 의사결정을 내리는 기술을 익히도록 학생들을 지도할 수 있다.

(1) 문제의 명료화 단계

효과적인 진로의사결정을 하기 위해서는 우선 자신이 결정해야 할 문제나 주변 상황에 대한 올바른 이해가 필요하다. 자신이 중요시하는 가치를 바탕으로 문제의 핵심을 분명히 해야 한다. 자신의 상황에 대한 이해는 자신이 추구하는 가치와 목표를 그 상황과 관련시켜 정의함으로써 가능하다. 자신의 문제를 해결하기 위해 명확히 해야 할 것은 무엇인지, 문제 속에 대립되는 가치가 있다면 무엇인지, 의사결정의 결과에 따라 영향을 받을 사람은 누구인지 등을 생각해 본다.

(2) 관련 정보의 수집 단계

진로문제의 핵심을 파악한 다음에 관련된 자료를 수집하고 문제해결에 직접적으로 도움이 되는 정보를 탐색하는 단계이다. 과거에 이와 비슷한 상황에서 어떻게 했는지, 해결책을 찾는 데 도움을 받기 위해서는 어떤 것을 검색해야 하는지 등에 대해 잘 생각해 본다. 가능하다면 대안을 많이 찾도록 한다. 정보를 탐색할 때에는 되도록 최신 정보를 검색하고 신뢰성 있는 정보를 수집하도록 한다. 가능하면 여러 가지 방법을 활용해서 정보를 얻는다.

(3) 선택할 수 있는 대안을 열거하는 단계

문제해결을 위한 정보를 탐색한 후에는 문제해결의 구체적인 대안을 찾는다. 문제해결의 목적, 가치, 시간적 여유, 필요조건 등을 충분히 고려해 개방적인 생각으로 대안을 찾아본다. 이 단계에서는 합리적이며 깊이 있는 사고가 요구되는데, 계속적으로 문제를 검토하는 과정에서 통찰력과 종합적인 사고력을 기를 수 있다.

(4) 대안의 비교 및 평가 단계

이 단계에서는 문제를 해결하기 위해 설정한 대안을 평가해 본다. 각각의 대안이 원하는 결과를 어느 정도 얻을 수 있도록 해 주는지 하는 바람직한 정도나 구체적인 실현 가능성, 그 대안을 선택했을 때의 손실 정도 등을 따져 보고 그 결과를 예측해 본다.

(5) 의사결정 단계

대안을 평가한 결과를 바탕으로 순위를 정한 다음 최종적인 의사결정을 실행한다.

(6) 평가 및 재투입의 단계

최종적인 의사결정 과정에서 만족스럽지 못한 선택을 했다면, 가능한 대안들 중에서 다른 하나를 선택하고 2~5단계의 과정을 다시 반복해서 최종 결정을 한다.

참고문헌

김봉환, 정철영, 김병석(2006). 학교진로상담. 서울: 학지사.

김충기, 장선철(2011). 진로상담. 서울: 태영출판사.

안광호, 곽준식(2011). 행동경제학 관점에서 본 소비자 의사결정. 서울: 학현사.

이현림, 김봉환, 김병숙, 최웅용(2003). 현대진로상담. 서울: 학지사.

황매향(2007). 진로의사결정에서 나타나는 타협과정. 서울: 학지사.

황매향, 김영진, 이승구, 전방연(2011). 진로탐색과 생애설계. 서울: 학지사.

황윤미(2014). 진로의사결정의 방법, 단계, 유형이 대학생 진로의사결정의 질에 미치는 영향. 건국대학교 교육학과 박사학위 논문.

Amit, A. & Gati, I.(2013). Table or circles: A comparison of two methodes for choosing among career alternatives. *The Career Development Quarterly, 61*, 50-63.

Amundson, N. E., Harris-Bowlsbcy, J. E., & Niles, S. G.(2013). 진로상담 과정과 기법(*Essential elements of career counseling: Processes and techniques*). 이동혁, 황매향, 임은미 역. 서울: 학지사(원전은 2004년 출판).

Brown, D. & Brooks, L.(2003). 진로상담의 기술(*Career counseling techniques*). 김충기, 김희수 역. 서울: 시그마프레스(원전은 1991년 출판).

Crites, J. O.(1969). *Vocational Psychology*. New York: McGraw-Hill.

Dinklage, L. B.(1968). Decision strategies of adolescents. Unpublished doctoral dissertation. Harvard University, Cambridge, MA.

Gati, I.(1986). Making career decisions: A sequential elimination approach. *Journal of Counseling Psychology, 33*, 408-417.

Gati, I. & Tikotzki, Y.(1989). Strategies for collection and processing of occupational information in making career decisions. *Journal of Counseling Psychology, 36*, 430-439.

Gelatt, H. B.(1962). Decision-making: A Conceptual Frame of Reference for Counseling. *Journal of Counseling Psychology, 9*(3), 240-245.

Harren, V. A.(1979). A model of career decision-making for college students. *Journal of Vocational Behavior, 14*, 119-133.

Janis, I. L. & Mann, L.(1977). *Decision making: A psychological analysis of conflict, choice, and commitment*. New York: Free Press.

Jepsen, D. A. & Dilley, J. S.(1974). Vocational decision making models: A review and comparative analysis. *Review of Educational Research, 44*, 331-349.

Kahneman, A.(2003). perspective on judgment and choice: Mapping bounded rationality. *American psychologist, 58*(9), 697-720.

Katz, M. R.(1963). *Decision and value: A rationale for secondary school guidance*. New York: College Entrance Examination Board.

Krumboltz, J. D.(1989). *The effect of alternative career decision making strategies on the quality of resulting decision*. Palo Alto: Stanford University.

Lambert, M. J.(1992). Implications of outcome research for psychotherapy integration. In J. C. Norcross, & M. R. Goldfried(Eds), *Handbook of psychotherapy integration*(pp. 94-129). New York: Basic Books.

Phillips, S. D. & Pazienza, N. J.(1988). History and theory of the assessment of career development and decision making. In W. B. Walsh & S. H. Osipow(Eds.), *Career Decision Making* (pp.1-31). Hillsdale, NJ, England: Lawrence Erlbaum Associates, Inc.

Strong, S. R.(1968). Counseling: An interpersonal influence process. *Journal of Counseling Psychology, 15*, 215-224.

Tiedeman, D. V. & O'Hara, R. P.(1963). *Career development: Choice and adjustment*. New York: College Entrance Examination Board.

Tolbert, E. L.(1980). *Counseling for Career Development* (2nd ed.). Boston: Houghton Miffin.

Tversky, A.(1972). Elimination by aspects: A theory of choice. *Psychological Review, 79*, 281-299.

3부

진로교육의
운영

7장

진로교육 제도와 정책

문승태

사회 구성원이 경험하고 있는 경제적, 사회적, 문화적 변화는 과학기술의 급속한 발전으로 직업세계를 양적으로나 질적으로 급변시키고 미래의 직업세계가 어떻게 변할지 추측하는 것을 어렵게 했다(정철영, 2011: 1). 그리고 융·복합, ICT 기술과 인간, 창조, 행복 등 새로운 가치를 중심으로 하는 스마트 혁명이 도래하면서 사회 변화의 속도는 가속화되었다. 아울러 지식정보화와 평생학습사회의 요구, 입시 위주 교육의 한계와 폐해, 높은 청년 실업률 등은 진로문제를 우리 사회의 중요한 화두로 떠오르게 했다(이건남, 2014: 132).

이러한 사회 변화를 기저로 진로지도가 학교 현장에 대두되기 시작한 것은 1970년대 서구 사회의 평생교육 본격화와 밀접한 관련이 있다. 이 시기를 전후해서 본격화된 생애교육은 학교 현장의 진로교육으로 구체화되기 시작했다. 진로교육이 대두되면서 학교현장에서는 학생들의 직업 안정에 대한 지도뿐만 아니라 직업적 발달과 적용 등을 포함한 개념으로서의 진로교육을 적용하게 되었다(김승보 외, 2012: 56).

진로교육법의 제정은 진로교육 활성화를 위한 제도적 근거를 마련해 주었다. 이는 초등학교에서 대학까지, 나아가 성인까지 전생애에 걸쳐서 진로개발 역량을 신장시켜 줄 것이다.

이상의 기본적인 배경을 토대로, 이 장에서는 진로교육 제도, 정책, 전달체계에 대한 논의를 전개해 보고자 한다. 진로교육 제도에 대해서는 다시 진로교육 제도화의 필요성과 그 유형, 진로교육의 진일보한 성장에 제도적 촉매제가 되어 줄 진로교육법의 제정과 의의로 세분해서 서술한다. 진로교육 정책에 대해서는 도입과정과 콘텐츠 중심으로, 그리고 진로교육 전달체계에 대해서는 정책 추진체계와 학교급별 진로교육 연계체계로 이분해서 설명한다.

진로는 개인의 생애에서 경험하는 일의 총체이다. 이는 매우 이른 시기에 시작되어 은퇴하는 시기까지 지속되는 발달적 개념이다. 여기에서 전개되는 진로교육은 개인의 삶에 필요한 생애역할, 평생학습, 일, 여가 등에 참여하는 것을 배우고 준비하는 학습 경험의 총체를 의미한다(이지연 외, 2009: 18). 특히 학교에서의 진로교육은 학생이 자신의 소질과 적성을 고려해 진로를 탐색하고 선택하며 선택한 진로를 잘 설계하고 준비하도록 체계적인 학습 경험을 제공하기 때문에 매우 중요하다(정윤경 외, 2012: 3; 이건남, 2014: 132).

이러한 측면에서 진로교육은 단순히 가정에서 이루어지고 가정의 영역을 벗어나면 사라지는 개인적 차원의 문제가 아니라 국가 차원의 절차적 개입이 필요한 부분이라고 할 수 있다. 또한 진로교육(career education)을 학습교육(learning education) 관점에서 본다면, 진로교육은 최근 정부의 적극적인 개입으로 학교교육에서 노동시장으로의 자연스러운 연계를 가능하게 하는 마중물의 역할을 한다.

1) 진로교육 제도의 필요성

진로교육 제도화의 필요성은 교육과 노동시장의 연계에서 국가 개입의 필요성이 증가하고 있다는 점에서 찾을 수 있다. 오늘날 한국 사회는 학력과 일자리 간 불균형이라는 심각한 어려움을 경험하고 있다. 과잉교육으로 인한 대학 졸업 인력의 초과공급 때문에 고학력 청년들이 구직난을 겪고 있을 뿐만 아니라 중소기업 같은 산업 현장에서는 인력난을 겪는 등 노동시장의 구조적 문제가 심각하다(문승태, 2015: 1). 한국의 교육은 미국이나 일본 같은 리그형 교육체계로, 고용의 불안정성과 복지의 취약성이 크게 나타나고 있다. 또한 교육과 노동시장 간의 연계도 취약하다.

이와 같은 상황에서 진로교육의 지원이 대학 진학과 같이 상급학교 진학에 집중되면 청년층의 순조로운 노동시장 이행을 지원하는 데 한계를 보인다(진미석·손유미·김도협, 2012: 355-356).

개인의 진로탐색과 선택에 대한 구조적인 개입의 필요성은 비단 우리나라만의 특수한 상황은 아니다. 따라서 국가 차원에서 변화하는 직업세계에 적응하기 위한 힘을 키우고, 학생들의 소질과 적성에 맞는 꿈과 끼를 체계적으로 발전시키기 위한 제도적 기반을 마련할 필요가 있다. 로봇기술과 인공지능으로 대변되는 4차 산업혁명에 능동적으로 대응하기 위해서는 평생교육과 함께 진로교육이 선행되어 우리나라의 미래 사회를 이끌 창의적 인재를 육성하는 일이 절실히 요청된다.

한편 효과적인 진로교육을 위해 정부, 교육기관, 산업체, 지역사회 등 다양한 주체가 참여해야 하며, 학생들의 진로인식, 태도 형성 및 진로결정에 이르기까지 지원이 중요하다. 그러므로 여러 주체의 역할과 진로교육 전달 방법 등을 규정한 제도가 필요하다.

우리나라의 경우 헌법적 근거를 통해 교육기본법, 초·중등교육법, 산업교육진흥법, 직업교육훈련촉진법, 장애인 등에 대한 특수교육법 등에서 진로교육과 관련한 규정을 부분적으로 두고 있다. 그러나 이들 법률이 갖는 본질적인 한계는 일반적인 교육에 관해 포괄적인 규정이다보니 개별적이고 구체적인 진로교육보다 직업교육 훈련이라는 측면에 한정되어 있다는 점이다(김도협, 2015: 36-37).

진로교육법 제정은 진로교육 발전 패러다임의 변화를 일으킬 것이다. 이번에 마련한 진로교육법의 입법화는 진로교육 발전의 필요조건이며, 충분조건은 진로교육법의 뜻과 철학을 실질적인 진로교육을 통해 구현하는 것이다(정철영, 내일신문 2016.2.24). 우선 체계적인 진로교육을 기반으로 개인의 자아실현과 행복 추구라는 목표를 지도할 수 있으며, 사회적으로는 유능한 인재를 양성하고 적재적소에 배치해 국가는 물론 경제·사회발전에 이바지할 수 있을 것이다.

2) 진로교육 제도의 유형

진로교육이 안정적인 제도적 근거를 갖추고 추진되는 유형은 국가마다 차이를 보인다(진미석·손유미·김도협, 2012: 342-346). 첫째, 진로교육과 관련해 독자적 법과 추진체계를 갖춘 유형이 있다. 이는 국가적 차원에서 진로교육의 목표를 설정하고 강력한 제도화를 통해 진로교육을 적극적으로 실행하는 유형이다. 대표적인 예가 덴마크이다. 덴마크는 진로상담과 진로지도에 대한 특별법을 갖추고 있으며, 교육기본법에 진로교육 의무조항을 명시하고 있다. 교육부에는 진로교육과를 마련해 두어 진로교육 정책에 집중할 수 있도록 하고 있다. 진로교육과 관련한 다양한 참여자의 의견을 수렴하고 조정하는 포럼을 운영하는 등 진로교육의 발전에 많은 에너지를 쏟고 있다.

둘째, 분산된 법과 체계 속에서 진로교육을 실행하는 유형이 있다. 즉 독자적 법과 추진체계를 갖추지는 않았지만 복수의 법과 제도 안에 통일된 진로교육 방향을 설정하고 추진하는 유형이다. 첫 번째 유형보다 추진력은 약하지만 여전히 진로교육의 중요성을 부각시키고 추진한다는 점에서 적극적인 유형이라고 할 수 있다. 영국이 대표적인 경우인데, 교육기본법, 교육훈련법 등에 진로교육 의무규정을 두고 있다. 또한 진로교육 시스템, 국가공인 진로교육 전문가 양성 등을 통해 국가적 차원에서 체계적인 진로교육 서비스를 제공하고 있다. 프랑스의 교육법에도 진로교육을 권리로 명시하고 있다.

셋째, 진로교육을 법제화하지 않고 교육운영 과정에서 면밀히 수행하고 있는 유형이다. 여기에는 독일이 해당한다. 진로교육에 관한 법 규정은 없으나 학교에서 조기부터 진로를 선택하도록 하고 이를 학업 이후 실제 진로선택과 연계하도록 하고 있다. 독일의 진로지도 체계는 직업지도와 학업지도로 이원화되어 있다. 직업지도는 직업을 준비하는 학생들에게, 교육지도는 인문계열에 진학하는 학생들에게 제공되고 있다. 특히 직업지도는 매우 체계적으로 이루어지고 있다.

우리나라의 경우, 진로교육에 대한 법제화의 역사가 상대적으로 짧은 편이다. 최근까지 헌법과 교육기본법, 초·중등교육법, 산업교육진흥법, 직업교육훈련촉진법, 특수교육법에서 부분적으로 규정하고 있었으나, 2015년에 진로교육법이 제정되면서 독립적이고 총체적인 법령 하에 진로교육을 실행할 수 있는 전환점이 마련되었다.

3) 진로교육법의 제정과 의의

우리나라의 경우, 진로교육에 대한 법제화의 역사가 길지 않으며, 앞서 언급했듯이 최근까지 헌법과 교육기본법, 초·중등교육법, 산업교육진흥법, 직업교육훈련촉진법, 특수교육법에서 부분적으로 규정되어 왔다. 그러나 상기의 법률들은 진로교육에 관한 전반적인 내용이나 방법 등을 구체적으로나 시의적절하게 규정하지 못하는 한계를 드러냈다. 또한 진로교육의 대상 면에서도 초등학교와 일반 중·고등학교를 충분히 포괄하지 못하는 등 보편적인 진로교육을 구현하는 데 강력한 제도적 정비가 필요하다는 의견이 많았다(김도협, 2015: 48). 이러한 배경 하에 2015년에 진로교육법, 진로교육법 시행령 및 진로교육법 시행규칙이 동시에 제정 및 시행되었다.

성부는 21세기 미래 대한민국을 이끌 창의인재가 꿈과 끼를 마음껏 펼칠 수 있도록 '행복교육'을 교육정책의 주요 아젠다로 설정하고, 주입식 위주의 경쟁교육에서 자

진로교육법 및 진로교육법 시행령의 진로교육 목표와 성취기준

* 진로교육법 제8조(진로교육의 목표와 성취기준) ① 교육부장관은 「초·중등교육법」 제2조에 따른 학교(이하 "초·중등학교"라 한다) 학생의 발달 단계 및 학교의 종류에 따른 진로교육의 목표와 성취기준의 기본적인 사항을 정하고, 교육감은 교육부장관이 정한 범위에서 지역의 실정에 맞는 진로교육의 목표와 성취기준을 정할 수 있다.

② 교육부장관과 교육감은 제1항에 따른 진로교육의 목표와 성취기준을 교육과정에 반영하여야 한다.

③ 제1항 및 제2항에 따른 진로교육의 목표와 성취기준의 수립·시행에 필요한 사항은 대통령령으로 정한다.

* 진로교육법 시행령 제3조(진로교육의 목표와 성취기준) 교육부장관은 법 제8조제1항에 따라 진로교육의 목표 및 성취기준을 수립하려는 경우 「교육과정심의회 규정」 제1조에 따른 교육과정심의회의 심의를 거쳐야 한다. 수립된 진로교육의 목표 및 성취기준을 변경하려는 경우에도 또한 같다.

신의 적성과 재능을 발견하고 사고력을 키우는 질 높은 교육으로의 전환을 모색하고 있다.

진로교육법은 학교 진로교육 및 진로체험의 활성화와 전문적이고 체계적인 진로교육 정책의 지원, 지역사회 협력 시스템 활성화 등으로 진로교육의 성과 및 책무성을 명시하고 있다. 아울러 국민으로 하여금 급속한 경제적 환경 및 산업구조에 능동적으로 대처하도록 해서 자신의 행복한 삶과 사회의 발전에 이바지할 수 있는 기반을 확보하도록 했다(문승태, 2015: 96-97).

진로교육법의 중요한 의의를 첨언하면 다음과 같다. 첫째, 국가적 수준에서 진로교육의 기본 방향을 제시하고 있다는 점에 중차대한 의미를 부여할 수 있다. 진로교육법에서는 변화하는 직업세계와 평생학습사회에 대응하기 위한 진로개발 역량의 함양을 목표로 다양한 주체들의 참여 속에서 체험을 중심으로 한 교육 방향을 명시하고 있다. 또한 국가와 지자체 등의 책무를 명시하고 있다. 국가와 지자체는 사회적 배려 대상자를 아우르는 진로교육 활성화를 위한 시책을 마련해야 하며, 진로체험 기회 제공의 의무를 갖는다.

둘째, 진로교육법에서는 진로교육 정책 수립을 위한 현황조사를 의무화하고 있다. 진로교육 현황조사에는 학생의 상급학교 진학 및 취업 등의 진로 현황, 진로교육 관련 인력 및 시설 현황, 진로교육 프로그램의 운영 현황, 학교와 지역사회의 협력 실태, 학교 수업에서의 진로교육 실태 등이 포함된다. 그리고 현황조사 결과는 국가진로교육센터 또는 교육부 홈페이지 등을 통해 공개된다.

셋째, 진로교육의 목표와 수단에 대해서는 초·중등 교육기관과 대학교로 나누어 규정하고 있는데, 초·중등학교의 진로교육은 그 목표와 성취기준을 국가적 수준에서 수립하고 교육과정에 반영될 수 있도록 하고 있다. 또한 초·중·고등학교에 1명 이상의 진로전담교사를 두어 진로탐색 및 선택과 관련한 진로상담, 진로체험, 진로심리검사 등이 이루어지게 했다. 특히 초·중·고등학교의 진로교육 집중학년·학기제를 명시함으로써 진로교육 집중학년·학기제 추진의 법적 근거를 마련했다.

넷째, 진로교육 지원체계를 제시하고 있다. 국가적 차원에서의 진로교육 지원 기구로 국가진로교육센터를 두고 각종 인프라와 콘텐츠 구축의 역할을 부여했다. 지역 차원에서는 지자체, 공공기관, 대학, 지역사회단체 등이 참여하는 지역진로교육협의회가 있으며, 대학의 진로교육 활성화를 위해 교육청과 대학 간 협력체계 구축을 의무화하고 있다. 또한 진로교육에 학부모, 지역사회, 졸업생의 참여 방안을 모색하도록 함으로써 중앙과 지방, 행정기관과 교육기관, 학교와 학부모의 참여를 아우르는 지원체계를 명시했다.

특히 2016년부터 전면적으로 실시한 중학교 자유학기제와 초등 진로교육 집중학년(기)제는 진로교육법의 제정과 더불어 학교교육에서 진로교육의 비중을 더 높였다. 이로써 공교육에서의 진로교육이 좀 더 확대될 것으로 기대된다.

2 진로교육 정책

정책은 일반적으로 개인이 혼자 힘으로 해결하기 어려운 사회문제를 정부 주도 하에 취하는 일련의 방침이나 수단을 의미한다. 진로교육 정책은 진로교육을 국가적 차원의 문제로 상정해서 전생애에 걸친 진로발달을 담보하기 위해 정부가 입안한 각종 방침이나 대안을 의미한다고 할 수 있다.

정책은 이를 결정하는 주체와 집행해야 할 내용으로 구분할 수 있다. 우리나라에서는 현재 교육부가 주체가 되어 진로교육 정책을 대거 양산하고 있으며, 진로교육 인프라의 구축, 프로그램의 내실화, 전문인력 확대 3개의 축을 주요 내용으로 해서 구성되어 있다.

1) 진로교육 정책의 도입 과정

초기 진로교육 정책은 진로교육의 범정부적 지원체제가 구축된 것으로 특징지을 수 있다. 기존의 진로교육 업무에서는 진로교육만을 전략적으로 시행하는 정책이 진행되지 못했으며, 교육부와 시·도 교육청, 일선 학교의 연계 하에 수직적으로 진행되었다.

그러다가 2001년 '제1차 국가인적자원개발기본계획'에서 진로교육에 대한 국가의 책무성이 강조된 이후, 2004년 사교육비 경감 대책으로 진로지도 강화 방안이 제시되면서 진로교육을 적극적으로 실천할 협의체로 '전국진로지도협의회'가 구성되어 범정부적 진로교육 지원체제가 구축되었다. 이를 비롯해 2005년 국가진로교육 지원체제 구축 방안을 근거로 2006년 인적자원개발회의 산하 '국가진로교육전문위원회'가 구성되어 9개 정부부처가 진로교육을 함께 논할 수 있는 장이 마련되었다(정철영 외, 2015: 158.).

국가진로교육전문위원회에서는 교육인적자원부를 비롯해 노동부, 과학기술부 등 9개 부처 및 전문가가 참여해 '평생진로개발 활성화 5개년 계획'을 발표했다. 이는 여러 부처에서 산발적으로 추진되던 진로교육을 체계화하고 진로개발을 위한 국가의 역할과 책무를 강조했다는 점에서 의미 있는 계획으로 평가된다.

이후 진로교육 정책은 교육부를 중심으로 진행되었고, 교육과학기술부, 노동부, 보건복지가족부가 2010년 '진로교육 종합계획'을 발표한 후 해마다 시행계획을 수립해 오고 있다. 또한 2012년에는 국가 차원에서 처음으로 '학교 진로교육 목표와 성취기준'을 발표했다. 이어 2013년 진로교육 활성화 방안에서는 개인 맞춤형 진로설계 지원을 목표로, 전국 모든 중학교에 진로진학상담교사를 배치하도록 했다. 2014년의 진로교육 계획에서는 시·군·구별로 지역진로교육협의체와 자유학기·진로체험지원단을 통해 지역사회와의 협력체계를 구축하고 진로체험 자원을 확보하고자 했다.

이렇듯 그간 진로교육을 위한 제도적 기틀과 추진체계를 마련하고 체험을 중심으로 하는 등 진로교육의 질을 제고하기 위한 다양한 노력이 수행되었다. 그럼에도 학생 개개인의 진로개발역량 향상 지원은 미약했고, 진로체험 프로그램 등에 대한 질 관리도 부족했다는 지적이 있었다. 이러한 배경 하에 2016년에는 '2016년 진로교육 활성화 계획'이 발표되었고, 2016년 4월 5일 국무회의 의결을 걸쳐서 '제2차 진로교육 5개년 기본계획(2016-2020)'[1]이 발표되었다.

지금까지 도입된 일련의 진로교육 정책이 지향하는 바는 크게 3가지로 수렴될 수 있다. 첫째, 개인의 특성에 기반한 맞춤형 진로교육으로 둘째, 진로교육에서 진로체험의 진로교육으로 셋째, 다양한 참여 주체를 포괄하고 범사회적인 지원체제를 구축한다는 것이다.

2) 진로교육 정책의 내용

진로교육 정책은 2015년의 진로교육법 제정과 2016년의 '제2차 진로교육 5개년 기본계획' 발표에 따라 활발히 진행되고 있다. 교육부를 중심으로 수립되고 시행되고 있는 진로교육의 내용은 크게 진로교육 지원체계 구축, 진로교육 프로그램 내실화, 진로교육 전문인력 양성 및 전문성 제고 요소로 나누어 살펴볼 수 있다. 각 요소에 따른 세부 정책 내용을 정리하면 표 7-1과 같다.

표 7-1 진로교육 정책 분류

진로교육 지원체계 구축	진로교육 프로그램 내실화	진로교육 전문인력 양성 및 전문성 제고
• 진로교육 전담기관 및 협력 네트워크 구축 • 진로개발 역량 지표 개발, 보급 • 진로정보제공 • 학부모 진로교육 제공	• 교육과정 내 진로교육 확대 • 진로교육 집중학년·학기제 시행 • 진로심리검사 및 상담 실시 • 진로체험 확대, 강화 • 대상별 진로교육 강화	• 진로전담교사 양성 및 배치 • 진로전담교사 자원인력 확대 • 진로교육인력 전문성 제고

(1) 진로교육 지원체계(인프라) 구축

진로교육은 학교에서만 이루어지지 않는다. 개개인의 개성 분석, 진로탐색, 역량 신장 및 진로선택에 이르는 일련의 과정에는 다양한 주체의 참여가 필요하고, 각 주체

---

1   기존의 1차 계획이 초·중등학생을 대상으로 소질과 적성 중심의 진로선택을 위한 체험 위주의 진로교육을 지원하는 데 초점을 두었다면, 이번 2차 계획은 진로교육법 시행과 더불어 초등학교에서 대학까지 체계적으로 꿈과 끼를 살리는 행복한 진로를 설계할 수 있도록 개개인의 특성을 감안한 맞춤형 진로개발 역량 신장과 국가진로교육센터 지정 등 범사회적 진로교육체계 구축을 통해 미래형 창의적융합인재를 양성하는 데 주안점을 두었다.

는 고유한 역할을 수행한다. 국가와 사회, 가정까지 아우르는 진로교육 지원체계를 구축해 개인의 진로개발이 단절되지 않고 진로개발 과정에서 각 시기에 적절한 지원을 받을 수 있도록 해야 한다.

우리나라의 진로교육 정책 역시 이러한 관점에서 지원체제를 구축하고 각 주체 간 연계를 강화하기 위한 노력을 지속적으로 기울이고 있다. '2005년 평생진로개발 활성화 5개년 계획'에서 시·도 교육청의 진로교육 업무 강화가 명시되고 진로체험이 강조됨에 따라, 이를 지원하기 위한 진로교육 지원체계를 구축해 오고 있다(정철영 외, 2015: 158). 이 진로교육 지원체계는 중앙-지방, 국가-사회-가정을 아우르는 방향으로 체계화되고 있다.

2016년에 발표된 '제2차 진로교육 5개년 기본계획'에서는 국가진로교육센터와 지역진로교육센터, 범정부협의체, 지역협의체, 전문기관협의체 등을 구축해 국가적 수준의 진로교육 정책과 지역의 산업 및 여건이 반영된 진로교육이 이루어질 수 있도록 했다. 진로탐색이 가정에서 단절되지 않도록 학부모의 진로교육 역량도 강화되고 있다. 학부모에 대한 교육과 함께 진로정보에 대한 접근을 쉽게 해서 학부모가 참여하는 진로교육 공동체 형성의 밑거름을 다지고 있다.

진로교육 지원체계에서 국가 수준의 '학교 진로교육 목표와 성취기준'은 진로교육 지표의 보급이라는 중요한 의미를 갖는다. 진로교육 지표는 국가가 지향하는 목표를 기준으로 현행 진로교육의 수준과 현황을 파악하고 앞으로 나아갈 방향을 제시하는 데 활용되고 있다. 교육부와 한국직업능력개발원은 매년 학교, 학생, 학부모를 대상으로 학교 진로교육 현황조사를 실시하고 그 결과를 발표하고 있다.

또한 시·도별 진로교육 정책의 격차를 완화하고 진로교육의 질적 수준을 제고하기 위해 시·도 교육청의 진로교육 평가가 강화되고 있다. 또한 평가된 내용을 바탕으로 컨설팅도 진행되고 있다.

진로교육 지원체계의 또 다른 요소로는 종합진로정보망을 들 수 있다. 학생들이 선호하는 직업이나 전공은 대체로 전문성이 높은 분야이지만, 실제 대학 진학 및 고용에서는 이와 다른 양상을 보인다. 그만큼 진로에 대한 희망과 향후의 선택 간에 많은 격차가 실제로 존재하고 있다는 것이다(장현진 외, 2015: 352-353). 따라서 학생들이 자신의 소질과 적성 및 여건 등을 충분히 고려해 진로선택을 할 수 있도록 다양한 직업세계에 대한 정보를 안내하고 현실적인 진입 방법 등의 정보를 제공할 필요가 있다.

종합진로정보망은 진로검사 및 상담, 직업 및 진로교육자료 등을 제공함으로써 단위학교에서 제공하는 데 한계가 있는 진로 관련 정보와 서비스를 이용할 수 있도록 하는 체계이다. 대학생, 학부모 등도 진로 관련 정보를 얻을 수 있을 뿐만 아니라 개개인이 진로탐색 활동을 하면서 이력도 쌓을 수 있어, 개인의 진로개발 과정에서 지속적으로 폭넓은 지원을 받을 수 있다.

(2) 진로교육 프로그램 내실화

진로교육 정책의 내용은 교육과정에서의 진로교육, 진로교육 집중학년·학기제, 진로심리검사 및 상담, 진로체험, 대상별 진로교육으로 나누어 살펴볼 수 있다. 먼저 정규 교육과정 내에 진로교육 내용을 포함하고 이를 확대할 필요가 있다. 현재 중등학교에서는 '진로와 직업'이라는 선택과목을 두고 있고, 일반교과와도 연계되는 진로교육 교수·학습 자료를 개발해 보급하고 있다. 또한 교육과정의 '창의적 체험활동' 영역에 '진로활동'을 포함해 학생의 발달 수준 및 학교 여건 등에 따라 자율활동, 동아리활동, 봉사활동 등과 연계되도록 하고 있다.

다음으로, 교육과정에서 실질적인 체험을 통해 집중적으로 진로를 탐색할 수 있는 기회를 제공하고자 하는 제도가 진로교육 집중학년·학기제이다. '진로교육 집중학년·학기제'란 학생 스스로 개인의 소질과 적성에 맞는 진로 탐색 및 진로개발역량 강화를 목적으로 초·중·고등학교 특정 학기동안 교과연계 진로수업 및 '진로와 직업' 선택교과 운영, 진로체험 교육과정을 집중적으로 운영하는 제도(진로교육법 제13조)로 교육감이 지정·운영한다.

한편 '자유학기제'는 중학교 한 학기(1학년 1학기 및 2학기 또는 2학년 1학기)동안 학생들이 중간·기말고사 등 시험 부담에서 벗어나 꿈과 끼를 찾을 수 있도록 수업을 토론, 실험·실습, 프로젝트 학습 등 학생 참여형으로 개선하고, 진로탐색 활동 강화와 함께 다양한 체험 활동이 가능하도록 교육과정을 유연하게 운영하는 제도이다.

진로교육법 및 진로교육법 시행령의 진로교육 집중학년 · 학기제

* 진로교육법 제13조(진로교육 집중학년 · 학기제) ① 「초 · 중등교육법」 제24조에도 불구하고 교육감은 특정 학년 또는 학기를 정하여 진로체험 교육과정을 집중적으로 운영하는 진로교육 집중학년 · 학기제를 운영할 수 있다.

② 제1항에 따른 진로교육 집중학년 · 학기제의 운영에 필요한 사항은 대통령령으로 정한다.

* 진로교육법 시행령 제6조(진로교육 집중학년 · 학기제 운영) ① 교육감은 법 제13조제1항에 따른 진로교육 집중학년 · 학기제(이하 "진로학기제"라 한다)를 운영하려는 경우에는 학생 및 학부모의 의견과 대상 학교의 실정 등을 고려하여야 한다.

② 교육감은 진로학기제를 「초 · 중등교육법 시행령」 제44조제3항에 따른 자유학기와 연계 · 통합하여 운영할 수 있다.

③ 제1항과 제2항에서 규정한 사항 외에 진로학기제 운영에 필요한 세부사항은 교육감이 교육부장관과 협의하여 정한다.

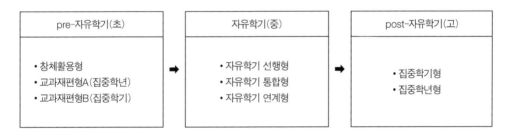

그림 7-1 자유학기 연계 진로교육 집중학년 · 학기제 모형

출처: 교육부(2016), 내부자료

그리고 개인 맞춤형 진로교육을 하는 경우에 진로심리검사와 진로상담은 개인에게 가장 기초가 되는 자료이므로 각 학교급별로 적절한 진로심리검사를 실시해야 한다. 교육부는 초등학생을 대상으로 직업흥미도검사, 중학생을 대상으로 직업적성검사,

중·고등학생을 대상으로 진로성숙도검사, 고등학생을 대상으로 직업 가치 중 만족시키고 싶은 가치를 측정하는 직업가치관검사를 실시해서 진로교육의 기초자료로 활용할 것을 권장하고 있다. 진로상담 역시 대상의 진로결정 및 활동 수준에 따라 세분화해, '진로정보탐색-진로경로설계-학교생활설계-학습설계'라는 개인의 장기적인 진로발달 과정에서 현실적으로 탐색하고 선택할 수 있도록 지원하고자 한다(교육부, 2016b: 25). 이때 적성검사, 진로심리검사, 진로상담 등은 종합진로정보망 등을 통해 폭넓은 대상을 아우를 수 있는 수단이 되어야 한다.

진로교육은 활동 중심 수업과 진로체험 등을 통해 인성, 사회성, 자기주도적 학습 능력을 함양하도록 한다(이지연, 2013: 15). 진로교육의 근본적인 목적을 달성하기 위해서는 학생들의 진로발달 과정에 진로체험을 폭넓고 꾸준하게 제공할 필요가 있다.

우리나라의 진로교육 정책 역시 체험을 강조하며, 학생들에게 체험의 기회를 확대하고자 많은 노력을 기울이고 있다. '평생진로개발 활성화 5개년 계획'에서부터 지속적으로 체험을 통한 진로교육이 강조되어 왔는데, 특히 중학교 자유학기제가 시행되면서 진로체험처 확대 및 질적 개선 요구가 높아지고 있다.

정부는 공공기관에서부터 진로체험 제공을 의무화하고, 청소년수련시설, 잡월드 등 정부 운영 체험시설도 정비하는 중이다. 그러나 진로체험처의 양적 확대와 질적 성장을 위해서는 민간 부문과 지역사회의 협력이 필요조건이다. 대학과 중·고교 연계를 통해 진로체험 프로그램 등 진로체험 기회를 제공하고, 경제단체들의 참여를 통해 실제 직업세계를 경험해 볼 수 있는 체험처를 확보해야 한다. 이를 위해 정부는 기업과의 업무협약 등을 통해 진로체험처 제공 참여를 유도하고 있으며, 진로체험의 질을 높이고자 진로체험기관 인증제 등과 같은 제도를 시행하고 있다.

마지막으로, 진로교육 프로그램의 내실화를 위해 대상별 진로교육을 특화할 필요가 있다. 특수교육대상학생, 북한이탈주민학생 등 진로취약계층은 진로교육에 대한 인식과 관심이 저조하기 때문에, 진로탐색 및 선택의 특수성이 고려되어야 한다. 특수교육대상 학생에게는 유형별로 적합한 진로정보와 진로체험의 기회를 제공해야 한다. 그리고 장애인 고용 관련 기관과의 연계를 통해 진로교육과 취업이 이루어질 수 있도록 해야 한다. 이 밖에도 북한이탈주민학생, 다문화학생, 학교 밖 청소년 등 진로탐색 및 체험에서 특수한 경로가 필요한 학생들에 대한 적극적인 접근과 효과적인 교육과정을 제공해야 한다.

(3) 진로교육 전문인력 양성

진로교육에 대한 근본적인 요구와 그것의 목적이 개개인의 다양한 적성과 꿈을 살리고 나아가 사회의 수요와 인력의 공급에 대한 균형을 이루는 것이라는 점을 고려할 때, 개인 맞춤형 진로교육이 필요하다. 진로상담은 개인 맞춤형 진로교육의 실현에 필수적인 수단이며, 이를 전담한 인력의 전문성이 진로교육의 효과에 큰 영향을 미친다.

진로교육의 전문인력이라고 할 수 있는 진로진학상담교사는 일정한 자격을 갖추고 교육감에 의해 임명된 교사이며, 학생의 진로개발 능력을 신장시키기 위해 진로교육 관련 교과활동, 진로·진학지도 관련 활동을 수행하는 보직교사로 단위학교의 진로진학상담을 총괄한다.

진로진학상담교사의 도입 배경은 자기주도학습전형, 입학사정관전형 등 입학전형에서 학생을 입체적으로 평가하려는 추세와 맞물려 맞춤형 학습 및 진로·진학설계에 대한 요구가 높아진 데서 찾을 수 있다(김나라 외, 2012).

정부는 진로교육 인적 인프라를 강화하기 위해 '2011년 현장중심 진로교육 활성화 방안'을 발표해 진로진학상담교사를 배치·운영하기 시작했으며, '2013년 진로교육 활성화 방안'을 통해 2014년까지 모든 중학교와 고등학교에 진로진학상담교사를 전면 배치했다. 2015년 기준으로 중·고등학교의 진로전담교사 배치율은 95.3%이다. '제2차 진로교육 5개년 기본계획'에서는 2020년까지 100% 배치를 목표로 하고 있다.

또한 진로진학상담교사의 전문성을 강화하기 위해 지금까지 부전공 연수(570시간) 과정을 통해 양성하였으나, 2017년부터는 교육대학원에 별도의 교육과정을 설치해 양성할 계획이다. 초등학교에도 우선적으로는 연수를 통해 진로전담교사를 배치할 예정이다(교육부, 2016b).

한편 학부모 진로코치, 커리어 코치 등과 같은 보조인력을 두고 있음에도 중·고등학교 1개당 1명의 진로진학상담교사만으로는 단위학교의 진로교육을 총괄·운영하기에는 한계가 있으며, 현재의 자격연수 형태로 양성해서는 전문성을 보장하기가 어렵다. 그러므로 진로진학상담교사 양성을 위한 전문적인 교육과정이 필요하며, 진로교육 보조지원인력 외에 교과교사의 적극적인 참여를 이끌어낼 필요가 있다. 이를 위해서는 교원 양성과정에서 초·중·고 예비교사를 대상으로 하는 진로교육 관련 교육과정을 강화해야 한다(교육부, 2016b)

또한 특정 대상의 진로교육을 담당하는 교육자들에 대한 지원도 필요하다. 현재 교육부는 다문화학생, 북한이탈주민학생 등에 대한 진단 및 처방을 위한 진로상담 매뉴얼을 개발해 보급할 계획이고, 사회적 배려대상자에 대한 담당교사의 진로지도 전문성 신장을 위한 연수 및 정보 제공도 강화할 방침이다.

3 진로교육 적용체계

진로교육에 대한 제도적 기반을 공고히 다지고 정책 목표를 달성하기 위한 콘텐츠가 구상되었다면, 이를 적용할 체계가 정립되어야 한다. 진로교육 정책을 효과적으로 적용하기 위해서는, 중앙부처에서부터 일선 단위학교에 이르기까지 수직적으로 연계되는 체계뿐만 아니라 진로교육과 관련된 유관기관, 민간 부문, 지역사회에 이르는 광범위한 스펙트럼의 수평적 연계체계도 병존해야 한다. 또한 진로교육은 일정 시기의 어느 한 교육기관에서 완결될 수 있는 것이 아니므로, 상위학급으로 진급해도 승계될 수 있도록 단계별로 접합된 장기적 과정을 운영해야 한다.

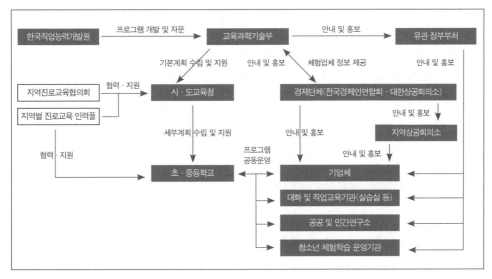

그림 7-2 진로교육 참여 주체

출처 : 교육과학기술부(2012)

1) 정책 적용체계

현재 우리나라에는 진로교육의 건실한 법적 초석인 진로교육법이 제정되어 있고, 진로교육 목표와 성취기준 공유를 통해 국가적 수준에서 진로교육 정책을 추진하고 있다. 진로교육 정책이 각 지역과 단위학교에 이르기까지 차질 없이 전달되기 위해서는 중앙과 지방, 학교 및 지역사회가 긴밀히 연계되는 적용체계가 필요하다.

진로교육법에서도 진로교육은 국가와 지역사회의 협력과 참여 속에 다양한 사회적 인프라를 활용해서 이루어져야 한다고 명시하고 있다. 즉, 효과적인 진로교육을 하기 위해서는 중앙과 지방, 민과 관, 행정기관과 교육기관을 아우르는 수직적·수평적 거버넌스 체제가 필요하다.

(1) 수직적 적용체계

먼저 중앙에서부터 지방 및 각 학교를 연계하는 수직적 적용체계에 대해 살펴보자. 중앙부처는 국가적 차원의 진로교육의 목표와 기준을 수립함으로써 일관적이고 대등한 수준의 진로교육이 이루어질 수 있도록 해야 한다. 또한 진로진학상담교사의 역량 강화 및 진로교육 제공 관련 각종 인프라 구축에 힘써야 한다.

정부는 진로교육법에 근거해 국가진로교육센터를 운영하고 있다. 국가진로교육센터는 진로정보망 구축 및 개발, 진로심리검사 개발, 진로상담 지원, 진로체험 프로그램 개발, 교육 콘텐츠 개발 등 진로교육의 내용과 인프라 구축에 중요한 역할을 담당하고 있다. 이에 더하여 교육부는 진로교육과 관련한 타 부처와의 소통과 협력을 통해 진로교육이 전생애에 걸쳐 체계적으로 이루어질 수 있도록 해야 한다.

그리고 시·도 교육청에서는 국가 진로교육 목표와 기준 범위 안에서 지역의 특성을 반영한 목표와 성취 기준을 수립해야 한다. 또한 지역진로교육센터[2] 운영을 통해 지역의 여건 및 실정에 맞는 진로정보를 제공하고 진로콘텐츠를 개발하며 지역의 진로체험 기회를 발굴하고 제공해야 한다. 교육 지원청은 관할 지역 단위학교의 진로교육을 실질적으로 지원하고 있다.

또한 진로준비 및 선택이 이루어지는 고등교육기관의 진로교육은 중앙으로부터의 직접적인 정책 대상이 된다. 교육부는 학부교육선도대학 육성(ACE), 산업연계교육 활성화 선도대학(PRIME) 사업 등을 통해 대학교의 진로 맞춤형 교육과정 변화를 유도해가고 있다.

(2) 수평적 적용체계

효과적인 진로교육 정책이 전달되기 위해서는 상기의 교육부에서 일선 단위학교를 잇는 수직체계 외에도 유관기관 및 민간을 아우르는 수평적 체계가 필요하다. 진로교육의 목표와 성격 자체가 학교뿐만 아니라 가정과 지역사회의 역할을 필요로 하기 때문이다. 이에 정부는 진로교육과 관련한 각종 협의체를 구축하고 운영을 지원하고 있다. 대표적으로 '자유학기제진로체험협의회'는 국가적 수준의 협의체로, 부처와 지자체, 공공기관이 진로교육 사업을 조정하는 기구이다. '지역진로교육협의회'는 각 지역의 교육감이 구성하며 지역 진로교육을 지원하기 위해 지자체와 공공기관, 대학, 지

---

2   시·도 단위 지역진로교육센터와 자유학기제 진로체험센터가 지역 교육지원청 단위로 운영되고 있다.

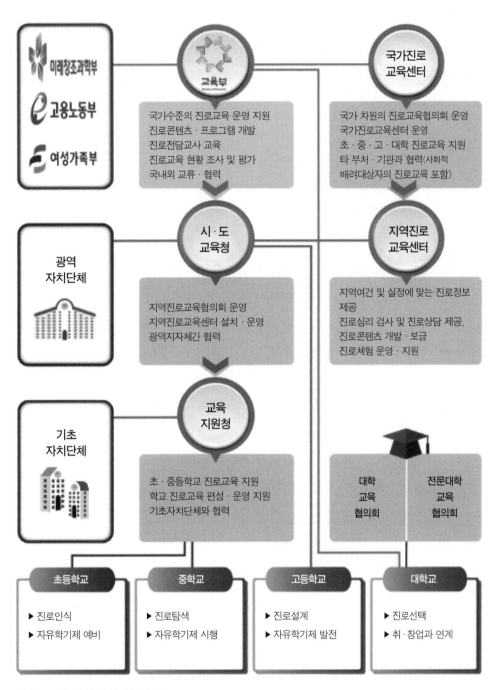

그림 7-3 **진로교육 정책 추진체계**

출처 : 교육부(2016a)

역사회단체 등이 참여하는 기구이다. 또한 한국직업능력개발원, 한국교육학술정보원, 한국청소년정책연구원, 한국고용정보원, 한국과학창의재단 등의 전문기관이 참여하는 협의체는 진로교육 정책의 전문성을 담보하는 데 도움을 준다(교육부, 2016a: 30).

2) 학교급별 진로교육 적용체계

진로교육은 개인의 삶에 필요한 생애역할, 평생학습, 일, 여가 등에 참여하는 것을 배우고 준비하는 학습 경험의 총체로(이건남, 2014: 132), 자아이해에서부터 직업세계의 이해, 진로탐색, 진로설계 및 선택에 이르는 장기적이고 체계적인 과정이다.

이러한 진로교육의 목적은 진로발달이다. 진로발달은 개인의 삶을 통해 연속적으로 이루어지는 일련의 과정으로, 진로교육이 삶의 어느 한 시점에만 집중된다면 그 효과는 극히 제한적일 수밖에 없다(김충기·김현옥, 2004: 102-108). 따라서 진로교육은 학교급별로 단계적인 상승곡선을 타게 되는데, 이는 직업 성숙의 4단계에 대응하는 구조를 갖는다.

첫째, 인식 단계는 주로 초등학교 단계로, 일의 세계에 대한 일반적인 본질과 일 지향적인 사회의 가치에 친숙해지도록 돕는다. 둘째, 탐색 단계는 중학교 시기로, 다양한 일의 장면 속에서 학생들이 자기 자신을 인식하도록 도우며, 생애유형을 이해하고 일의 가치가 다양하다는 것을 인식하도록 돕는다. 셋째, 고등학교 또는 그 이후의 단계로 직업 선택의 단계가 있다. 마지막은 실행 단계로, 직업을 갖기 위한 준비와 직업 정치, 직업에서의 성공을 돕는다(김충기·김현옥, 2004: 32-33.).

따라서 진로교육은 초·중등·고등교육기관과 성인 시기까지 장기적으로 추진되어야 한다. 뿐만 아니라 각 학교급별 진로교육이 연계성을 갖고 이루어져야만 효과를 극대화할 수 있다. 정부의 진로교육 기본계획에도 진로교육을 계획하고 운영하는 데 학교급별 특성을 반영하고 있으며, 정책의 연계성을 높이기 위해 학교급별로 진로교육 목표와 내용을 제시하고 있다.

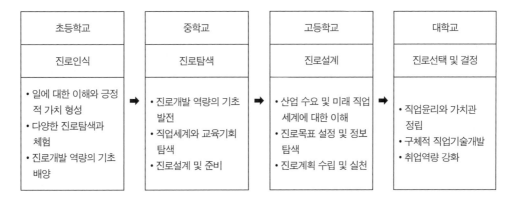

학교 진로교육 공통 목표
학생 자신의 진로를 창의적으로 개발하고 지속적으로 발전시켜 성숙한 민주시민으로서 행복한 삶을 살아갈 수 있는 역량을 기른다.

초등학교	중학교	고등학교	대학교
진로인식	진로탐색	진로설계	진로선택 및 결정
• 일에 대한 이해와 긍정적 가치 형성 • 다양한 진로탐색과 체험 • 진로개발 역량의 기초 배양	• 진로개발 역량의 기초 발전 • 직업세계와 교육기회 탐색 • 진로설계 및 준비	• 산업 수요 및 미래 직업 세계에 대한 이해 • 진로목표 설정 및 정보 탐색 • 진로계획 수립 및 실천	• 직업윤리와 가치관 정립 • 구체적 직업기술개발 • 취업역량 강화

그림 7-4 학교급별 진로교육 목표 및 내용

출처 : 교육부(2016b)

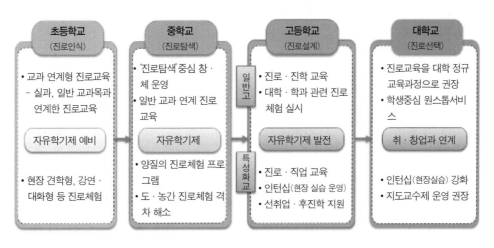

그림 7-5 학교급별 진로교육 체계

출처 : 교육부(2016a)

(1) 초·중등 교육기관의 진로교육

진로교육의 측면에서 볼 때, 초등학교 시기는 자아나 일과 직업에 대한 기본적인 개념이 형성되고 진로의사결정 능력이 형성되는 등 진로발달의 싹이 트는 때이다(서우석, 2000: 169). 초등학교에서의 진로교육은 초등학생들이 직접적인 경험을 통해 올바른 인식과 긍정적인 태도를 형성하도록 하고 이들의 진로발달을 도모하는 데 의의를 지니고 있다(이건남, 2014: 132).

초등학교 시기에 형성된 진로에 대한 인식과 태도는 향후 상위의 교육기관에서의 진로탐색 및 설계에 중요한 토대가 된다. 초등학교 시기에 이미 직업의 사회적 가치에 대한 인식이 형성되는데, 초등학생은 학년이 올라감에 따라 자신의 진로목표를 점차 축소하거나 구체화해 간다. 즉 초등학교 고학년이 되면 사회에서 인식되는 직업의 지위, 자신의 만족과 능력을 고려해 자신의 진로목표를 구체화한다. 이러한 진로목표의 축소 및 설정이 비록 불완전할지라도, 이 시기에 나름대로 직업에 대한 사회적 가치체계를 발달시켜 간다.

'2015 진로교육 목표 및 성취기준'은 초·중·고등학교의 교육과정 내에서 진로교육이 갖는 목표를 제시하고 있다. 이와 같은 진로교육 정책 목표는 초·중등학교 교육과정에 잘 나타나 있다.

2015년에 개정된 초·중등 교육과정이 추구하는 인간상은 "전인적 성장을 바탕으로 자아정체성을 확립하고 자신의 진로와 삶을 개척하는 자주적인 사람"이다. 이는 초·중등학교 교육에서는 무엇보다도 학생들의 전인적 성장을 도모해야 하고, 전인적 성장을 위해 학생들의 지·덕·체가 고루 발달해 균형 잡힌 인격체로 성장할 수 있도록 지도해야 하며, 학생들은 미래 사회를 살아가는 데 필요한 지식과 기술, 태도와 행동을 배울 뿐만 아니라 자신의 몸과 마음을 건강하게 발달·유지시킬 수 있어야 함을 의미한다(이건남, 2014: 134).

또한 이러한 인간상을 구현하기 위해 교과교육을 포함한 학교교육 전 과정을 통해 중점적으로 기르고자 하는 핵심역량 가운데 하나가 "자아정체성과 자신감을 가지고 자신의 삶과 진로에 필요한 기초 능력과 자질을 갖추어 자기주도적으로 살아갈 수 있는 자기관리 역량"이다.

초등학교 교육과정은 교과군과 창의적 체험활동으로 나뉘는데, 창의적 체험활동에 '진로활동'이 포함된다. 초등학교에서의 진로활동 지침에는, 학생들이 개성과 소질을 인식하고 일과 직업에 대해 편견 없는 마음과 태도를 갖도록 지도하며, 학교 및 지역사회의 시설과 인적 자원 등을 활용해 직업세계의 이해와 탐색 및 체험의 기회를 제공하도록 하고 있다.

중학교 교육과정에서의 진로교육은 초등학교와 마찬가지로 교과 영역과 창의적 체험활동으로 나뉜다. 교과 영역에는 선택과목으로 '진로와 직업'이 있으며, 정부는 2020년까지 이 과목을 95% 이상으로 확대·편성하려는 목표를 설정하고 있다(교육부, 2016a: 7).

한편 중학교 교육과정에서는 자유학기제 운영을 통해 적성과 미래를 탐색하고 자기주도적 학습 능력을 배양하도록 하고 있다. 즉 학생들의 시험 부담을 경감하고 학생이 중심이 되는 수업을 실시해 주체적으로 적성과 진로를 찾을 수 있도록 지원하는 것이다(권일남, 2015: 19). 학생이 자유학기에 다양한 자원을 활용해 진로를 탐색하고 설계할 수 있도록 무엇보다도 학교와 지역사회가 긴밀히 연계할 필요가 있다.

고등학교는 초·중학교에서 배양한 진로역량을 바탕으로 구체적으로 진로를 설계하는 시기이다. 따라서 일반고등학교, 특성화고등학교 및 산업수요 맞춤형 고등학교 등의 유형에 따라 교육과정상 진로교육의 방향과 강도가 상이하다.

즉 일반고등학교의 경우, 교과과정에서 '진로와 직업' 선택과목과 창의적 체험활동을 통해 진로교육이 이루어지며, 교육청의 지침에 따라 직업에 관한 과정을 운영할 수 있다. 반면 특성화고등학교와 산업수요 맞춤형 고등학교에는 국가직무능력표준에 기반한 '전문교과 II'를 편성하고 있다. 또한 학교에서 배운 지식과 기술을 경험하고 적용하는 현장실습을 교육과정에 포함해야 한다. 특히 산업수요 맞춤형 고등학교는 산업계의 수요와 직접 연계된 맞춤형 교육과정을 운영하며, 교육에 산업계의 수요를 반영하기 위해 필요한 경우 자율적으로 교육과정을 편성·운영할 수 있다. 이를 통해 상대적으로 유연한 수요 맞춤형 교육이 이루어지도록 하고 있다.

(2) 고등교육기관의 진로교육

고등교육 단계에서 진로교육이 본격화된 시기는 1990년대 후반이라고 할 수 있다. 우리나라를 포함한 거의 모든 OECD 국가들이 1990년대 초반 이후 고등교육 참가율 측면에서 큰 변화를 경험했다. 실제로 우리나라 고등교육 진학률은 1990년에 33.2%에 불과했는데, 2000년에는 68%, 2005년에는 82.1%까지 이르렀다. 이러한 고등교육 참가율의 증가 때문에 고등교육기관은 커다란 과제를 안게 되었다. 대학 학과 코스의 다변화와 유연화 경로를 밟게 되었으며, 무엇보다도 지역사회와 노동시장의 긴밀한 연계를 고민하게 되었다.

이러한 와중에 1997년에 다가온 외환위기는 정부가 정책적 차원에서 대학생의 진로문제에 본격적으로 관심을 갖게 되는 계기를 불러일으켰다. 고학력층의 양산으로 인해 노동시장에서 청년실업문제가 급기야 사회문제로 대두되면서 정부는 취업문제에 초점을 둔 다양한 정책을 추진하게 되었고, 이를 계기로 대학생들의 진로교육문제가 정부 정책의 가시권 안에 들어오게 되었다(김승보 외, 2012: 56-58).

고등교육의 취업 역량 강화 및 취업지도 활성화를 위해 정부가 정책적으로 개입하는 방식은 크게 4가지로 분류할 수 있다(교육부, 2016a: 19). 첫째, 진로교육과정을 확대함으로써 진로교육을 대학 내 정규 교육과정으로 편성 유도해 저학년(1~2학년) 때부터 진로교육을 정규 교육과정에 포함하도록 유도하는 방식이다. 대표적인 예로, 00대의 경우 '자기계발 심층상담' 등 진로지도 교과목을 저학년 필수교과로 지정하거나 학부교육선도대학 육성사업(ACE), 산업연계교육 활성화 선도대학 육성사업(PRIME) 등 대학재정지원사업과 연계를 유도하는 지원사업을 시행하고 있다.

또 다른 예는 인턴십(현장실습) 교육과정 운영 확대로, 전공과 연계한 현장실습 프로그램을 정규교육과정 내에 편성하도록 함으로써 취업과 전공의 연계를 확산하는 '대학생 현장실습 운영규정'을 두거나 현장실습 내실화를 위한 운영매뉴얼 제작·보급 및 우수사례 발굴·확산을 지원하는 사업을 실시하고 있다. 또는 현장실습을 제공하는 참여 산업체에 산학협력 마일리지를 부여해 기업의 현장실습 기회를 제공하고 참여를 유도하는 지원사업도 실시하고 있다.

둘째, 대학생 진로교육 프로그램을 확대함으로써 대학생 진로개발 역량지표를 초·

중등학생의 진로개발 역량지표와 연계해 대학생 진로발달 수준을 측정할 수 있는 진로개발 역량지표를 개발·보급하는 방식이다.

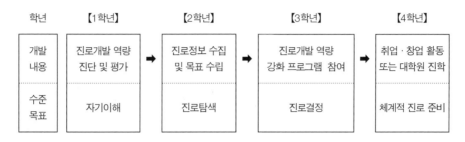

그림 7-6 진로개발 역량지표
출처 : 교육부(2016a)

기업의 요구에 따른 대학생 대상 기업현장·직무체험 프로그램(Real Job Preview, RJP)을 운영해 매장투어나 현업매니저와의 대화 등 현장 및 직무 관련 멘토링을 강화하는 것이다. 독일의 경우에는 3~4일은 대학에서 교육받고 1~2일은 기업에서 멘토와 함께 현업훈련 등을 한다. 또는 국내외 인턴, WEST사업 등 현장학습 프로그램을 확대해 대학생의 진로개발 역량을 제고하도록 유도하는 사업이 있다.

셋째, 진로교육 인력 확충 및 역량 강화사업으로, '지도교수제'를 운영하도록 권장함으로써 대학생활 적응 및 진로설계 지원을 진로상담(지도)으로 상시 가능하도록 유도하는 사업을 실시한다.

표 7-2 지도교수제(안)

프로그램	주요 내용	비고
교수 진로지도역량 강화	• 신규교수 진로상담 역량 강화 기초연수 • 경력교수 진로상담 역량 강화 심화연수	대학 내 관련기구* 주관 정규프로그램 편성 · 운영 권장
학생 진로개발역량 강화	• 신입생 및 심화전공 선택시 지도교수와의 진로상담 • 지도교수와의 정기적인 진로상담	* 교수 · 학습지원센터, 경력개발지원센터 등

출처 : 교육부(2016a)

예를 들어 00대학은 진로지도교수제를 보완해서 밀착형 학생지도가 가능하도록 '학업지도와 상담' 교과목을 개발해 상담과 지도교육을 강화하고 있다(교육부, 2016a: 17-18).

교직원의 진로교육 역량 강화를 위해 학과·단과대 단위로 맞춤형 교육을 추진하도록 유도할 수 있다. 캐나다의 애서배스카(Athabasca) 대학은 진로개발 자격 프로그램으로 총 30학점(필수 12, 선택 18)을 이수하도록 하고 있다.

넷째, 학생 중심의 창업·취업 지원 원스톱 서비스를 제공함으로써 대학 내 취업 지원, 진로교육·상담 기능을 연계·통합해 창업·취업을 지원하는 서비스를 원스톱으로 제공하는 제도이다. 예를 들어 취업 담당조직으로 직속 독립기구(23%), 취업처·학생처(43%), 산학협력단(17%) 등을 두거나 CK(대학특성화사업), SCK(특성화전문대학육성사업), LINC(산업협력선도대학), PRIME(산업연계교육 활성화 선도대학 육성사업) 등 대학재정지원사업을 활용해 개편하도록 유도하는 제도를 실시하고 있다.

또한 취업·창업 지원지구 중심의 대학-기업-창조경제혁신센터(미래부) 간 협력 강화를 유도하는 제도도 있다.

참고문헌

교육과학기술부(2012). 진로교육정책 설명 자료집.

교육부(2013). 2013년도 진로교육 활성화 방안.

교육부(2014). 2014년 진로교육 계획.

교육부(2015). 초 · 중등학교 교육과정 총론. 교육부 고시 제2015-80호(별책 1).

교육부(2016a). 제2차 진로교육 5개년 기본계획.

교육부(2016b). 2016년 진로교육 활성화 계획.

권일남(2015). 자유학기제 청소년 진로체험이 진로탐색과 진로직업역량에 미치는 영향 연구. 청소년시
    설환경, 13(1): 17-26.

김나라, 방재현, 정진철(2012). 진로진학상담교사가 인식한 학교 진로교육 실태와 요구. 진로교육연구,
    25(2): 183-201.

김도협(2015). 효율적 진로교육을 위한 새로운 법제방안에 관한 연구. 교육법학연구, 27(1): 25-52.

김승보, 박태준, 신선미, 임건주(2012). 고등교육의 진로지도 체계 연구. 한국직업능력개발원.

김정원, 김기수, 정미경, 홍인기, 이정윤, 이미영(2012) 미래형 교사교육체제 구안 연구. 한국교육개발원.

김충기, 김현옥(2004). 초등학교의 진로교육. 한국학술정보(주).

문승태(2015). 진로교육법의 제정과 시행. 직업과 인력개발, 18(4): 96-102.

서우석(2000). 초등학교 진로 교육의 실태와 방향. 인천교육대학교 학생생활연구소, 대학생활연구. 12:
    167-188.

송인발(2016). 2016년도 초 · 중등학교 진로교육 추진방향. 교육부 진로교육정책과.

안선회, 권정언, 김지영, 손희권, 심범석, 이경호, 최우재(2016). 초 · 중등교육과 연계한 대학진로교육 발전
    방안 연구. 수탁사업 2015-56. 한국직업능력개발원.

이건남(2014). 초등 교사의 진로교육에 대한 교육 요구도 분석. 한국실과교육학회지, 27(2): 131-151.

이종범, 최동선, 고재성, 이혜숙(2010). 진로진학상담교사 양성을 위한 표준교육과정 개발 연구. 교육과
    학기술부.

이지연, 이영대, 정윤경, 최동선, 김나라, 장석민, 정영근, 남미숙, 이건남(2009). 교육과정과 연계된 진로교
    육 운영모델 구축(III)(총괄보고서). 한국직업능력개발원.

이지연(2013). 진로중심 자유학기제 도입의 타당성과 향후 과제. 진로교육연구, 26(3): 1-22.

장명희, 김선태, 박윤희, 최동선(2010). 2009 개정 교육과정에 따른 진로교육 교육과정 개선 방향 탐색. 한국
    직업능력개발원.

장현진, 김민경, 류지영, 윤수린, 유미애(2015). 학교 진로교육 실태조사(2015). 한국직업능력개발원.

정윤경, 김나라, 서유정, 조희경(2012). 초 · 중등단계 진로진학상담교사의 역할과 진로교육 과제. 한국직업능
    력개발원.

정철영(2011). 초등학교 진로교육의 새로운 패러다임. 실과교육연구, 17(4): 1-31.

정철영, 정진철, 이종범, 정동열, 임효신, 이서정, 임정훈(2015). 우리나라 진로교육 현황 및 발전 방향
    연구. 진로교육연구, 28(3): 155-171.

주현준, 이쌍철(2014). 학교 진로교육의 효과 분석. 교육종합연구, 12(2): 157-180.

진미석, 손유미, 김도협(2012). 주요국의 진로교육정책: 교육과 고용구조의 연계를 중심으로. 한국직업능력개
    발원.

8장

교과통합 진로교육

허은영

교육의 위기는 오래전부터 자주 논의의 대상이 되었고, 교육을 바로 세우기 위한 노력도 다양한 각도에서 계획되고 실천되었다. 그러나 교육의 정상화는 아직도 요원한 것으로 보이고 급기야는 교실 붕괴라는 말이 생겨나기에 이르렀다. 아울러 청소년의 비행도 더욱 심해지고 일부의 문제는 지도하기 어려운 지경까지 이르렀다.

이러한 상황에서 학생들을 지도해야 하는 교사의 어려움은 더욱 가중되고 있다. 사실 교사가 학교에서 수행하는 역할은 매우 다양하지만, 두 가지로 구분해 본다면 하나는 교과지도이고 다른 하나는 생활지도라고 볼 수 있다. 이 중 생활지도의 세부 활동은 다양한데, 진로정보의 수집과 제공, 진학과 취업을 위한 진로선택지도 등이 중요한 활동 영역으로 자리 잡고 있다.

교사들이 교과지도 시간에 학생들의 진로지도를 통합적으로 실시한다면 실제적인 학습동기 유발이 가능할 것이고 여타의 다른 많은 문제를 미리 막을 가능성도 충분히 있다. 비행청소년들의 문제, 약물남용, 가출, 집단폭력 등의 이면에는 생활의 중심축이 되어야 할 미래 진로에 대한 확실한 밑그림이 없다는 유사점이 있다. 따라서 진로지도를 제대로 실시해서 현실적으로 달성 가능한 진로목표를 설정하도록 도와주고 설정된 진로목표를 효율적으로 달성하도록 조력한다면 학생들의 방황은 대폭 줄어들 것이다.

특히 2016학년도부터 전국에 걸쳐 전면 실시되는 자유학기제[1]에서는 학생들이 자신의 꿈과 끼를 찾을 수 있는, 다시 말해서 자신의 특성을 발견하고 진로목표 설정을 도울 수 있는 학생 참여형 수업 개선을 강조하고 있다. 이러한 관점에서 볼 때 교과통합 진로교육은 이제 교육현장에서 더욱 유용하고 중요한 수업 전략이라고 할 수 있다.

---

1   중학교 과정 중 한 학기 동안 학생들이 시험 부담에서 벗어나 꿈과 끼를 찾을 수 있도록 토론·실습 등 학생 참여형으로 수업을 개선하고, 진로탐색 활동 등 다양한 체험활동이 가능하도록 교육과정을 유연하게 운영하는 제도.

1) 교과통합 진로교육의 개념과 유용성

교과통합 진로교육이란 한 개인이 생산적인 사회 구성원으로서 그리고 행복한 개인으로서의 삶을 영위할 수 있도록 성장하는 것을 돕는 진로교육의 일환으로, 교과담당 교사가 수업을 전개할 때 학생들의 진로와 관련된 사항을 교과와 함께 동시에 지도하는 것을 의미한다.

가정, 학교, 사회환경의 영향을 받아 학교학습에 참여하는 학생들은 학교학습을 주요 목적으로 교과를 통한 학업 성취를 달성하고 그 과정에서 진로교육을 위한 정보를 제공받아 진로의식 성숙을 고취시킬 수 있는 교과통합 진로교육을 바탕으로 자기이해 증진과 직업세계의 이해 증진을 통해 사회의 한 구성원으로서의 역할과 자아실현을 한다.

자아실현을 추구하는 존재로서의 인간은 생산적인 사회의 구성원으로서 사회에 봉사하고 나아가 자신의 잠재능력을 실현하기 위해 노력하는 존재이다. 이를 위해 자신의 적성을 확인하고 적합한 직업을 합리적으로 선택하며 그에 맞는 능력을 가꾸어 나가는 일은 매우 중요하다.

학교 현장에서 교사의 역할은 지식을 전달하는 것뿐만 아니라 장래에 학생들이 사회 구성원으로서의 역할을 수행할 수 있도록 개인의 소질과 적성을 발견하고 그에 알맞은 직업을 선택해서 성공적으로 진로를 개척할 수 있도록 돕는 것이다.

물론 이러한 진로교육을 하는 방법은 별도의 교과목으로 실시하거나 직업 체험활동 기회를 제공하는 등 다양할 수 있다. 그 중에서 교과지도와 함께 진로지도를 실시하는 교과통합 진로교육은 진로의식의 성숙을 통해 학생들의 진로선택을 돕고, 학생들에게 교과내용과 관련된 직업정보를 제공하거나 역할모델을 제시함으로써 학습동기를 유발해 수업에 적극 참여하도록 유도하며, 자신의 진로에 대한 밑그림을 확실하게 간직해서 비행 행동을 예방하는 데에도 매우 유용한 접근 방법이다.

2) 교과통합 진로교육 모형

교과통합 진로교육의 최종 목적은 교수·학습과정에서 한 개인의 지적 성취와 직업세계의 이해를 위한 다양한 변인 간의 상호작용을 통해 교과내용의 학습을 극대화하고 진로의식 성숙을 도모해 직업이해를 통한 자아실현을 이루는 데 있다.

교과통합 진로교육의 과정은 개인이 갖는 배경 변인으로서의 환경차원, 교사와 학생 간의 가르치고 배우는 상호작용에 초점을 두는 교수·학습차원, 교육의 효과로서의 행동 특성 변화에 초점을 두는 결과차원으로 구성되어 있다.

그림 8-1의 모형은 교과지도와 진로지도를 하기 위해서 필요한 교과통합 진로교육의 전반적인 틀을 제공하고 있다. 이 모형의 교수·학습차원에서는 교과지도와 동시에 이루어질 수 있는 진로지도와 관련된 실제적 관련 변인과 그 실제적 변인을 뒷받침할수 있는 이론적 변인을 포함하는 차원에 초점을 두어 설명했다. 특히 교수·학생 상호작용 중에서도 교과지도와 진로지도가 이 모형의 핵심 영역이다.

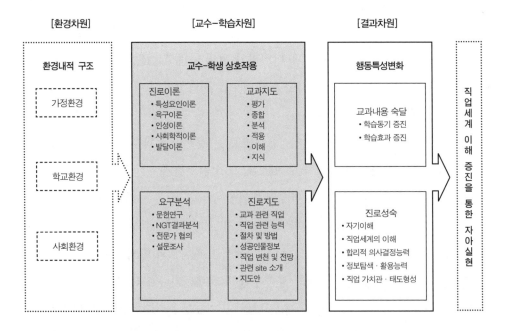

그림 8-1 교과통합 진로교육 모형

출처 : 송인섭, 김봉환,, 조대연, 임언(2006), **교과통합형 진로지도 모형 개발과 적용**, 한국직업능력개발원

1) 교과지식과 관련된 직업소개 활동

학생들에게 교과에서 배우는 지식과 관련된 직업군을 알려 주거나 직업 동영상을 통해 상세 정보를 제공하는 것은 교과지식에 대한 의미를 증진시킬 수 있고 더 나아가 교과 흥미를 향상시킬 수 있는 교과통합 진로교육의 첫걸음이다. 예를 들어 수학에서 '확률과 통계'라는 단원을 배우기에 앞서 관련 직업으로 보험계리사라는 직업을 소개하는 경우가 있다. 보험계리사는 확률과 통계 지식을 활용해 보험 상품을 개발하는 고소득 전문직인데, 학생들은 확률과 통계라는 지식이 실제 직업세계와 매우 밀접하게 연결되어 있다는 인식을 바탕으로 자발적인 학습동기를 가질 수 있다. 더 나아가 앞서 유발된 학습동기에 의해 이 교과의 학업 성취가 증진된다면 자연스럽게 진로목표로 연결될 수도 있다. 교과와 관련된 직업 목록 및 각 직업에 대한 상세한 정보가 필요하다면 아래의 사이트를 적극 활용할 수 있다.

> 워크넷(www.work.go.kr) → 직업 · 진로 → 직업정보검색 → 분류별 검색 또는 키워드 검색

키워드 검색은 특정 직업에 대한 정보를 찾거나 교사를 입력해 교사와 관련된 모든 직업을 검색하고 싶을 때 활용할 수 있다. 분류별 검색 메뉴는 직업군별로 직업을 찾을 때 유용한데, 직업군 하나를 클릭하면 그 군에 포함된 세부 직업군이 펼쳐지고 그 중 하나를 클릭하면 직업명이 소개된다. 직업 중 하나를 클릭하면 하는 일, 준비방법, 연봉과 전망, 관련학과 등 직업정보가 상세히 안내된다.

미술교과를 예로 들어 활동 방법을 살펴보도록 하자. 학생들은 미술과 관련해 화가나 조각가 등 몇 개의 직업만 생각할지 모르지만, 이 메뉴에서 디자이너를 키워드로 검색할 경우 가구디자이너, 가방디자이너, 광고디자이너 등 무려 100개가 훨씬 넘는 다양

한 디자이너가 소개된다. 이를 통해 미술과 관련된 수많은 직업이 있음을 알 수 있다.

다음으로 하나하나의 직업에 대한 세부정보를 찾는 방법에 대해 알아보자. 왜냐하면 하는 일, 준비방법, 관련학과 등을 알아야 자신이 잘할 수 있는 일인지, 원하는 일이라면 앞으로 어떻게 준비해야 할지 등을 정확히 파악할 수 있기 때문이다. 간단한 내용은 요약 부분을 통해서도 살펴볼 수 있고 상단의 탭을 누르면 각 항목에 대해 자세한 내용이 소개된다.

그리고 직업소개 화면에서 관련학과를 클릭하면, 학과 소개, 적성과 흥미, 개설대학 목록이 안내된다. 개설대학 목록 중 학교 특성과 거주지역을 중심으로 관심 대학을 선택하고 학교명을 클릭하면 대학교의 홈페이지로 링크된다.

학교 홈페이지 중 입학 메뉴를 누르면 수시모집, 정시모집, 입학사정관제 등 대학 입시와 관련된 꼭 필요한 정보를 수집할 수 있다.

그리고 워크넷(www.work.go.kr) → 직업·진로 → 직업정보 검색 → 직업·취업·학과 동영상 → 직업 동영상을 클릭하면 여러 직업에 대해 직업인이 직접 직업을 소개하는 영상을 볼 수 있어 더욱 생생한 정보수집을 할 수 있다. 직업 동영상을 찾을 때에는 직업군별로 찾아볼 수도 있고 오른쪽 상단에 있는 검색창에 키워드 검색을 하는 방법도 있다. 각 동영상은 10분 내외이기 때문에 시간 부담을 느끼지 않아도 된다. 직업 동영상을 시청한 후 활동지에 그 직업인이 하는 일, 준비방법, 관련학과 등의 직업정보 요약과 함께 소감을 적게 한 다음 그것을 여러 개 모으면 학기 말 또는 학년 말에 진로 수행평가 자료로도 활용할 수 있다.

교과와 관련된 직업 목록을 다양하게 알고 싶다면, 교과에서 배우는 지식별로 관련 직업을 소개한 『직업백과사전』(2013, 무라카미 류, 에듀멘토르)을 활용할 수 있다. 이 책을 통해 일단 교과별 직업 목록을 확보하고 각 단원별로 연결시킨 후 위에서 안내한 워크넷 직업정보와 직업 동영상을 활용한다면 가장 손쉽지만 매우 효과적인 교과통합 진로교육을 할 수 있다.

2) 교과지식과 연계한 직업 체험활동

직업정보를 수집하는 방법 중 가장 좋은 것은 직접 그 직업을 체험하는 것이다. 왜냐하면 앞에서 소개한 인터넷으로 직업정보를 수집하거나 직업 동영상을 시청하는 방법은 그 직업인이 하는 일이나 준비방법, 필요한 적성과 흥미, 관련학과 등 관련 정보를 상세하게 수집할 수 있다는 장점을 갖고 있지만 생생한 느낌으로 학생들에게 다가가기는 어렵다. 그런데 직업 체험은 몸으로 직업인이 하는 일을 직접 체험함으로써 어떤 일을 하는지, 어떤 적성과 흥미가 필요한지를 가장 뚜렷하게 파악할 수 있고, 더 나아가 자신이 그 직업에 필요한 적성과 흥미를 얼마나 갖고 있는지까지 판단할 수 있다. 즉 직업 체험을 통해 진로교육 측면에서 직업정보 수집, 적성과 흥미 파악 등 두 마리 토끼를 잡을 수 있다. 또한 교과교육 측면에서 교과지식을 삶의 맥락 속에서 의미 있게 그리고 생생한 체험을 통해 재미있게 배우는 등 두 마리 토끼를 잡을 수 있다. 합쳐서 토끼를 네 마리씩이나 잡을 수 있으므로 정말 추천하고 싶은 방법이다.

(1) 교과지식과 관련한 단일 직업 체험

이 활동은 교과에서 배우는 지식과 관련된 직업을 하나 선정하고 그 직업인이 하는 일을 소개한 다음 그 직업이 하는 일을 간접 체험을 통해 경험해 보게 하는 것이다.

예를 들어 도덕시간의 '문화의 다양성과 도덕' 단원에서, 다문화사회에서 인간의 존엄성과 보편적 인권을 기반으로 타 문화 및 자신의 문화를 성찰하려는 태도를 지닌다는 학습목표를 달성하기 위해, '공정여행가'라는 직업을 소개하고 공정여행가가 되어 공정여행 프로그램을 기획해 보게 할 수 있다. '공정여행가' 직업 체험은 문화의 다양성을 다루는 예를 들어 사회나 국어 등의 교과에도 적용할 수 있다.

먼저 공정여행에 대해 알아보자. 비행기를 타고 여행 가이드의 깃발을 쫓아다니며 호텔에서 잠을 자고 호텔 식당에서 식사를 하며 대형 쇼핑센터에서 국적 불명의 상품을 구매하고 관광용으로 잘 꾸며진 경관을 구경하는 것, 이것이 일반적인 패키지 해외여행의 모습이다. 사람들은 이 모든 것이 평소에 자신이 경험하는 일상과 다르다는 이유로 그냥 받아들인다. 그러나 최근에 이러한 여행 행태에 이의를 제기하는 사람들이 늘고 있다. 이들은 이산화탄소를 많이 배출하는 비행기보다 도보나 자전거, 기차를 이용한 여행을 즐긴다. 또 현지인이 운영하는 숙박업소를 이용하고 현지인이 즐겨 먹는 전통음식을 맛본다. 현지인이 운영하는 상점에서 현지인이 만든 의미 있는 물건을 정당한 대가를 지불하고 산다. 이것이 이른바 '공정여행'인데, 현지의 환경을 해치지 않으면서도 현지인에게 혜택이 돌아가는 여행으로, '착한 여행', '책임 여행'이라고도 불린다. 1980년대에 유럽 일부 국가나 미국 등 선진국을 중심으로 시작되어 아직 일반화되지는 못한 상태이다. 우리나라의 경우, 2009년 초에 중국 윈난성 소수민족을 만나는 '공정여행 1호' 상품이 나오면서 비로소 대중화의 첫발을 떼었을 뿐 아직은 걸음마 단계라고 한다.

공정여행 십계명

1. 현지인이 운영하는 숙소와 음식점, 교통편, 여행사를 이용한다.
2. 멸종 위기에 놓인 동식물로 만든 기념품(조개, 산호, 상아)은 사지 않는다.
3. 동물을 학대하는 쇼나 투어에 참여하지 않는다.
4. 지구온난화를 부추기는 비행기 이용을 줄이고, 전기와 물을 아껴 쓴다.
5. 공정무역 제품을 이용한다. 지나치게 가격을 깎지 않는다.
6. 현지의 인사말과 노래, 춤을 배워 본다.
7. 여행지의 생활방식과 종교를 존중하고 예의를 갖춘다.
8. 여행 경비의 1%는 현지의 단체에 기부한다.
9. 현지인과 한 약속을 지킨다. 약속한 사진이나 물건은 꼭 보낸다.
10. 내 여행의 기억을 기록하고 공유한다.

학생들에게 먼저 공정여행의 개념 및 필요성에 대해 안내하고 기존의 패키지여행 상품 하나를 선택한 후 자신이 공정여행 전문가가 되었다고 가정한다. 다음으로 그 상품을 공정여행 차원에서 한번 평가해 보고, 그것을 공정여행 콘셉트로 바꾼다면 무엇

을 할 수 있을지 생각해 보고 공정여행 상품으로 기획해 보게 한다. 이는 모둠활동으로도 할 수도 있다. 만약 시간이 넉넉하다면 발표까지 하도록 해 오디션 형태로 진행하는 것도 학생들의 분발을 촉구할 수 있는 장치가 될 수 있다.

미술시간에도 이 방법을 적용할 수 있다. 먼저 음식과 관련된 직업으로 음식모형제작자(화학원료를 사용해 본을 뜨고 색칠을 해서 음식물 모형을 실제와 흡사하게 만드는 직업인)와 푸드스타일리스트(영화, 드라마, 광고 등에 내보낼 음식 관련 장면을 연출하며, 레스토랑의 새로운 메뉴를 개발하거나 요리책이나 잡지 요리 코너에 소개할 요리 개발 및 조리법을 작성하는 등의 일을 담당하는 직업인)를 소개한다. 다음으로 학생들에게 음식점을 창업한다면 어떤 음식을 만들고 싶은지 선택하게 하고 그곳에서 파는 음식모형을 지점토 등을 활용하여 만들게 하거나(음식모형제작자) 톱밥이나 지우개가루 등을 이용해 음식을 예쁘게 꾸미기 위한 고명을 만들게(푸드스타일리스트) 한다.

미술교과에서 활용할 수 있는 또 다른 직업 체험 방법으로는 도슨트 체험이 있다. 도슨트(docent)는 '가르치다'라는 뜻의 라틴어 'docere'에서 유래한 용어로, 지식을 갖춘 안내인을 말한다. 1845년에 영국에서 처음 생긴 뒤에 1907년에 미국에 이어 세계 각국으로 확산된 제도로, 일정한 교육을 받고 박물관·미술관 등에서 일반 관람객을 안내하면서 전시물 및 작가 등에 대한 설명을 제공함으로써 전시물에 대한 이해를 돕도록 하는 데 목적이 있다. 한국에는 1995년에 도입되었는데, 직업은 아니지만 전시회를 기획하는 큐레이터가 되기 위해 꼭 해 봐야 할 경험이다. 미술사를 가르칠 때 학생들의 흥미를 유발하기가 어려운데, 이때 학생들이 도슨트가 되어 미술사의 한 시기를 선택하고 친구들 앞에서 도슨트처럼 설명하는 활동을 한다면 학생들은 미술사도 재미있게 익히고 도슨트 직업 체험도 하는 일거양득의 효과를 누릴 수 있다.

외국어를 배우는 시간에도 이 방법을 적용할 수 있는데, '여행코디네이터(기존에 여행 지역으로 활성화되지 않은 지역을 찾아내어 현지답사를 한 다음, 그곳의 모든 상황을 조사·분석해 새로운 여행지로 상품화하는 직업인으로, 여행상품개발원이라고도 함)'라는 직업을 활용한다. 외국어를 배울 때 언어뿐만 아니라 그 나라의 문화에 흥미와 지식을 갖게 하는 데에도 유의미하다. 진행방법은 아래와 같다. 여기에 한 가지 활동을 추가한다면, 자신이 소개할 여행지에서 간단하게나마 여행안내원이 되어 외국어로 그곳을 설명하는 활동을 해 볼 수도 있다.

- 먼저 교과 관련 직업을 자유롭게 발표할 수 있도록 한다. 학생들은 이것을 마인드맵으로 그려 본다.
- 드라마 「결혼하지 않는다」를 보며 주인공의 직업(여행코디네이터)을 예측하게 한다.
- '여행코디네이터'라는 직업에 대해 소개하고 기존의 일본 여행상품 팸플릿을 소개한다. 이때 팸플릿의 특성을 알 수 있도록 예를 제시하는 것이 좋다.
- 모둠을 편성하고 최근의 경향을 고려하면서도 차별화된 여행지 팸플릿 아이디어를 조별로 구상하게 한다. 이때 청소년들을 위한 프로그램 등 대상을 정해서 하는 방법도 있다. 학생들이 대상을 정하게 할 수도 있다.
- 해당 외국어로 팸플릿을 제작하고 피드백을 한다. 반별, 조별 작품을 스스로 평가하게 하는 것도 좋다.

과학교과에서도 이 방법을 활용할 수 있다. '힘과 에너지의 이용' 단원에서 힘의 평형과 토크의 형평에 대해 이해하게 한 후 건축구조전문가(건축물의 공간, 기능 및 형태를 안전하고 경제적이며 시공 가능한 방법으로 구축할 수 있도록 기초 및 구조시스템, 주요 부재의 위치 및 크기를 설계하는 직업인. 하는 일로는 지질조사 내용 분석, 건물의 특성과 하중 조건·안정성·시공성·경제성 검토, 건물 용도와 공간 형태에 적합한 경제적이고 공간 이용효율성이 높은 구조시스템 선정, 건물의 형태적 특성과 용도에 따른 구조 계산, 요구조건을 충족하는 구조모듈(module:시공시 기준으로 삼는 치수) 선택, 부재의 위치 및 크기를 건축 기본계획에 상응하도록 협의·조정 등이 있음)에 대해 소개하고, 건축구조전문가가 되었다고 가정해서 안전한 건축물을 설계해 보는 활동을 할 수 있다.

이 밖에 사회시간에 '시민의 권리' 단원과 관련된 직업으로 시민운동가, 기술·가정시간과 관련된 직업으로 영양사, 패션디자이너, 컴퓨터프로그래머 등을 활용한 직업 체험 프로그램을 시도해 볼 수 있다.

(2) 프로젝트 수업을 통한 다양한 직업 체험

직업 체험을 활용한 교과통합 진로교육의 두 번째 방법으로는 프로젝트 수업을 통해 한 분야에서 일하는 다양한 직업을 체험해 보게 하는 활동이 있다. 아래 사이트에서 분야별 직업에 대한 정보를 상세하게 수집할 수 있다.

커리어넷(www.career.go.kr) — 직업정보-분야별 직업정보

위 메뉴로 들어가면 녹색직업, 생명공학산업, 보건의료산업, 전자산업, 환경산업, 문화산업 등 6개 영역에 걸친 산업의 이해(산업의 미래, 활용 영역 등)와 직업 안내(업무에 따른 다양한 직업 및 세부 직업정보)가 자세하게 제시되어 있다.

먼저 이 방법을 가장 쉽게 활용할 수 있는 교과는 음악이다. 학생들을 모둠으로 묶어 뮤지컬 제작이나 오케스트라 체험을 하도록 한다면, 가수, 악기연주자 등 음악과 관련된 직업뿐만 아니라 연출자, 기획(홍보·마케팅·제작)자, 무대디자이너, 스토리작가 등 다양한 직업을 체험할 수 있게 된다.

다음으로 국어시간에 책 만들기를 해 볼 수도 있다. 이때에도 책 만들기에 관련된 직업으로 작가 외에 기획(출판기획자), 편집(출판편집자, 북디자이너), 제작(필름출력원, 제판원, 인쇄기 조작원, 인쇄기 정비원, 인쇄기 조작 보조원, 제본원), 영업(출판영업원) 등 관련 영역 직업에 대해 폭넓게 소개하고, 이 중에서 작가, 기획자, 편집자, 북디자이너, 출판영업원(출판 후 영업 전략까지 짜 보게 할 경우) 등을 체험해 볼 수 있다.

체육시간에 올림픽 영상을 보고 조별로 전문선수, 감독 및 코치, 심판, 스포츠 관련 연구원, 경기 해설위원을 각기 담당해 영상 속에서 드러나는 이들 직업의 역할이 무엇인지 찾아서 이야기하고 발표해 보게 한 후 학급 올림픽을 열어서 이러한 직업들을 체험하는 기회를 제공할 수 있다.

프로젝트 수업을 활용한 직업 체험 방식으로 구체적인 학습자료를 개발하고 다양한 교과별 사례를 수집하고자 할 때 『교실 속 즐거운 변화를 꿈꾸는 프로젝트 학습: 자기주도학습을 키워 주는 핵심 수업방식』(강인애 외, 2011)이 큰 도움이 된다.

3) 다중지능을 활용한 교과통합 진로교육

다중지능(Multiple Intelligence, MI)은 1980년대에 미국 하버드대의 하워드 가드너(Howard Gardner) 교수가 만든 이론이다. 인간의 지능이 한 가지가 아닌 여러 가지로 이루어져 있다는 이론으로, 언어 지능은 높고 수리 지능은 낮은 경우에도 지능을 하나의 수치로 나타내기 때문에 여러 지능 중 강점과 약점을 변별하기 어렵다는 기존 지능지수(IQ)의 허점을 보완하기 위해 만들었다. 이 다중지능을 수업시간에 활동 방법으로 이용하면 학생들이 자신의 적성을 파악하거나 계발하는 등 자기이해 증진을 도울 수 있기 때문에 교과통합 진로교육의 유용한 방법이 될 수 있다. 그럼 이 다중지능 이론에 대해 좀 더 자세히 알아보자.

가드너는 인간의 지능이 언어·논리수학·음악·공간·신체운동·인간친화·자기성찰·자연친화 지능 등 모두 8가지로 구성되어 있다고 주장한다. 각 지능은 두뇌의 각각 다른 영역을 차지하며, 동등하고 독립적으로 작용하면서도 상호보완 작용을 하면서 인간의 사고와 행동을 결정짓는다는 것이다. 다중지능 이론을 활용하면 기존의 지능지수로는 알 수 없는 다양한 능력을 인정해 아이들의 특성을 이해하고 계발하도록 도울 수 있다는 장점이 있다. 예를 들어 발표는 잘 못하지만 어려운 수학문제는 척척 푸는 아이나, 축구나 야구 등 신체를 움직이는 활동은 잘하지만 노래나 악기를 다루는 데는 다른 아이들에 비해 어려움을 겪는 아이들이 그 대상이 될 수 있다. 예전에는 IQ에 따라 아이의 지능을 한 가지로만 판단했지만, 다중지능으로 보면 수학문제를 잘 푸는 아이는 논리수학 지능이 뛰어난 반면 언어 지능은 약할 수 있다. 축구나 야구를 잘하는 아이는 신체운동 지능은 뛰어난 반면 음악 지능은 별로 없을 수 있다. 모든 사람은 각자 자기 소질이 있다는 것이다. 이 때문에 다중지능 이론에서는 부모와 교사에게 아이의 한 가지 면만 보지 말고 다양한 능력의 강점과 약점을 인정해 강점은 더 잘할 수 있도록 격려하고 약점은 보완하도록 돕는 역할을 강조한다.

그렇다면 이 다중지능 이론을 어떻게 교과통합 진로교육으로 활용할 수 있을까? 수업시간에 수업 전략으로 활동을 구안할 때 모든 학생이 획일적인 활동을 하도록 하는 것이 아니라, 다중지능별로 다양한 활동을 제시하고 학생들이 자신의 강점 지능을 중심으로 선택해서 활동할 수 있도록 하는 것이다. 다중지능 이론에 따른 사고양식, 선호활동, 교수활동은 표 8-1과 같다.

표 8-1 다중지능별 사고양식, 선호활동, 교수활동

다중지능	사고양식	선호활동	교수활동
언어	말	독서, 작문, 이야기, 낱말게임	강의 듣기, 토론, 연설, 이야기, 말하기, 암기하기, 일기 쓰기, 학급신문 · 개인문집 만들기
논리수학	추리	실험, 질문, 논리적 퍼즐, 계산	과학적 증명, 암호 만들기, 과학적 사고 이용하기, 순서 배열, 참 · 거짓 증명, 분류, 예측
공간	상상, 그림	디자인, 그리기, 상상하기, 낙서하기	차트, 표, 그림, 사진, 마인드맵 등 시각자료, 만화, 그림, 콜라주, 시각적 퍼즐, 지도 읽기
신체운동	신체적 감각	춤추기, 달리기, 뛰기, 쌓기, 만지기, 제스처	창의적 율동, 체험적 활동, 현장 학습, 요리하기, 마임, 역할극, 제스처 게임
음악	리듬, 멜로디	노래, 휘파람, 듣기, 콧노래, 손발 톡톡 치기	악기 연주하기, 음악 감상, 새로운 멜로디 창작하기, 소리 듣고 알아맞히기
대인관계	아이디어 교환	통솔, 조직하기, 말하기, 중재하기, 파티하기	짝 활동, 친구 가르치기, 집단 브레인스토밍, 집단 문제해결, 집단 프로젝트 학습, 협동 학습
자연친화	자연을 통한 사고	애완동물과 놀기, 정원 가꾸기, 자연관찰, 동물 기르기	자연과 의사소통하기, 자연 체험학습, 도구를 활용(현미경, 망원경 등)해 자연 탐색하기
자기성찰	자신에 대한 이해	목표 수립, 계획 세우기, 일지 쓰기, 자기평가하기	자기평가서 작성하기, 목표 및 계획 수립하기, 일기 쓰기

출처: 김현지(2012), **다중지능이론을 적용한 "기악영역 지도방안" 연구 : 중학교 1학년 대상으로**, 국민대 석사학위 논문

즉 수업 중 어떤 활동을 학생들에게 제시할 때 하나의 활동만으로 구성하기보다는 먼저 자신의 다중지능의 강점을 파악할 수 있는 기회를 제공한 후 다중지능의 하위 영역에 따른 다양한 활동을 나열하고 그것 중에 자신의 강점 지능을 살릴 수 있는 활동을 선택할 수 있도록 하는 것이다. 이렇게 할 때, 하나의 활동만을 제시할 경우 그 활동과 강점 지능이 맞는 일부 학생들만 즐겁게 몰입하고 높은 성취를 보여주는 반면 그 활동과는 다른 강점 지능을 가진 학생들이 지루함이나 부진에 빠지는 현상을 예방할 수 있다. 또한 이는 개인 활동으로도 할 수 있지만 같은 강점 지능을 가진 학생들을 모둠으로

만들어 협동학습으로 운영한다면 모둠의 단합도 및 성취 수준도 높일 수 있는 좋은 방법이 될 수 있다.

다중지능 이론을 활용한 교과수업 진로교육 영어과 사례는 아래와 같다.

다중지능 이론을 적용한 중학교에서의 영미문학작품 지도방안 연구

이 연구는, 학생들의 영미문학작품에 대한 흥미도, 영어학습에 대한 흥미도, 자기주도적 학습능력 등에 대한 영향을 알아보고자 다중지능 이론을 적용해, 학생들에게 각자 자신의 우수한 지능을 통해 영미문학작품을 이해하는 영미문학수업을 고안하도록 해서 매주 1시간씩 4주 동안 실시했다. 구체적인 다중지능별 활동은 표 8-2와 같다.

표 8-2 다중지능별 학습활동

다중지능	활동
언어	시를 낭송하고 유사시를 만든다
논리수학	십자낱말퍼즐 풀고 시를 도식화한다
공간	시의 내용을 그림으로 그린다
신체운동	마임으로 시어를 이해하고 극으로 표현한다
음악	시를 노래로 만든다
대인관계	보드 게임으로 표를 완성한다
자연친화	무지개의 관찰일지를 쓴다
자기성찰	자신의 과거와 현재를 비교하는 글을 쓴다

출처: 하경화(2009). **다중지능이론을 적용한 중학교에서의 영미문학작품 지도방안 연구**. 한국 교원대 석사논문

연구 결과는 다음과 같다.

첫째, 다중지능 이론을 적용한 중학교에서 다중지능코너학습으로 영미문학에 대한 흥미도를 묻는 문항에서 사전, 사후 t 검정 결과, t = 2.095, p < 0.05의 유의도 수준에서 유의미한 결과를 보였다.

둘째, 영미문학작품에 대한 이해도를 확인하기 위한 진단지 'cloze test'를 사전, 사후 t검정 분석 결과, t = −4.872, p = 0.000036로 p<0.05 유의도 수준에서 상당히 유의미한 결과를 보였다.

이로써 다중지능 이론을 적용한 영미문학수업은 학생들의 영미문학작품에 대한 흥미를 유발하고 더불어 영미문학작품의 이해 능력을 향상시킨다고 말할 수 있다.

위의 연구 결과를 통해 저자는 다중지능 이론을 적용한 영미문학수업을 하기 위해서는 영어교사에게 다중지능 이론에 대한 전문성을 확보하기 위한 재교육을 실시하는 것과 더불어 학생들의 선호 지능에 따른 다중지능별 영미문학수업에 대한 연구를 촉구하고 있다. 또한 8가지 지능을 개발할 수 있는 영미문학작품의 교재 개발을 위해서는 교육과정에서 영미문학작품이 폭넓게 다루어져야 하며 그에 따른 교사 간의 협력이 필요하다는 점을 지적하고 있다.

국회도서관 사이트(www.nanet.go.kr)와 한국교육학술정보원(riss4u.net) 검색창에 '다중지능'과 '교과명'을 같이 키워드로 검색하면 각 교과별 다중지능 활용 수업의 방법 및 효과에 대한 다양한 논문을 검색할 수 있다.

3 교과통합 진로교육 교수·학습자료 개발 절차

1) 분석 단계

⑴ 교과 특성 분석

교과 특성 분석이란 해당 교과와 진로교육의 관련성 분석을 의미한다. 좀 더 구체적으로는 해당 교과의 교육과정 내용체계와 진로개발 역량의 관련성을 분석하는 것이다. 관련 수준을 제시할 때에는 다음과 같이 관련성 정도를 표기할 수 있다.

① 교과목표와 진로개발 역량 요소가 정확하게 일치하는 경우

② 부분적으로 관련성이 있는 경우

③ 관련성이 약한 경우

> **사례**
>
> • 과목 및 단원: 도덕 1, IV. 자연·초월적 존재와 도덕, 3. 과학기술과 도덕
> • 교과 특성 분석 결과 : 부분적으로 관련성이 있는 경우에 해당하며, 과학기술자
>   에게 필요한 도덕을 직업윤리와 연결시켜 교과통합 진로교육을 할 수 있음

(2) 학생 특성 분석

교과 특성 분석을 통해 해당 교과와 진로교육의 관련성이 분석되었다고 하더라도 그 결과가 모든 학생에게 적용될 수 있는 것은 아니다. 따라서 개별 학교의 학생 특성을 분석할 필요가 있다. 분석해야 할 학생 특성으로는 일반적 특성(연령, 성별, 태도, 흥미 등), 선수학습능력, 학습양식(시각, 청각, 촉각, 운동감각 등 어떤 감각 통로를 선호하는지 등) 등을 들 수 있다.

(3) 학교 특성 분석

분석해야 할 학교 특성으로는 해당 학교의 주된 교육목표, 학교장의 교과통합 진로교육에 대한 신념과 지원 의지, 동료 교사들의 교과통합 진로교육에 대한 마인드와 타 교과 내용의 활용 가능성, 교과통합 진로교육 교수·학습자료가 구현될 수 있는 시설, 학교가 속해 있는 지역사회의 특성 등이 있다.

> **사례**
>
> • 과목 및 단원: 도덕 1, IV. 자연·초월적 존재와 도덕, 3. 과학기술과 도덕

> • 학생 및 학교 분석 결과 : 1학년 학생들이므로 어렵고 복잡한 내용보다는 쉽고
> 흥미로운 활동으로 구성해야 함. 이 단원을 배울 시점에서 다른 교과의 내용을
> 알아본 결과 기술교과에서 UCC 제작 기술을 배우므로 기술교과 교사와 연계해
> 도덕과 교과통합 진로교육에 이를 활용할 수 있을 것으로 판단됨.

2) 설계 단계

(1) 학습목표 진술

앞의 분석 단계 결과를 바탕으로 구체적인 학습목표를 수업단위로 기술할 필요가
있다. 교과통합 진로교육을 위한 학습목표는 학습자, 학습자가 보일 행동, 행동이 수행
되는 조건, 행동의 성취기준 등을 포함해서 진술해야 한다. 행동을 기술할 때에는 '안
다', '이해한다', '인식한다' 등과 같은 모호한 표현을 지양하고, '정의한다', '유형화한
다', '증명한다' 등과 같이 관찰 가능한 행동을 구체적으로 기술해야 한다.

표 8-3 교과통합 진로교육 학습목표 사례

과목	학년	관련 영역(단원)
도덕	중 1	IV. 자연 · 초월적 존재와 도덕 3. 과학기술과 도덕
교과통합 목표	과학기술과 관련된 직업윤리를 설명할 수 있다. 직업인의 직업윤리의 중요성을 설명할 수 있다.	
성취기준	과학기술 관련 직업윤리 3가지를 근거를 가지고 예시할 수 있다. 직업인의 직업윤리의 중요성을 근거를 가지고 설명할 수 있다.	
과제내용	과학기술 관련 직업윤리를 주제로 한 UCC 만들기	

(2) 평가도구 개발

평가도구는 학습목표가 인지적, 정의적, 행동적, 대인관계적 영역 가운데 어디에

해당되는지에 따라 상이한 유형을 취할 수 있다. 하지만 교과통합 진로교육에서는 수행평가와 포트폴리오평가가 의미 있게 사용될 수 있다. 수행평가에 사용될 수 있는 평가도구의 유형으로는 행동 체크리스트, 태도 척도, 학습성과물 평가 체크리스트, 루브릭(rubric) 등을 들 수 있다.

표 8-4 교과통합 진로교육 평가방법 사례

평가방법	모둠 평가	
평가요소	성취수준	배점
과학자의 직업윤리 관련 기사 제시	• 과학자의 직업윤리 관련 기사를 적절하게 제시했는가?	상/중/하
과학기술 관련 직업윤리 제시	• 과학기술 관련 직업윤리를 적절하게 제시했는가?	상/중/하
모둠 내 역할의 형평성	• 모둠 내에서 UCC 제작과 관련한 개인의 역할이 형평성 있게 분담되었는가?	상/중/하

3) 개발 단계

(1) 교수 · 학습방법 선택

교수·학습방법은 다양하다. 몇 가지 예를 들면, 강의법, 개별교수법, 게임법, 문제중심학습법, 문제해결법, 반복연습법, 발견학습법, 시뮬레이션법, 시연법, 실습법, 실험법, 역할연기법, 토의법, 팀티칭법, 프로젝트법, 협동학습법 등이 있다.

개별 학습목표별로 하나의 교수·학습방법만을 선택할 필요는 없다. 학습목표에 따라 몇 개의 교수·학습방법을 병행할 수 있음을 기억해야 한다.

(2) 교수 · 학습매체 및 자료 개발

교수·학습매체는 일반적으로 텍스트, 시각자료, 실물자료, 오디오, 비디오, 사람 등 6가지 유형으로 구분된다. 교수·학습자료로는 일반적으로 기존의 자료를 그대로 활용하거나 기존 자료를 변형하거나 새롭게 자료를 개발할 수 있다.

교과통합 진로교육을 위한 교수·학습자료의 경우, 기존의 자료를 그대로 활용하거나 기존 자료를 일부 변형해 활용하기에는 자료가 충분하지 않은 것이 현실이다. 따라서 새롭게 자료를 개발해야 한다. 새롭게 자료를 개발할 때는 기본적으로 메시지 디자인과 관련된 근원적인 질문을 할 필요가 있다. '어떻게 하면 학생들에게 학습하고자 하는 마음이 생기고, 학생들이 학습내용을 좀 더 쉽게 이해하는가?' 등이 그것이다.

표 8-5 교과통합 진로교육 교수학습방법 사례

수업 개요	총 4차시 프로젝트 수업으로 진행
수행 활동	❖ 1~2차시 • 교사가 수행평가 내용을 안내한다. 이때 주제와 관련된 지식채널 시리즈(교사용 자료 1)를 예시자료와 함께 볼 수도 있다. • 성적, 성별 등을 고려해 4인 1모둠을 구성한다. • 모둠 내에서 과학자에게 필요한 직업윤리에 대해 이야기한다. • 과학자에게 필요한 직업윤리와 관련된 기사를 스마트폰을 활용해서 모둠별로 찾아본다(이것은 전 시간에 과제로 부여할 수도 있다). • 모둠별로 UCC 제작 계획서를 작성한다(학생용 활동지 1). • 모둠별로 기사 내용을 바탕으로 스토리보드를 제작한다(학생용 활동지 2). • 먼저 화면에 들어갈 장면을 간단히 스케치하고 오른쪽 설명란에 지문이나 대사, 음향 효과 등을 기록한다. 모둠별로 제작한 스토리보드를 교사가 점검해 준다. 이때 스토리보드 내용이 학습주제와 동떨어지지 않도록 세심하게 점검(feedback)한다. ❖ 3~4차시 • 모둠별로 스토리보드를 활용해 사진이나 동영상을 촬영 내지 수집한다. • 동영상이나 사진을 핸드폰이나 디카를 활용해 직접 촬영한다. 직접 촬영하기 힘든 경우, 인터넷 서핑을 통해 다양한 이미지나 동영상을 찾아 모은다. • 모둠별로 동영상 편집을 한다. • 윈도우 무비메이커2 등 동영상 편집 프로그램을 활용해 동영상 편집을 한다. 사진, 음악, 동영상 파일 등을 통해 사진 뜨개질이나 뮤직 비디오 형식으로 주제를 재미있게 표현하도록 한다. 학교에서 제작하면 좋겠지만 쉽지 않은 경우, 모둠원들이 가정에서 모여 촬영 및 편집을 할 수 있도록 한다. • 모둠별로 제작한 작품을 학급에서 발표한다. • 미리 교실 환경을 점검해 발표가 원만하게 잘 이루어질 수 있도록 노력한다.

〈학생용 활동지 1〉

모둠별 동영상 제작 계획서

모둠 이름			
주제			
구분	모둠 내 역할	모둠원 이름	세부 역할 분담 내용
역할 분담	이끔이		
	칭찬이		
	기록이		
	지킴이		
줄거리			
제작 일정 계획			
준비물			

〈학생용 활동지 2〉

동영상 제작 스토리보드

• 제목 :
•　 학년　 반　 모둠 이름 :　　　　　　　• 모둠원 이름 :

장면	설명	장면	설명
①		⑤	
②		⑥	
③		⑦	
④		⑧	

4) 실행 단계

(1) 교수 · 학습매체 및 자료 활용

제작된 매체와 자료를 통해 학습경험을 제공하기 위해서는 학생들이 효과적인 학습을 할 수 있도록 준비되어 있어야 한다. 이를 위해 해당 내용을 학습해야 하는 합당한 근거를 제시하고 학생들이 집중을 함으로써 어떠한 이득을 얻게 될 것인지에 대해 분명히 언급할 필요가 있다.

(2) 학생 참여 증진

학생들의 참여 증진을 위해서는 실행 기회를 충분히 제공할 필요가 있다. 예를 들어 파워포인트 제작, 이메일이나 SNS 등을 통한 해당 분야 전문가와의 의사소통, 인터넷 검색을 통한 다양한 정보 수집, 토론, 퀴즈 등을 활용할 수 있다.

5) 평가와 수정 단계

(1) 학습 평가

교수 · 학습을 통해 학생들이 학습한 결과를 평가할 때는 설계 단계에서 개발된 평가도구를 활용한다. 평가도구는 정답이 있는 지필교사의 형태를 취할 수도 있지만, 앞서 언급한 대로 진로교육의 특성을 반영해 수행평가와 포트폴리오평가를 적극 활용할 필요가 있다.

(2) 교수 · 학습방법, 매체 및 자료 평가와 수정

교수 · 학습방법, 매체 및 자료 평가와 수정을 할 때 핵심적인 사항은 학생들의 반응이다. 개별 수업 단위로 학생들의 반응 결과(이해 정도, 집중 정도, 참여 정도 등)를 수합해서 분석해야 한다. 또한 교사도 평가 대상이 되어야 하는데, 스스로 평가하는 방법과 함께 수업 중 동료 교사가 배석하거나 교장 · 교감 선생님의 수업 참관을 통해 평가받는 방법도 가능하다. 이렇게 수업과 교사에 대한 평가가 끝나면 분석을 거쳐 발견된 문제점이 있다면 즉시 기록해서 교수·학습자료 개발에 반영해야 한다.

이상에서 제시한 모형을 활용할 때 반드시 순차적으로 적용해야 하는 것은 아니다. 특정 단계에서 문제가 발생했다면 언제라도 다시 앞 단계로 돌아갈 수 있고, 경우에 따라서는 특정 단계를 건너뛸 수도 있다.

참고문헌

강인애, 정준환, 서봉현, 정득년(2011). 교실 속 즐거운 변화를 꿈꾸는 프로젝트 학습: 자기주도학습을 키워 주는 핵심 수업 방식. 상상채널.

김현지(2012). 다중지능이론을 적용한 "기악영역 지도방안" 연구 : 중학교 1학년 대상으로. 국민대학교 석사학위 논문.

무라카미 류(2013). 직업백과사전. 에듀멘토르.

문용린(2009). 지력혁명(평범한 사람도 비범한 성취를 가능케 하는). 비즈니스북스.

송인섭, 김봉환, 조대연, 임언(2006). 교과통합형 진로지도 모형 개발과 적용. 한국직업능력개발원.

하경화(2009). 다중지능이론을 적용한 중학교에서의 영미문학작품 지도방안 연구. 한국교원대학교 석사학위 논문.

한국직업능력개발원(2011). 교과통합 진로교육 교수 · 학습자료 개발 매뉴얼.

허은영(2014). 청소년 진로지도 어떻게 할 것인가?: 교사를 위한 교과통합 진로교육 매뉴얼. 북멘토.

9장

진로체험활동

방혜진

현대 사회가 빠르게 발전함에 따라 직업세계 또한 급속도로 변화하고 있다. 4차 산업혁명의 도래는 직업의 생성과 소멸을 빠르게 촉진하며 청소년에게 더 이상 과거의 직업 환경에 안주하지 말고 창의적인 진로를 개발하도록 요구하고 있다. 이러한 흐름 속에서 청소년이 자신의 진로를 선택하기 위해서는 무엇보다도 다양한 진로체험을 통해 사회적 경험의 기초를 쌓아야 한다(길호진 외, 2015).

최근 들어 교육부는 '개인 맞춤형 진로설계 구축', '자유학기제 도입' 등을 국정과제로 제시하며, 학교 교육과정 안에서 학생들의 직·간접적인 진로체험 활동을 강화하고 있다(이지연 외, 2014). 이러한 정책을 실현하기 위해 2013년도에 42개 중학교에 자유학기제를 시범적으로 도입한 후 2014년 840개, 2015년 2,551개를 거쳐 2016년도에 전국 3,186개의 모든 중학교에 자유학기제를 전면 시행했다(교육부, 2016). 또한 "특정 학년 또는 학기를 정하여 진로체험 교육과정을 집중적으로 운영하는 진로교육 집중학년·학기제를 운영할 수 있다"는 진로교육법 제13조1항에 근거해, 2016년도에 전국 92개 학교를 대상으로 진로교육 집중학년·학기제 운영 연구학교 및 시범학교를 지정(교육부, 2016)하는 등 학생들에게 내실 있는 진로체험을 권장하는 정책이 추진되고 있다.

진로체험은 학생들이 직·간접적인 진로체험활동을 통해 자신의 소질과 적성을 발견하고 직업세계에 대해 이해하며 관심 있는 진로를 탐색할 수 있는 기회를 제공한다(장현진 외, 2015). 따라서 진로체험활동이 학교교육 안에서 다루어지는 의의와 추진방법 등을 이해하는 것은 청소년이 다양한 진로체험활동을 통해 자신의 꿈을 좀 더 넓게 확장하고 새로운 가능성을 발견하는 데 도움을 주는 바탕이 될 것이다.

이 장에서는 진로체험활동의 개요와 기획, 운영에 대해 살펴보고자 한다. 진로체험활동의 개요에서는 진로체험활동의 개념, 목적, 유형에 대해 다루고, 우리나라 진로체험활동의 운영체계에 대해서 기술한다. 진로체험활동의 기획에서는 진로체험활동의 추진 절차와 활용 가능한 기관 및 자료에 대해 소개한다. 마지막으로 진로체험활동의 운영에서는 진로체험활동의 유형별 특징, 운영방법과 과정, 유의사항을 제시한다.

진로체험활동의 개요

진로체험활동은 운영되는 내용과 방식에 따라 여러 가지 유형으로 나뉜다. 학생들에게 적절한 진로체험을 제공하기 위해서는 진로체험활동이 무엇이며 어떠한 목적을 가지고 어떠한 방식으로 운영되는지를 이해할 필요가 있다. 이를 위해 여기에서는 진로체험활동의 개념과 목적, 유형, 운영체계에 대해 살펴본다.

1) 진로체험활동의 개념

진로체험이 무엇인지에 관한 논의는 그동안 다양하게 일어났다. 진로교육법 제2조에서 정의하는 진로체험은 "학생이 직업 현장을 방문해 직업인과의 대화, 견학 및 체험을 하는 직업체험과, 진로캠프·진로특강 등 학교 내외의 진로교육 프로그램에 참여하는 활동"이다. 이 정의에 근거하면 진로체험은 체험이 운영되는 방식을 개념화한 것으로 이해할 수 있다. 한편 김재호 외(2012)는 진로체험을 "학생에게 다양한 직업에 대한 정보를 제공하고 실제 현장에서 직접 경험하게 함으로써 미래의 진로선택에 도움을 주는 활동"이라고 정의함으로써 직업정보 제공과 직업 현장에 대한 직접 경험을 토대로 진로선택에 도움을 주는 활동이라는 일련의 과정을 일컫는 개념으로 확장해 바라보고 있다. 이에 덧붙여 길호진 외(2015)는 "다양한 진로와 직업을 탐색할 수 있도록 직·간접 경험을 제공함으로써 진로선택과 진로설계에 도움을 주는 교육활동"이라고 정의함으로써 진로체험을 직접 경험뿐만 아니라 간접 경험의 방식으로까지 확장하며, 진로체험의 경험이 진로선택뿐만 아니라 진로를 설계하는 데까지 반영되는 개념으로 이해하고 있다.

이상의 논의를 정리해 볼 때, 진로체험이란 진로체험이 운영되는 방식과 더불어 진로체험이 목적하는 바를 포함하는 개념으로 볼 수 있다. 이러한 관점에서 진로체험에 대한 최근의 개념은 학생들에게 다양한 진로를 탐색할 수 있는 기회를 제공하기 위해 직·간접적인 여러 방식의 활동을 제공해서 이를 진로선택과 진로설계에 반영할 수 있도록 도와주는 교육활동이라고 이해할 수 있다.

2) 진로체험활동의 목적

진로체험활동이 운영되는 방식은 다양하기 때문에, 각각의 방식에 따라 구체적인 목적에 차이가 있다. 선행연구에서는 진로체험활동의 목적을 현장직업체험형, 현장견학형 등 각각의 진로체험활동 유형별로 구분해 제시하고 있다(김재호 외, 2012; 길호진 외, 2015). 그럼에도 각 유형별 목적을 정리하면 대체로 다음의 5가지로 구분할 수 있다.

- 진로탐색: 직장이나 일터에서 다양한 경험을 통해 일의 세계를 이해하고 자신의 진로를 탐색하도록 도움.
- 일과 직업세계 이해 및 올바른 가치관 형성: 직업을 올바르게 이해하고 일과 직업에 대한 건전한 가치관을 형성하도록 촉진함.
- 진로선택 및 진로설계 능력 향상: 진로에 대한 관심을 높이고 합리적인 진로선택 능력을 길러 자신에게 맞는 진로를 스스로 설계하도록 함.
- 지역사회에 대한 관심 증진: 지역에서의 체험을 통해 지역사회에 관심을 갖고 성장하도록 함.
- 지역공동체의 교육 참여 촉진: 지역공동체 구성원도 청소년에게 관심을 갖고 함께 교육하는 계기가 되도록 함.

3) 진로체험활동의 유형

　진로체험의 유형은 크게 직접체험과 간접체험으로 나뉜다. 진로체험의 활동 내용에 따라 세분하면 현장직업체험형, 직업실무체험형(모의일터직업체험형), 현장견학형, 학과체험형, 진로캠프형, 강연형·대화형의 6가지로 구분할 수 있다. 진로체험활동을 실시할 때는 되도록이면 6가지 유형을 고르게 편성해서 학생들에게 다양한 기회를 제공하되, 학생의 요구를 사전에 파악하고 활용 가능한 지역사회의 자원과 학교의 실행 여건 등을 조율해서 적절하게 계획하는 것이 좋다.

표 9-1 진로체험활동의 유형

유형	활동 내용
현장직업체험형	학생들이 관공서, 회사, 병원, 가게, 시장과 같은 현장 직업 일터에서 직업 관련 업무를 직접 수행하고 체험하는 활동 ※ 멘토 1인당 10명 내외 학생 지도 권장
직업실무체험형 (모의일터직업체험형)	학생들이 직업체험을 할 수 있는 모의 일터에서 현장 직업인과 인터뷰 및 관련 업무를 직접 수행하고 체험하는 활동(현장 직업인 멘토 필요) ※ 멘토 1인당 15명 내외 학생 지도 권장
현장견학형	일터(작업장), 직업 관련 홍보관, 기업체 등을 방문해서 생산 공정, 산업 분야의 흐름과 전망 등을 개괄적으로 견학하는 활동
학과체험형	특성화고, 대학교(원)를 방문해서 실습, 견학, 강의 등을 통해 특정 학과와 관련된 직업 분야의 기초적인 지식이나 기술을 학습하는 활동
진로캠프형	특정 장소에서 진로심리검사, 직업체험, 상담, 멘토링, 특강 등 종합적인 진로교육 프로그램을 경험하는 활동 ※ 1일 6시간 이상 운영
강연형 · 대화형	기업 CEO, 전문가 등 여러 분야의 직업인들의 강연(대화)을 통해 다양한 직업세계를 탐색하는 활동 ※ 대화형은 40명 내외 학생 기준

출처 : 길호진, 김승보, 정란, 최민지(2015). **진로체험 매뉴얼 학교용**, p.2

4) 진로체험활동의 운영체계

우리나라는 학교의 진로체험활동을 지원하기 위해 교육지원청과 관할 지자체, 지역사회 유관기관이 협력해 '자유학기제·진로체험지원단'을 운영하고 있다. 자유학기제·진로체험지원단은 전국의 교육지원청별로 조직되어 다양한 진로체험처를 발굴하고 전산망을 통해 관할 학교와 연결시키는 역할을 하는 단체로, 교육지원청, 시·군·구 지자체, 교사, 학부모, 지역사회 인사들로 구성되어 있다. 그리고 실무센터로 '자유학기제·진로체험지원센터'를 운영하고 있다.

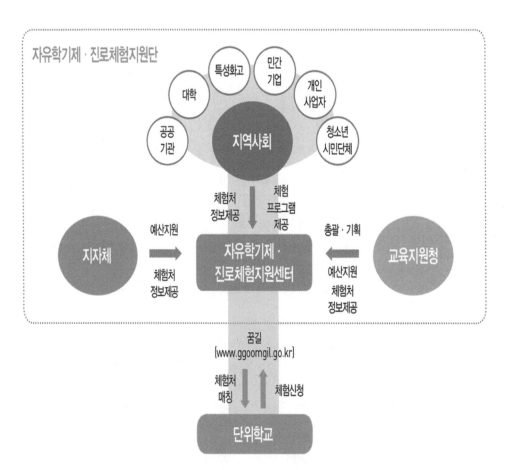

그림 9-1 진로체험 운영체계
출처 : 꿈길 홈페이지 〉 진로체험 〉 진로체험 개요

진로체험 운영주체별 역할을 살펴보면, 우선 교육지원청이 지역사회 진로체험의 기획과 총괄을 담당하며, 관할 지자체와 지역사회 유관기관은 체험처에 관한 정보의 수집과 제공을 맡고 있다. 자유학기제·진로체험지원센터는 체험처의 발굴과 관리, 체험처와 학교의 매칭 등을 수행하며 이를 지원하기 위해 진로체험전산망 '꿈길'을 운영하고 있다.

표 9-2 진로체험 운영주체별 역할

구분		주요 역할
자유학기제·진로체험지원단	교육지원청	• 지역사회 진로체험 기획·총괄 • 체험처 정보 제공 및 예산 지원
	관할 지자체	• 공공기관, 기업 등의 체험처 정보 수집 및 제공 • 자유학기제·진로체험지원센터 예산 지원
	지역사회 유관기관	• 지역사회 체험처 정보 제공 • 체험처 발굴·지원
	자유학기제·진로체험지원센터	• 체험처 발굴·관리 • 체험프로그램 컨설팅 • 체험처와 학교의 매칭 • 센터 자체 프로그램 운영
단위학교		• 체험프로그램 신청 • 배정받은 체험프로그램 운영
진로체험지원전산망 '꿈길'		• 체험처 및 체험프로그램 관리 • 체험처와 학교의 매칭을 위한 시스템

2 진로체험활동의 기획

진로체험활동은 체험프로그램의 계획을 수립하는 단계부터 진로체험활동을 마친 이후의 사후활동에 이르기까지 꼼꼼한 계획과 관리를 필요로 한다. 여기에서는 진로체험활동을 추진할 때의 전반적인 절차에 대해 알아보고, 각 절차를 운영할 때 활용할 기관(사이트)과 자료에 대해서 살펴본다.

1) 진로체험활동의 추진 절차

진로체험활동을 추진하기 위해서는 일반적으로 진로체험활동 계획 수립, 진로체험 수요조사, 체험처 섭외, 체험처 답사 및 사전협의, 학생 사전교육, 진로체험활동 참여, 사후활동의 7가지 절차를 거친다.

그림 9-2 진로체험활동의 추진 절차

(1) 진로체험활동 계획 수립

진로체험활동의 계획을 수립하는 단계에서는 체험활동을 운영하는 목적, 대상 학년, 추진시기 및 일정 등을 고려해서 계획하고 이를 학교교육과정 안에서 실행할 수 있도록 연간 학교교육과정 운영계획 수립 시 해당 사항을 반영한다.

3월	• 학생 이해를 위한 기초 조사 및 진로 조사 • 진로상담실 안내 및 홍보 • 학부모 진로교육 연수 • 진로동아리 조직(진로도우미 선정)
4월	• 전 학년 표준화 검사(집단 동시검사) • 교직원 연수 • 학부모 진로 가정통신문 발송 및 상담 • 학부모 진로코치 연수(교육청 주관)
5월	• 진로체험학습의 달 운영 • 진로 찾기 대회 행사 실시 • 전교생 대상 직업세계 체험 • 학년별 표준화 심리검사 및 해석(수업)
6월	• 진로 집단 상담 • 수업공개의 날 학부모 진로상담
7월	• 명사 특강 • 봉사활동 연계 진로체험학습 안내
8월	• 가족 직업 현장 체험학습 • 봉사활동 연계 진로체험학습 실시

9월	• 진로교육협의회 개최 • 교직원 연수
10월	• 학부모 고교 입시 정보 제고 연수 • 직업교육박람회 참관
11월	• 인터넷 상의 각종 진로정보 검색 • 고교 진학지도 • 학부모 진학 상담
12월	• 전환기 프로그램(STP) 실시
익년 2월	• 교직원 연수 • 진로교육협의회 개최 – 차기 학년도 예산 및 계획 수립
연중	• 창의적체험활동 시간 활용 진로교육 • 교과 시간 활용 진로교육 • 진로정보코너 활용 진로교육 • 개인진로상담(개인적으로 표준화 심리검사 실시) • 진로소식지 발간

그림 9-3 연간 학교교육과정 운영계획 수립 예시

출처: 길호진, 김승보, 정란, 최민지(2015). **진로체험 매뉴얼 학교용** p.5

(2) 진로체험 수요조사

진로체험을 실시하기 위해서는 학생들을 대상으로 수요를 조사해 학생의 요구에 맞는 적절한 체험처를 발굴할 필요가 있다. 이를 위해 학생들을 대상으로 진로심리검사를 실시하고 학생의 진로특성 및 유형을 분석해서 적합한 직업군을 파악하는 방법과 학교에서 자체 제작한 진로체험 수요조사지를 실시해 결과 분석을 하는 방법이 있다.

① 진로심리검사를 통한 분석
- 커리어넷(www.career.go.kr)이나 워크넷(www.work.go.kr)의 진로심리검사 결과를 근거로 학생들의 진로 특성이나 유형 파악
- 진로심리검사 결과를 근거로 학생들의 흥미 분야 및 직업군 파악

② 진로체험 수요(선호)조사지를 통한 분석
- 진로체험이 가능한 직업(군) 또는 학과를 제시한 수요조사지 제작
- 각 직업군별 선호 여부 및 선호 순위 조사
- 조사 결과를 바탕으로 체험 직업(군) 및 학과 선정

(3) 체험처 섭외

진로체험처 섭외는 학교 자체적으로 발굴하는 경우와 진로체험지원센터에 요청해 발굴하는 경우로 나누어 볼 수 있다.

① 학교 자체적으로 체험처 발굴
- 이미 기존에 확보한 체험처가 있을 경우 재연락해 지속적 참여 여부 요청
- 참여 의사가 없는 체험처에는 유사 분야의 체험처 추천 요청
- 신규 체험처 발굴이 필요한 경우 지역사회 단체, 학부모 등에 협조 요청
- 신규 체험처에 '지역사회가 학교가 되어 진로교육의 장을 제공하는 것'에 대한 필요성과 가치에 대해 설명
- 체험처를 확정하기 전에 학생 대상 진로체험활동이 적절하게 진행될 수 있는 곳인지 체험처의 안전과 체험프로그램 점검

② 진로체험지원전산망 '꿈길' 체험프로그램 신청

- 진로체험활동 담당교사는 '꿈길'에 등록된 체험프로그램을 주기적으로 확인하고, 신청 가능한 체험프로그램이 있을 경우 진로체험지원단에 체험처 배정 요청
- 진로체험지원단은 단위학교의 요청에 근거해 체험처 발굴
- 체험처는 진로체험지원단에 체험프로그램 제공
- 진로체험지원단은 단위학교에 체험프로그램 배정

그림 9-4 꿈길 진로체험활동 연결 절차

출처: 꿈길 홈페이지 〉 꿈길 소개

(4) 체험처 답사 및 사전협의

체험처가 결정된 이후에는 사전에 체험처를 답사하고 체험처 담당자와 함께 체험활동 전반에 대해 협의하며 협조가 필요한 다음의 사항 등에 대해 조율할 필요가 있다.

- 진로체험활동의 필요성 및 중요성에 대한 인식 공유
- 체험처 멘토의 역할 안내
- 체험처 멘토에게 체험 예정 학생들에 관한 정보 제공
- 체험처 시설에 대한 안전 점검 요청 및 체험활동 시 안전사고 예방대책 마련

(5) 학생 사전교육

진로체험활동을 효과적으로 운영하기 위해서는 본 활동 이전에 사전교육을 실시할 필요가 있다. 사전교육은 '진로와 직업' 교과시간이나 창의적체험활동시간을 활용해 실시할 수 있으며, 교육내용에는 다음을 포함할 수 있다.

- 진로체험활동의 목적
- 체험처 및 체험방법에 대한 안내
- 학생 개개인별 체험계획 수립
- 안전교육, 예절교육 등

(6) 진로체험활동 참여

진로체험활동을 안전하고 원활하게 운영하기 위해 진로체험활동 인솔자를 배정하고 학생의 출석 여부 등을 꼼꼼하게 점검해야 한다. 세부적인 사항으로 다음의 내용을 포함할 수 있다.

- 학생 출석 확인 및 체험처로 인솔
- 체험처 멘토와의 만남 및 체험 시 유의사항 안내 등 오리엔테이션 실시
- 진로체험활동 실시
- 진로체험활동 종료 후 귀가 지도 및 학교 보고

구분	주요내용	주요활동
오리엔테이션	체험처 소개 및 유의사항 전달	• 학생 맞이 및 인사 • 체험 업무담당자 및 멘토 소개 • 체험일정 및 유의사항 전달(체험처 내 안전 수칙 및 예절 등) • 체험처 소개 – 학생들이 체험처를 이해할 수 있도록 조직과 인력 구성에 대해 간단히 설명
직업체험활동	직업체험활동	• 체험처 내 체험 장소로 이동 • 체험처 참관 및 간단한 업무 시행 – 학생들이 수행해야 할 업무와 역할을 부여하고 이를 잘 수행할 수 있도록 지원 및 점검
마무리	체험활동 정리	• 직업체험활동 및 멘토 관련 질의응답 • 학생만족도 조사 및 소감발표 • 마무리 인사

그림 9-5 현장직업체험활동 예시

출처 : 길호진, 김승보, 정란, 최민지(2015). **진로체험 매뉴얼 학교용**, p.17

(7) 사후활동

진로체험활동에 효과를 거두기 위해서는 체험활동의 경험을 연계하는 사후활동을 운영하는 것이 좋다. 사후활동으로 다음의 내용을 포함할 수 있다.

- 진로체험보고서 작성 등 진로체험활동 정리
- 체험처 멘토, 학부모 진로코치 등과 사후 간담회
- 체험활동 개선 및 향후 계획 수립

2) 진로체험활동 추진 시 활용 가능한 기관 및 자료

진로체험활동을 계획·운영하는 과정에 유용하게 활용할 수 있는 기관과 자료를 소개한다.

(1) 진로체험지원전산망 '꿈길'

교육부에서 운영하는 진로체험지원전산망 '꿈길(http://www.ggoomgil.go.kr)'은 체험처와 체험지원인력의 체계적인 관리를 통해 다양한 진로체험처를 발굴하고 진로체험처의 정보 제공 및 체험처 매칭을 담당한다. 단위학교에서는 필요한 진로체험활동에 관한 정보를 요구하고 적합한 체험처를 안내·배정받기 위해 활용할 수 있다.

그림 9-6 진로체험지원전산망 '꿈길' 초기화면

출처 : 꿈길 홈페이지

(2) 창의적체험활동넷 '크레존'

창의적체험활동넷 '크레존(http://www.crezone.net)'은 전국의 다양한 창의적 체험활동 정보와 창의·인성교육 전문자료(수업모델 및 우수사례, 현장포럼, 사제동행 e-book 등)를 이용할 수 있는 창의·인성교육 플랫폼이다. 초·중·고 학교급에 맞는 적합한 창의적체험활동 자원 및 프로그램을 다양한 검색 조건으로 찾아볼 수 있으며, 진로체험활동의 방식으로 운영되는 다양한 창의적체험활동의 수업모델 및 프로그램의 사례를 살펴볼 수 있다.

그림 9-7 창의적체험활동넷 '크레존' 초기화면
출처 : 크레존 홈페이지

(3) 교육기부포털

교육기부포털(http:.//www.teachforkorea.go.kr)은 한국과학창의재단이 교육부에서 지정받아 교육기부 프로그램을 발굴하고 기부활동을 지원하며 연계·협력 사업을 전담해 추진하는 기구이다. 지역별 교육기부 활성화를 위해 지역 여건에 맞는 교육기부 자원 발굴 및 활용을 위한 권역별 거점 센터를 운영하고 있다. 지역 교육기부에 대한 도움이 필요한 학교는 지역센터로 직접 연락해 도움을 받을 수 있다.

그림 9-8 교육기부센터 초기화면 및 2016 교육기부 지역센터

출처: 교육기부 홈페이지

(4) 원격영상 '산들바람 진로멘토링'

산들바람 진로멘토링(http://mentoring.career.go.kr)은 교육부가 한국직업능력개발원에 위탁해 운영하는 농산어촌 ICT 지원 원격영상 진로멘토링 사업으로, 농산어촌 지역 소재 학교에 재학 중인 학생들의 진로체험을 위해 마련되었다. 특정 직업에 종사하는 멘토가 원격영상을 통해 자신의 직업을 소개하고 해당 직업을 갖기 위해 준비해야 할 것들을 상세하게 알려 준다. 원격영상을 통해 멘토와 학생들이 직접 질의응답을 주고받을 수 있어 학생들이 직업 현장에 직접 가지 않아도 현장 전문가와의 만남을 생생하게 경험할 수 있는 교육환경을 조성한 것이 특징이다. 이 사업은 2013년도부터 시작되어 2016년에는 전국 1,900여 개 초·중·고등학교가 참여하고 있다.

그림 9-9 산들바람 진로멘토링 초기화면

출처: 산들바람 진로멘토링 홈페이지

안전예방

사전단계

- - →

안전관리

운영단계

- - →

안전보고

사후단계

기본 준비사항

01 체험처 발굴
- 절차 및 주의사항

02 인솔자 모집
- 적정인원
- 자격요건

03 피해야 하는 체험처
- 거주지에서 먼 체험처
- 시설이 위험한 체험처
- 위험지역에 위치한 체험처

과업별 준비사항

01 사전 답사
- 고려사항
  - 사전답사 체크리스트 작성
  - 체험처 주요 안전 사항 확인

02 진로체험 프로그램 확정
- 일반사항
  - 적정 인원수 배정
  - 일정 및 내용 안전성 확인
  - 참여학생 건강상태 확인
  - 의약품 및 구호용품 준비
  - 불참학생 지도계획 수립
- 보호자 동의서
- 비상 연락망

03 사전교육
- 사전교육 개요
  - 사전교육 개념 및 대상자
  - 사전교육 실시 시기
  - 사전교육 준비
  - 사전교육 기본내용 :
    이동 중 사고 대비, 체험장소
    내 사고 대비, 우발적 상황 대비
- 학생사전교육실시
  - 사전교육 내용 :
    사전안전교육에 대한 수준별 공감
    대형성(1단계) →기본내용(2단계)
    →사고발생시 대처방안(3단계)
- 인솔자 사전교육 실시
  - 사전교육 내용 :
    기본내용, 사고발생시 대처방안 및
    체험활동 운영시 숙지 필요사항
- 일터멘토 사전교육 실시
  - 사전교육 내용 :
    기본내용, 사고발생시 대처방안 및
    체험활동 운영시 숙지 필요사항

체험활동 안전관리

01 진로체험 활동 운영과정
- 1단계 : 체험활동 전 안전관리
- 2단계 : 체험활동 중 안전관리
- 3단계 : 체험활동 후 안전관리

02 단계별 주요 안전사항
- 1단계(체험활동 전 안전관리)
  - 인원 및 준비사항 확인
  - 체험처 상황 확인
  - 활동 시 주의사항 교육
  - 안전 교육 및 시설 확인
  - 현장 학생 관리

- 2단계(체험활동 중 안전관리)
  - 학생 현장 지도
  - 체험활동 진행상황 관리
  - 진로체험 유형별 특징 및 안전사항:
    현장직업체험형, 현장견학형,
    학과체험형, 진로캠프형,
    직업실무체험형

- 3단계(체험활동 후 안전관리)
  - 학생 인원 및 안전 확인
  - 학생 귀가 지도

이동수단별 안전사항

01 도보이동
- 인솔자 안전 지도사항
- 주요 안전사항

02 대중교통 이용
- 인솔자 안전 지도사항
- 주요 안전사항

03 임대버스 이용
- 인솔자 안전 지도사항
- 주요 안전사항
- 임대버스 계약 시 안전사항 확인

04 인솔자 자가용 이용
- 인솔자 안전 지도사항
- 주요 안전사항

진로체험활동 사후 평가

01 직업체험 「사전-운영-사후」
   단계별 평가

02 진로체험 안전 결과 보고
- 교사용 시안보고서
- 학교용 진로체험 안전결과 보고서

03 진로체험 사고 발생 시 후속조치
- 사고 후 대처 방안
- 배상책임 발생 시 처리과정

진로체험활동 사후 관리

01 진로체험 안전결과보고 보고 공유
- 진로체험활동 사후 보고 체계
  - 1단계 : 진로체험 보고서(학생)
  - 2단계 : 진로체험 안전결과
    보고서(교사)
  - 3단계 : 현장학습 공개방
    입력 및 공유

02 사전 안전교육과 연계된
   선순환 체제
- [현장체험공개방] 과 사전안전
  교육이 연계된 선순환 체계

그림 9-10 안전한 진로체험을 위한 이행사항

출처: 이지연, 윤수린, 유미애, 양정은, 강민우(2014). **안전한 진로체험 안내서 교사용** p.8

(5) 안전한 진로체험 안내서 교사용

교육부와 한국직업능력개발원은 진로체험활동을 운영하는 과정에서 발생할 수 있는 여러 안전사고를 적절하게 예방·관리하기 위해 '안전한 진로체험 안내서 교사용'을 개발했다. 이 안내서에서는 진로체험활동의 사전단계, 운영단계, 사후단계에서 수행해야 할 '안전예방 → 안전관리 → 안전보고' 사항을 상세하게 제시하고 있다.

3 진로체험활동의 운영[1]

진로체험활동의 각 유형별로 운영방법 및 운영과정에 다소 차이가 있기 때문에, 각 유형별 특징과 운영방법에 대해 숙지하고 있다면 진로체험활동을 효과적으로 계획·운영하는 데 도움이 된다. 여기에서는 6가지 진로체험활동 유형별 특징과 운영방법, 운영과정, 유의사항에 대해서 살펴본다.

1) 현장직업체험형

(1) 특징

• 현장을 방문해서 실제 업무를 체험하고 멘토와의 인터뷰를 통해 직업세계 탐색
• 학생들의 높은 관심과 참여를 이끌어낼 수 있으며, 수준 높은 진로체험 가능

---

1   이 절은 길호진, 김승보, 정란, 최민지(2015)의 **진로체험 매뉴얼 학교용**의 '제2부 유형별 진로체험 매뉴얼'의 내용을 요약 정리하였다.

(2) 운영방법

- 대상: 학생들에게 희망조사를 해서 체험처별로 10명 이내의 소그룹으로 진행
- 진행: 담당교사, 체험처 멘토, 학부모 진로코치 등
- 시간: 3~4시간 이내로, 체험처와 단위학교가 협의한 일정에 따라 진행
- 장소: 개별 체험처
- 시기: 체험처와 단위학교가 협의해서 시기 조절

(3) 운영과정

사전준비	체험활동	사후활동
• 학생 진로적성(흥미) 검사 및 선호도 조사 • 체험처 발굴 및 매칭 • 체험처 사전협의 • 학생 사전교육 • 학부모 안내 및 동의서 받기 • 인솔자 배정 및 연수	• 학생 출석 확인 및 체험처 인솔 • 체험처 멘토와의 만남 및 안전교육 실시 • 현장직업체험활동 실시 • 체험 종료 후 귀가지도 및 학교보고	• 체험활동 정리 • 체험처 멘토, 교사, 학부모 진로코치 사후 간담회 • 학생 사후 교육활동 • 체험활동 개선 및 향후계획 수립

(4) 유의사항

- 체험처 멘토의 진로체험에 대한 이해와 사전 준비가 진로체험활동 전반에 큰 영향을 미치기 때문에 체험처 확정 후 멘토와 프로그램 운영에 대해 사전 협의 필요
- 현장진로체험활동이 자기이해 및 진로탐색의 계기가 될 수 있도록 체계적인 사전교육 및 예절, 안전수칙 등에 대한 충분한 교육 필요

2) 직업실무체험형

(1) 특징

- 다양한 직종의 직업 현장을 실제와 유사한 모의체험처에서 탐색하는 유형

• 많은 학생이 짧은 시간에 한 장소에서 체험 가능

(2) 운영방법

• 대상: 진로적성 및 희망이 유사한 학생 또는 같은 동아리 학생들을 15명 내외로
　　　구성
• 진행: 모의체험처 운영진, 인솔자(담당교사, 학부모 진로코치 등)
• 시간: 3~4시간가량
• 장소: 개별 모의 직업실무 체험처
• 시기: 체험처와 학교의 일정을 고려해서 결정

(3) 운영과정

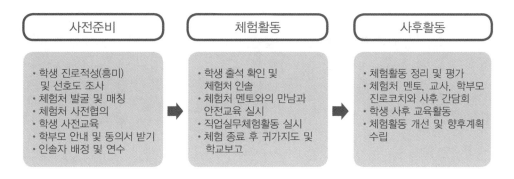

(4) 유의사항

• 체험처가 타 지역에 위치해 있거나 지나치게 거리가 먼 경우 교통안전 등 안전교
　육을 철저하게 진행
• 체험활동이 단순 견학으로 끝나지 않고 학생들에게 의미 있는 체험을 진행하기
　위해서 체험처 업무 담당자 또는 멘토와 체험내용, 체험방법, 체험시간 등에 대
　한 사전협의 필요

3) 현장견학형

(1) 특징

- 학생들이 체험처, 직업 관련 홍보관, 기업체, 공공기관 등을 방문해 체험처 및 체험처 업무를 관찰
- 짧은 시간에 많은 학생이 함께 체험할 수 있으며, 체험처 입장에서 상대적으로 운영이 쉬운 방식

(2) 운영방법

- 대상: 학급 단위, 학년 단위, 관심과 흥미가 유사한 동아리 단위로 구성
- 진행: 담임교사, 담당교사, 학부모 진로코치, 체험처의 담당자
- 시간: 2~3시간
- 장소: 기업체, 진로직업박람회, 박물관, 미술관, 전시관, 직업 관련 홍보관, 공공기관, 신문사, 방송국 등
- 시기: 연중

(3) 운영과정

사전준비	체험활동	사후활동
• 견학현장 발굴 · 섭외하기 및 학생 · 교사 선호 조사 • 견학활동 내용 확정 • 견학현장 사전답사 • 사전 교육	• 현장 사전 교육 • 현장견학 활동	• 진로체험 보고서 작성 및 활용 • 진로체험 발표회 • 진로포트폴리오 작성 지원

(4) 유의사항

- 전체 학생을 대상으로 희망조사를 해서 학생들의 요구가 반영된 직업군으로 견학 장소를 선정, 운영

- 인솔 담당교사는 체험활동 1~2주 전에 현장을 방문해 현장에 가는 방법, 안전사고 발생 가능성 등을 파악
- 견학 활동지, 미션 활동지 등을 활용해 내실 있는 활동으로 운영할 수 있도록 진행

4) 학과체험형

(1) 특징
- 특성화고, 마이스터고, 전문대학, 대학교(원)를 방문해 직업세계에서 요구하는 기초적인 지식과 기술을 폭넓게 탐색

(2) 운영방법
- 대상: 진로적성 및 희망이 유사한 학생 또는 같은 동아리 학생을 20~30명 단위로 구성
- 진행: 담당교사, 학과체험 담당자
- 시간: 2~3시간
- 장소: 특성화고, 마이스터고, 전문대학, 대학교(원)
- 시기: 체험 학교와 학과의 학사일정 및 상황을 고려해서 조절

(3) 운영과정

사전준비	체험활동	사후활동
• 체험학교 섭외 • 체험 인원 및 일정, 프로그램 확정 • 체험학교 사전 확인 • 학생 사전 교육	• 체험 장소 이동 및 학생 확인 • 오리엔테이션 • 학과체험활동 • 체험활동 마무리	• 진로체험보고서 작성 • 진로체험 발표 • 진로포트폴리오 제작 • 학과체험 프로그램 만족도 조사

⑷ 유의사항

• 체험 학교 및 학과와의 일정 조절이 필요할 수 있으므로 학년 초에 일정을 조율해 진로체험 계획에 반영

• 학생들이 선호하는 학과에 대한 조사 결과를 바탕으로 진로적성 및 흥미가 유사한 학생 집단으로 구성해 배정

5) 진로캠프형

⑴ 특징

• 특정 장소에서 진로심리검사, 직업체험, 상담, 멘토링, 특강 등 종합적인 진로교육을 6시간 이상 집중적으로 체험

• 다양한 방식의 프로그램을 종합적으로 체험해 체계적인 진로탐색과 선택 지원

⑵ 운영방법

• 대상: 학년 단위, 학급 단위, 관심과 흥미가 유사한 학생들 중 캠프 참여 지원자

• 진행: 진로전담교사, 담임교사, 학부모 진로코치, 외부강사 등

• 시간: 1일 6시간 집중캠프 또는 2일 6시간 교내캠프

• 장소: 학교 또는 청소년수련시설

• 시기: 학교 학사일정을 고려해 선정

(3) 운영과정

사전준비		체험활동		사후활동
• 계획 수립 • 진로캠프 지원단 구성 • 세부 프로그램 기획 • 캠프운영 시 필요 시설 　장비 점검 및 물품 준비 • 사전교육	➡	• 담임교사(담당교사) 사전 　모임 및 준비물 확인 • 출석확인 및 활동안내 • 진로캠프진행 • 소감 및 설문지 작성	➡	• 진로체험 보고서 작성 • 캠프활동 결과 공유 및 성찰 • 캠프활동 운영 결과 보고

(4) 유의사항

• 학교 전체 부서와 해당 학년 담임 및 일반교사의 상호 협조 필요

• 캠프를 위한 철저한 사전준비 및 사전·당일 안전교육 실시

6) 강연형·대화형

(1) 특징

• 기업 CEO, 현직 종사자, 전문가 등 각 분야 직업인들의 직업 또는 인생에 대한 강연 청취 및 대화

• 학교 안팎에서 다수의 학생이 참여해 직업인과 친밀한 관계를 형성할 수 있으며, 간접적으로 직업세계를 체험하는 데 용이함

(2) 운영방법

• 대상: 1~2개 학년 또는 전 학년 대상

• 진행: 전문 직업인 및 학부모, 대학생 진로 멘토

• 시간: 1~2시간

• 장소: 강당 및 각 교실, 시청각실, 체육관

• 시기: 학교 학사일정을 고려해서 선정

(3) 운영과정

사전준비	체험활동	사후활동
• 학생 선호 직업 조사 • 섭외 대상 선정 • 강사(멘토) 사전 준비사항 안내 및 점검 • 학생 체험 희망 직업 조사 및 배정 • 강연 필요사항 점검 및 게시물 준비	• 사전교육 • 강사(멘토) 강연 진행 • 전문직업인 진로특강 보고서 작성 및 우수 보고서 발표	• 전문직업인 특강에 대한 사후 만족도 조사 • 학생 보고서의 활용

(4) 유의사항

• 학생이 참여하고자 하는 직업에 대해 사전에 관심을 가지고 각종 자료를 통해 탐색해 보는 자기주도적인 활동 실시

• 초청된 직업인이 강연 경험이 없는 경우 사전에 강연에 포함되어야 할 기본 내용에 대한 안내

참고문헌

교육부(2016). 진로교육 집중학년 · 학기제 컨설턴트 워크숍 자료. 교육부.

길호진, 김승보, 정란, 최민지(2015). **진로체험 매뉴얼 학교용**. 교육부, 한국직업능력개발원.

김재호, 이남렬, 서정화, 김미영, 김수영, 오정숙, 장정혜, 정미자, 조남진, 박빛나(2012). **진로체험 매뉴얼
(학교 및 교육청용)**. 교육과학기술부.

김현아, 김승보, 정란, 김이성, 최민지(2015). **2015년 지역 자유학기제 · 진로체험지원센터용 매뉴얼**. 교육부,
한국직업능력개발원.

이지연, 윤수린, 유미애, 양정은, 강민우(2014). **안전한 진로체험 안내서 교사용**. 교육부, 한국직업능력개발
원.

장현진, 장보성, 김연희, 김은미, 김일균(2015). **자유학기 진로탐색 활동 길라잡이**. 교육부, 한국직업능력개
발원.

진로교육법(법률 제13336호, 2015)

교육기부포털 http://www.teachforkorea.go.kr (2017.01.20)

꿈길 http://www.ggoomgil.go.kr (2017.01.20)

산들바람 진로멘토링 http://mentoring.career.go.kr (2017.01.20)

크레존 http://www.crezone.net (2017.01.20)

10장

진로교육 평가

김효원

교육의 목적은 인간 행동의 바람직한 변화를 추구하는 것이다. 따라서 교육이 이루어지고 나면 교육목적 달성에 대한 평가가 이루어진다. 진로교육의 목적도 개인의 진로발달과 진로선택에 영향을 미치는 자기이해, 직업세계 이해, 진로의사결정 등의 행동 변화와 성취에 있다. 그렇다면 진로교육에 대한 평가는 어떻게 이루어져야 할까? 대체로 학습자의 행동 변화와 관련 교육과정에 관한 정보를 바탕으로 그에 대한 점수를 매기거나 평정을 하고 그 결과에 근거한 의사결정을 통해 교육목적 달성 정도를 평가하게 된다.

　　이 장에서는 교육평가란 무엇이고, 어떤 방법으로 이루어지며, 어떻게 진로교육에 기여하는지를 중심으로 살펴보고자 한다.

1　교육평가의 개요

1) 교육평가의 개념과 기능

교육평가(educational evaluation)는 교육목표의 달성 정도나 교육과정의 효율성을 판단하기 위해 학습자의 행동 변화 및 학습과정에 관한 제반 정보를 수집해서 교육적 의사결정을 하는 체계적인 과정을 의미한다(김대현·김석우, 2012). 평가는 의미상 측정 (measurement), 검사(test), 사정(assessment)과 혼용되기도 한다. 그러나 측정은 사물 등에 수치를 부여하는 것으로, 검사는 측정의 특수한 방법으로 직접적인 측정이 불가능한 경우에 활용되는 도구로, 사정은 인간의 행동 특성을 전체적인 입장에서 파악해 특정한 환경, 과업, 준거, 상황에서의 의사결정을 위해 사용되는 총체적인 개념으로 구분해 볼 수 있다(한정선 외, 2011).

일반적으로 평가라고 하면 시험을 보거나 성적을 매기거나 해서 학습의 성공과 실패를 판단하는 과정으로 생각된다. 하지만 교육과정에서 이루어지는 평가는 교육목적의 달성 정도에 대한 최종적인 가치 판단을 하는 기능을 하기도 하고, 학습자의 학습 성과와 교육 프로그램의 전체 과정에서 발생하는 어려움을 발견하고 적절한 해결책을 제시해 개선을 유도하는 기능을 하기도 한다.

2) 교육평가의 유형

교육평가의 유형은 목적, 내용, 기능 등에 따라 다양하게 나누어 볼 수 있으나, 여기에서는 크게 목적과 시기, 준거에 따라 구분해 살펴보고자 한다.

(1) 평가 목적과 시기에 따른 구분

교육과정에서 평가가 어떤 목적으로 어떤 시기에 활용되는지에 따라 진단평가, 형성평가, 총합평가로 나누어 볼 수 있다.

첫째, 진단평가(diagnostic evaluation)는 수업이 본격적으로 시작되기 전에 학습자가 갖고 있는 학습자의 선수지식, 학습의 결손 여부나 학습동기 등과 같은 학습자의 출발점 행동을 확인하는 평가를 말한다. 진단평가는 학생들이 수업 전에 지니고 있는 일반적인 특성(흥미, 적성 등)을 사전에 파악해서 최적의 교수·학습방법을 선택하기 위해 이루어진다.

둘째, 형성평가(formative evaluation)는 교수·학습이 투입되고 난 후에 또는 수업이 진행되는 과정 중에 적용된 교수법이 학습자에게 적절한지를 확인하고 교수·학습방법의 개선을 통해 학생들의 학습 효과를 증진시키기 위해 이루어지는 평가를 말한다. 따라서 형성평가는 수업이 진행되는 과정 동안에 학습 효과를 증진시키기 위해 수시로 실시되며, 학습의 결과나 성과보다는 학습과정에 초점을 두고 이루어진다(송인섭 외, 2013).

셋째, 총합평가(summative evaluation)는 교수·학습이 모두 종료된 시점에 교과의 전 과정 또는 그 중의 상당 부분에 걸쳐 달성된 학습 성과를 측정해 원래 계획된 교육목표의 최종 달성 정도를 확인하는 평가를 말한다. 이러한 총합평가의 결과는 학생과 학부모에게 제공되는 교육자료와 입학사정자료로 사용되거나 교육 프로그램의 계속적 실시 여부 및 질 개선을 위해 활용된다(송인섭 외, 2013).

(2) 평가 준거에 따른 구분

평가에 대한 판단의 준거를 어디에 두는지에 따라 규준참조평가와 준거참조평가로 나누어 볼 수 있다.

첫째, 규준참조평가(norm-referenced evaluation)는 학습자의 점수 결과를 비교가 되는 집단 내에서 다른 사람보다 얼마나 더 성취했는지의 상대적인 비교를 통해 평가하는 방법이다. 여기서 '규준(norm)'이란 원점수를 의미 있게 비교·해석할 수 있도록 만든 점수 척도로, 규준참조평가는 한 개인이 '무엇을 얼마나 성취했느냐'에 초점을 두기보다는 한 개인이 다른 학생들에 비해 '얼마나 잘했는지 못했는지'에 초점을 맞춘다. 예를 들어 한 학생의 학업성취도를 평가할 때처럼 설정된 교육목표의 달성도와는 상관없이 다른 학생들의 점수가 이 학생의 점수보다 높은지 낮은지의 상대적인 수준에 따라 해석된다. 따라서 규준참조평가를 흔히 '상대평가'라고도 한다.

이러한 규준참조평가는 평가 결과에 대한 상대적 서열을 통해 선발이나 배치를 쉽게 할 수 있다는 장점을 갖고 있으나, 개별 학습자의 학업 성과나 실제 목표 달성 정도에 대한 정보를 주지 못해 실질적인 변화와 성장을 유도하지 못하고 경쟁만을 유발한다는 단점을 보인다(김영희 외, 2015).

둘째, 준거참조평가(criterion-referenced evaluation)는 교육목표 또는 학습목표를 사전에 설정해 놓고 이에 비추어 학습자가 무엇을 성취했는지를 결정하는 평가 방법이다. 여기에서 '준거(criterion)'란 사전에 설정된 어떤 표준이나 기준(standard)이 될 만한 것으로, 준거참조평가에서는 다른 학생과의 상대적 비교에 관심을 두지 않고 교수·학습 활동에서 사전에 설정해 놓은 교육목표의 기준에 학습자가 얼마나 도달했는지를 중심으로 평가한다. 예를 들어 운전면허 시험처럼 일정한 성취도 수준에 도달할 때 자격증을 주는 방식으로 달성된 성취에 초점을 둔다. 따라서 흔히 목표지향평가 또는 '절대평가'라고도 한다.

준거참조평가는 수업목표 달성 여부에 관한 정보를 제공하고, 학습자의 탐구정신 발휘와 지적 성취감을 경험하도록 하며, 타인과의 경쟁보다는 협동학습을 중시한다는 장점을 갖고 있으나, 평가 준거를 설정하기가 어렵다는 단점을 갖는다. 그러나 준거참조평가는 규준참조평가와는 달리 교육과정에서 발생하는 개인차가 교육의 실패에서 오는 것이 아니라고 보고 이를 교육적 노력에 의해 감소시킬 수 있다는 긍정적 신념에서 출발한다. 따라서 교육학적 측면에서 준거참조평가가 규준참조평가보다 바람직한 것으로 여겨지며, 평가의 형성적 기능을 중시한다(김영희 외, 2015).

표 10-1 규준참조평가와 준거참조평가

구분	규준참조평가	준거참조평가
목적	집단 내 상대적인 위치 비교	교육목표 달성도 평가
교육관	선발적 교육관	발달적 교육관
강조점	상대적인 서열	특정 기준의 성취수준
비교 대상	개인과 개인(피험자 간 비교)	준거와 수행(준거와 피험자 비교)
측정도구	신뢰도 강조	타당도 강조
평가 대상	일반적이고 포괄적인 행동 영역	매우 구체적이고 한정된 영역
결과 활용	분류, 선별, 배치(예를 들어, 시험, 심리검사) 행정적 기능 강조	자격 부여(예를 들어, 자격고사) 교수적 기능 강조(점검 · 확인, 개선)

2 교육평가의 방법

1) 인지적 특성의 평가 방법

전통적으로 인지적 특성에 대한 평가에는 지필평가가 많이 사용되는데, 대표적인 것이 학업성취도 평가이다. 지필평가는 크게 선택형과 서답형으로 나누어 볼 수 있는데, 선택형은 주어진 답지에서 정답을 선택하는 문항 유형을, 서답형은 학습자가 직접 답을 적어 넣는 문항 유형을 의미한다.

(1) 선택형 문항

선택형 문항은 진술문이 맞는지 틀리는지를 선택하는 진위형(true-false format), 설명목록과 선택목록을 배열해서 서로 관계되는 것끼리 연결하는 연결형(matching format), 복수의 답지 중 맞는 답지 또는 적합한 답지를 선택하는 선다형(multiple-choice format)으로 구분된다.

진위형 문항은 문항 제작이 쉽고 짧은 시간에 많은 내용을 측정할 수 있으며 채점이 빠르고 객관적이라는 장점을 갖고 있으나, 낮은 수준의 지적 능력을 측정하고 학생의 추측에 따라 평가결과가 영향을 받을 수 있다는 단점을 갖는다. 연결형 문항도 역시 채점이 쉽고 유사 사실을 비교·구분하는 데 적합하나 단순암기 능력만을 측정한다는 단점을 갖는다. 이에 비해 선다형 문항은 학습자의 추측의 영향을 줄이고 틀린 선택지를 통해 단순 암기 이상의 여러 수준의 능력을 측정할 수 있다는 장점을 갖고 있으나, 매력적인 오답지를 개발하기 위해서 문항 출제에 노력과 시간이 많이 들고 학습자의 수행능력을 평가하는 데 한계가 있다는 단점을 갖는다.

(2) 서답형 문항

서답형 문항은 단어, 구·절, 기호 등 비교적 짧은 내용을 써 넣는 단답형(short-answer format)과 완성형(completion format), 긴 내용을 써 넣는 논술형(essay format)으로 나뉜다.

단답형과 완성형은 정답이 하나가 되도록 문제를 작성하기 어렵고, 지식 수준의 낮은 능력만을 측정하게 된다는 단점을 갖는다. 논술형은 학습자가 서술한 내용을 통해 학습내용과 깊이에 대한 분석을 할 수 있고 글의 조직, 표현력, 논리적 일관성 등을 함께 평가할 수 있다는 장점을 갖고 있으나, 채점에 시간이 많이 소요되고 평가의 신뢰도를 담보할 수 없으며 작문기술이 평가에 영향을 미친다는 단점을 갖는다.

인지적 특성의 평가 방법으로 학교 현장에서 전통적으로 사용되는 선택형과 서답형 문항은 문항의 형식이 갖는 특성으로 인해 서로 다른 장·단점을 갖고 있지만 상보적인 역할을 하므로, 평가 목적에 따라 문항 출제자가 적합하게 활용할 수 있다.

2) 정의적 특성의 평가 방법

(1) 질문지법

질문지법(questionnaire)은 어떤 사물이나 현상에 관한 일련의 질문에 대한 피검자의 응답을 기술하도록 하는 자기보고식의 측정 방법이다(송인섭 외, 2013).

질문지법의 측정 방법은 질문에 자유롭게 응답하는 자유반응형, 주어진 여러 선택지 중에서 자신의 의견과 일치하는 선택지를 고르는 선택형, 일련의 항목을 일정한 기준이나 조건에 따라 분류된 항목으로 응답하는 유목분류형, 일련의 항목을 기준에 근거해서 나열한 선택지 중 중요한 순서대로 나열하는 등위형이 있다.

질문지법은 비교적 사용이 간편하고 짧은 시간에 많은 대상에게 실시할 수 있으며 그 결과를 신속하게 처리해 적용할 수 있다는 장점을 갖고 있어 많이 사용되지만, 질문으로 측정할 수 없는 정의적 행동 특성이 있으며 응답의 진위 여부를 확인할 수 없다는 단점을 갖는다(송인섭 외, 2013).

〈자유반응형 예시〉

Q: 진로선택 및 진로결정을 위해 학생에게 가장 필요한 능력은 무엇이라고 생각하는지 쓰시오.

_____

Q: 학생 자신이 삶에서 가장 가치를 두는 것은 무엇인지 설명하시오.

_____

〈등위형 예시〉

Q: 진로선택을 위한 기준으로 가장 중요하다고 생각되는 것에 순서대로 번호를 쓰시오.

| 흥미 | ( ) | 적성 | ( ) | 직업가치 | ( ) |
| 직업의 비전 | ( ) | 부모의 기대 및 권유 | ( ) | 경제적 가치 | ( ) |

---

(2) 관찰법

관찰법(observation)은 관찰자가 피관찰자의 행동을 주의 깊게 지각해서 정의적 교육목표의 성취 여부를 평가하는 방법이다. 관찰법은 인간의 행동에 대한 기본적인 이해 방법으로, 장기간에 걸친 지속적인 관찰은 일회적인 지필검사보다 학생의 학습과

발달 상황에 대한 풍부한 정보를 제공해 준다는 장점을 갖고 있다. 그러나 관찰은 관찰자의 경험과 전문적 능력에 많은 부분을 의존한다.

관찰법은 관찰 장면의 통제 여하에 따라 관찰자가 관찰조건을 인위적으로 조작해 놓고 그 조건에서 나타나는 행동 및 반응을 관찰하는 통제적 관찰(controlled observation)과 아무런 처지를 하지 않은 상황에서 관찰하는 비통제적 관찰(uncontrolled observation)로 구분된다. 대표적인 비통제적 관찰로는 인류학 연구에서 이루어지는 관찰 연구가 있다. 또한 관찰자와 피관찰자의 참여 여하에 따라 관찰자가 피관찰자의 조직 구성원의 일원으로 활동하면서 피관찰자를 있는 그대로 관찰하는 참여관찰(participant observation)과 관찰자가 피관찰자의 조직에 동참하지 않고 비디오 촬영 등을 통해 관찰하는 비참여관찰(non-participant observation)로 구분되기도 한다.

관찰법은 질문지법이나 평정법에 의해 측정할 수 없는 비언어적인 행동과 행동 변화에 대한 자료를 얻는 데 유용하지만, 관찰자의 주관적 의견과 편견, 선입견이 개입될 수 있으며 관찰자의 행동을 포착하기 위해서 해당 행동이 일어날 때까지 기다려야 하는 어려움을 갖고 있다.

(3) 평정법

평정법(rating scale)은 행동 수준의 정도를 몇 단계의 척도에 따라 평정하도록 하는 방법으로, 대체로 리커트 척도(Likert scale)가 많이 사용된다. 리커트 척도에는 정도에 따라 3단계, 5단계, 7단계, 9단계 척도가 있다. 어떤 단계의 척도를 사용할지를 결정할 때는 질문지에 응답할 집단의 능력을 고려해 나이가 어리거나 명확하게 구분하기 어려운 정의적 행동 특성일 때는 3단계 척도를, 특정 분야에 전문지식을 가진 전문가 집단이나 정의적 행동 특성의 구분이 가능한 집단일 경우에는 높은 단계, 즉 9단계 척도를 사용할 수 있다(송인섭 외, 2013).

<평정법 예시>

※ 각 문항을 읽고 나 자신과 어느 정도 일치하는지를 판단해 해당하는 번호에 표시하시오.

문항	전혀 아니다	아니다	보통 이다	그렇다	매우 그렇다
1 나는 어려운 문제가 주어지더라도 쉽게 포기하지 않는다.	①	②	③	④	⑤
2 나는 어려운 문제가 해결될 때까지 끝까지 푼다.	①	②	③	④	⑤

(4) 체크리스트

체크리스트(checklist)는 관찰하려는 행동 단위를 미리 분류해 목록(list)을 만들고, 이 목록을 보고 행동이나 특성의 존재 여부를 체크하거나 빈도로 표시하도록 하는 방법이다.

체크리스트는 수량화가 가능해 양적 처리가 쉽다는 장점을 갖고 있으나, 행동 단위를 어떻게 분류할 것인가 하는 어려움이 있다. 행동 단위의 분류를 배타적으로 하고 관찰하려는 행동이 모두 포함되도록 제작해야 한다(황정규, 2002).

<체크리스트 예시>

※ 다음 행동이 관찰되면 '예', 관찰되지 않으면 '아니오'에 ✓표시 하시오.

문항	예	아니오
나는 진로결정을 위해 심리검사를 받은 적이 있다.		
나는 학과 전공과 관련된 직업에 대해 찾아본 적이 있다.		
나는 진로선택을 위해 상담을 받은 적이 있다.		

3) 대안적 평가 방법

(1) 수행평가

수행평가(performance assessment)란 구체적인 상황에서 학생이 실제로 행동하는 과정이나 행동의 결과를 관찰해서 판단하는 평가를 말한다. 이러한 수행평가는 지식을 현실 상황에 적용하는 학생들의 능력을 평가할 수 있으므로 전통적 평가 방법에 대한 대안적 평가 방법으로 많은 관심을 받고 있다.

수행평가는 지필검사와 같은 전통적 평가 방법으로는 측정할 수 없는 토론을 수행하는 능력, 그림 그리는 능력, 현미경 조작 능력 등을 평가할 수 있고, 이 과정에서 학습자의 문제해결력과 고차원적 사고 능력을 기를 수 있다. 그리고 수행평가는 주로 실제 상황에서 이루어지므로 학생들의 학습동기와 흥미를 높인다는 장점을 갖는다. 그러나 채점하기가 어렵고, 평가과정에서 평가자의 주관성이 반영되어 채점자 내 신뢰도와 채점자 간 신뢰도를 확보하기 어려우며, 수행평가를 제작하고 실시·채점하는 데 시간, 비용, 노력이 많이 든다는 단점이 있다(송인섭 외, 2013).

효과적인 수행평가를 고안하기 위해서는 일반적으로 ① 평가 목적의 확인 ② 평가 내용의 결정 ③ 평가 방법의 설계 ④ 채점 계획 수립의 4단계를 따라야 한다(Gronlund, 1993).

표 10-2 효과적인 수행평가의 단계

단계	내용
〔1단계〕: 평가 목적의 확인	평가하려는 수행의 종류를 명확하고 자세하게 기술한다.
〔2단계〕: 평가 내용의 결정	평가의 주요 초점이 과정인지 결과인지 결정한다.
〔3단계〕: 평가 방법의 설계	실제와 실용적인 면이 균형을 이루도록 평가 환경을 만든다.
〔4단계〕: 채점 계획의 수립	분명한 기준을 가진 평가 절차를 고안한다.

모든 평가의 첫 단계에서는 측정하고자 하는 것이 무엇인지를 분명히 해야 하므로

수행평가에서도 첫 번째 할 일은 평가 목적을 확인하는 것이다. 또한 수행평가에서는 수업시간에 배운 내용을 실제 생활에 얼마나 잘 적용할 수 있는지가 중요하므로 셋째 단계인 평가 방법을 설계할 때에는 현실성을 고려해야 한다. 평가 절차를 고안하는 마지막 단계에서는 신뢰로운 평가가 이루어질 수 있도록 사전에 채점기준을 작성하는 것이 바람직하다.

(2) 포트폴리오 평가법

포트폴리오(portfolio)란 학생의 작품이나 생산물을 일정기간 동안 지속적이고 체계적으로 모아 둔 작품집으로, 포트폴리오 평가법은 학생의 활동과 학습과정을 증명해 줄 수 있는 자료를 장기간 수집해 학습자의 지속적인 변화와 발달을 평가하는 방법이다. 따라서 포트폴리오 평가법에서는 단편적이고 일회적인 평가방식을 지양하고 학생 개개인의 변화를 전체적이고 지속적으로 평가한다. 학생의 활동이나 활동과정을 살펴봄으로써 변화의 과정을 지속적으로 평가할 수 있고 앞으로의 발전 가능성 또한 함께 평가할 수 있으므로, 학습자의 발달자료로 활용될 수 있다.

3) 좋은 평가도구의 요건

교육 현장에서의 평가 결과는 학생의 능력을 평가하고, 수업 계획을 수립하며, 학생을 선발·분류·배치하고, 수업의 효과를 확인하는 등 다양한 용도로 활용된다. 평가 결과에서 사용되는 여러 가지 유형의 시험과 검사는 학생들을 평가하고 이해하는 데 많은 영향을 미치기 때문에 검사의 양호도가 매우 중요하다. 따라서 검사를 제작하는 전문가들은 검사의 양호도에 대해 특별히 관심을 가져야 한다. 검사도구의 양호도를 판단하기 위한 질적 요건으로는 타당도, 신뢰도, 객관도를 들 수 있다(송인섭 외, 2013).

(1) 타당도

타당도(validity)는 측정하고자 하는 것을 얼마나 잘 측정했는지, 즉 검사가 원래 측정하려고 했던 것을 실제로 잘 측정했는지를 말한다. '검사가 정말로 무엇을 재고 있는가?', '검사가 측정하려고 하는 특성을 얼마나 충실하게 재고 있는가?'라는 질문이다. 따라서 검사가 얼마나 잘 만들어졌는지를 평가하기 위해서는 반드시 검사의 타당도를 분석해야 한다.

타당도의 개념에는 반드시 준거(criteria) 개념이 수반된다. "타당도가 있다"라는 주장을 할 때에는 막연히 일반적인 용어를 사용하지 말고 반드시 "무엇에 비추어 보아서 타당도가 있다"라고 해야 한다. 국어검사의 경우 국어 능력을 측정하는 데에는 타당도가 있지만 수학 능력에 비추어 보아서는 타당도가 없으며, 지능검사의 경우 지능에 비추어 보아서는 타당도가 있지만 성격 특성에 비추어 보아서는 타당도가 없다. 이같이 타당도는 어떤 준거와 관련해서 그 의미가 확인되는 개념이다. 따라서 타당도에 대해서는, 첫째, 무엇을 측정하고 있는가 둘째, 측정하려는 것을 어느 정도로 충실하게 측정하고 있는가의 두 가지 문제로 요약할 수 있다(송인섭 외, 2013).

타당도에는 평가도구가 측정하려고 하는 내용을 어느 정도 충실하게 측정하고 있는지를 준거로 하는 내용타당도, 평가도구가 미래의 준거를 얼마나 잘 예측하는지를 따지는 예언타당도, 평가도구(A)와 평가도구(B) 사이의 공통요인이 어느 정도 존재하는지를 확인하는 공인타당도, 평가도구(X)와 가설적 구인(X) 사이의 과학적 이론이 성립하는지를 탐색하는 구인타탕도 등이 있다(황정규, 이돈희, 김신일, 2003).

(2) 신뢰도

신뢰도(reliability)란 검사를 실시하여 얻은 점수가 어느 정도 일관성과 안정성이 있는지를 말한다. 즉 동일한 사람에게 검사 또는 시험을 여러 번 측정했을 때 얼마나 일관된 측정치가 나오는지의 문제이다. 즉 검사의 신뢰도란 측정하고자 하는 것을 얼마나 신뢰롭고 정확하게 측정하는지를 의미한다. 예를 들어 저울로 몸무게를 잴 때마다 체중이 다르게 나온다면 그 저울을 더 이상 믿지 않게 되며, 몸무게를 측정하는 저울이라는 도구의 신뢰도에 문제가 있다고 판단할 수 있다. 반면 체중을 잴 때마다 같은 값이 나온다면 이 저울은 믿을 만하고 신뢰도가 높다고 판단할 수 있다. 따라서 교육평가를 위한 검사도구가 유용하게 사용되려면 최소한의 신뢰도가 있어야 한다(송인섭 외, 2013).

좋은 평가도구가 갖추어야 할 필수적인 요건은 타당도이다. 그러나 신뢰도가 낮으면 타당도도 이에 비례해서 낮아지기 때문에 신뢰도는 타당도에 선행되어야 하는 요건이다(황정규, 이돈희, 김신일, 2003)

한 검사에서 한 개인의 심리적 특성에 대해 얻은 관찰점수(observed score)를 X라고 하면, 이 관찰점수는 개인의 심리적 특성에 대한 진점수(true score)와 오차점수(error score)의 합으로 볼 수 있다.

$$X = T + E$$

X : 관찰점수 T : 진점수 E : 오차점수

관찰점수는 검사에서 개인이 얻은 원점수(raw score)를 말하는데, 어떤 학생이 국어시험에서 70점을 받았다면 관찰점수는 70점이다. 관찰점수에는 정도의 차이가 있지만 오차가 존재한다. 예를 들어 80점을 받을 실력인데 아프거나 실수로 70점을 받을 수 있고, 60점을 받을 실력인데 추측을 잘해서 70점을 받을 수도 있다.

진점수는 측정오차가 전혀 없는 상태에서 각 개인이 얻을 수 있는 점수이다. 교육학이나 심리검사에서 인간의 능력을 측정할 때 각 개인의 실제 점수인 진점수를 정확히 안다는 것은 불가능하므로 통계적으로 추정할 수밖에 없다. 진점수는 통계적으로 개인에게 같은 검사를 반복 실시할 때 얻을 수 있는 점수들의 평균으로 정의된다(송인섭 외, 2013).

$$T = E(X)$$

교육 및 심리측정에서의 진점수는 물리측정에서의 진점수와는 다르다. 물리측정에서는 어떤 측정절차를 사용하든 간에 일정한 진점수를 갖지만, 교육 및 심리측정에서의 진점수는 모든 가능한 관찰점수들을 평균한 값이므로 측정 절차의 영향을 받게 된다. 오차점수는 관찰점수와 진점수의 차이를 의미하는 것으로, 우연적 요인의 영향을 받은 점수를 뜻한다. 관찰점수에서 오차점수가 작을수록 관찰점수에서 진점수가 차지

하는 비중이 커져 신뢰도가 높아진다(송인섭 외, 2013).

신뢰도를 추정하는 방법으로는 같은 대상에 대해 두 번의 검사를 실시해서 얻은 두 개의 측정치 X와 X′ 사이에 어느 정도 일관성이 있는지를 신뢰도의 추정치로 보는 경우가 있다. 이 경우 한 개의 같은 검사를 적절한 시간 간격을 두고 두 번 실시해서 그 사이의 상관계수로 신뢰도를 추정하는 재검사신뢰도, 거의 비슷하게 제작된 두 개의 동형검사를 같은 집단에 실시해서 얻는 동형검사 신뢰도, 한 개의 검사를 반으로 양분하고 나누어진 각각의 반쪽 검사 사이의 일관성을 보는 반분검사 신뢰도, 그리고 검사 속의 문항 반응을 기초로 전체 변량에서 오차변량을 제거함으로써 진변량을 추정해 신뢰도 추정치로 보는 문항내적 합치도 및 알파(a)계수 등이 있다(황정규, 이돈희, 김신일, 2003).

(3) 객관도

객관도(objectivity)는 채점자의 채점이 얼마나 신뢰롭고 일관성이 있는지의 개념으로, 채점자 신뢰도라고 할 수 있다. 채점자 신뢰도는 채점자 내 신뢰도(intra-rater reliability)와 채점자 간 신뢰도(inter-rater reliability)로 구분된다.

첫째, 채점자 내 신뢰도는 동일한 채점자가 모든 측정 대상을 여러 번 채점했을 때 점수들이 일관성 있게 측정되었는지를 나타낸다. 채점자 내 신뢰도가 높다는 것은 채점자의 점수가 일관성이 있다는 것이고, 채점자 내 신뢰도가 낮다는 것은 채점자의 점수가 일관성이 없다는 것을 의미한다. 채점자 내 신뢰도는 같은 대상에 대해 동일한 채점자가 여러 차례 부여한 점수 간의 상관계수로 표시되거나 여러 시점에서 부여한 점수들이 일치하는 백분율로 표시된다(권대훈, 2008).

둘째, 채점자 간 신뢰도는 여러 채점자가 부여한 점수들의 일치성을 검증하는 것이다. 즉 채점의 주관성이 개입된 검사에서 한 검사자와 다른 검사자 간의 일관성의 정도를 나타내는 것이다. 예를 들어 창의성을 측정하는 창의성 그림 검사에서는 채점의 주관성이 포함될 수 있다. 채점자 간 신뢰도는 두 명 이상의 채점자가 각각 독립적으로 채점을 한 후 채점자 간의 동의 정도에 의해 산출된다. 채점 기준이 명료하고 두 명의 다른 채점자 간에 동의하는 정도가 높을수록 채점자 간 신뢰도는 높아진다.

신뢰도가 어느 수준이어야 한다는 절대적인 기준은 없으나, 일반적으로 양호한 도구라면 .80 이상이어야 한다. 그러나 측정도구에 따라서는 .70 수준에서도 불가피하게 적용되는 경우가 있다(송인섭 외, 2013).

채점자 내 신뢰도와 채점자 간 신뢰도는 별개의 것이 아니라 채점자 내 신뢰도인 채점자 개인의 일관성이 전제되어야 채점자 간 신뢰도가 높으며 의미가 있다. 반대로 채점자 내 신뢰도가 낮다는 것은 채점자 자신의 채점 기준이 명확하지 않다는 것을 의미하며, 채점자 간 신뢰도를 추정할 필요는 낮아진다. 최근 교육 현장에서 논술고사, 면접시험, 실기시험 등이 중시되고 수행평가가 강조되면서 평가도구의 채점자 간 신뢰도와 채점자 내 신뢰도의 중요성이 강조되고 있다(송인섭 외, 2013).

3 진로교육 효과성 평가

1) 학습자 평가

진로교육이나 진로교육 프로그램이 실행된 후 교육목표 달성 정도는 학습자 평가를 통해 이루어진다. 즉 진로교육이 종료된 후 학습자 개인의 진로선택 및 결정에 영향을 미치는 인지적, 정의적, 심동적 행동 특성의 변화와 학습과정에 대한 정보를 바탕으로 점수나 평정을 하고 그에 대한 가치판단을 하는 학습자 평가가 이루어져야 한다. 이때 평가자는 평가 영역에 따라 총합평가, 수행평가, 포트폴리오 평가법 등을 활용할 수 있으며, 이러한 평가 결과를 근거로 개인 및 집단 차원에서 학습의 어려움을 파악해 적절한 해결안을 제시해서 학습자 개개인의 학습 성과를 촉진해야 한다. 또한 교육적 효과성을 점검·개선해서 지속적으로 진로교육을 운영할지를 결정하고, 마지막으로 생활지도 및 상담을 위한 자료를 제공해야 한다(김영희 외, 2015).

2) 진로교육 프로그램 평가

진로교육 프로그램에 대한 평가는 교육 프로그램의 질적 수준과 효과성을 평가하기 위한 것으로, 진로교육 프로그램이 실시된 이후 실행 결과에 근거해 다음 교육활동 계획 수립에 활용해서 프로그램의 질을 개선하고 효율성을 높이기 위해 실시한다.

많은 연구자가 교육 프로그램의 질 평가를 위해 평가모형을 제안하고 있으나, 일반적으로 많이 활용되고 있는 것이 스터플빔(Stufflebeam, 1971)의 CIPP 평가모형과 커크패트릭(Kirkpatrick, 1994)의 4수준 평가모형이다(김영희 외, 2013).

(1) CIPP 평가모형

CIPP 평가모형은 상황(Context), 투입(Input), 과정(Process), 산출(Product)을 대상으로 교육활동 전반과 개선에 대한 의사결정을 촉진하는 모형이다. 즉, 교육이 발생하는 상황 요소, 교육에 어떤 자원과 시간이 투입되는지의 요소, 교육의 과정이 원활하게 이루어지는지의 요소, 그 결과 최종적으로 어떤 산출물이 나타나는지의 요소를 포함해 의사결정에 활용하는 평가모형이다(김영희 외, 2013). 예를 들어 진로교육과 관련해 융합형 인재가 강조되는 교육환경에 처해 있다면, 교육기관은 해당 능력을 신장시킬 수 있는 교육 프로그램을 기획해야 할 것이다. 다음으로, 교육의 투입 요소에 대한 평가는 융합형 진로교육 프로그램의 구체적인 체계를 개발하는 데 도움을 줄 것이다. 이를 통해 실제 교육 프로그램 운영에 앞서 인적, 물적 자원 활용 계획, 교육과정 운영 계획 등을 결정할 수 있을 것이다. 융합형 진로교육 프로그램이 개발·실행되는 과정에서는 실제로 계획대로 진행되고 있는지, 학습자의 반응은 어떠한지에 대한 자료 수집을 통해 효과적인 프로그램 운영을 추진할 수 있을 것이다. 마지막으로 산출물 평가를 통해 융합형 진로교육 프로그램의 효과성을 점검함으로써 해당 프로그램을 지속적으로 실시할 것인지에 대한 의사결정에 도움을 줄 수 있을 것이다.

context evaluation 상황평가	▶ 프로그램 목적 선정에 기여 ▶ 교육목표, 문제, 요구 등의 자료 수집 ▶ (예: 창의적인 인재 육성 교육을 실시해야 하는가?)	기획
input evaluation 투입평가	▶ 프로그램 목표 도달을 위한 최적의 전략과 절차 설계에 기여 ▶ 인적 자원, 시간, 비용 등의 투입요소 관련 자료 수집 ▶ (예: 누가 몇 시간을 어떠한 교육방법으로 가르칠 것인가?)	구조
process evaluation 과정평가	▶ 선정된 설계, 방법, 전략 실행과 개선 수단 제공 ▶ 관찰, 설문, 면접 등을 통한 실제 실행 자료 수집 ▶ (예: 계획한 대로 수업이 이루어지고 있는가?)	실행
product evaluation 산출평가	▶ 프로그램의 종료와 지속 활용 여부를 결정하는 데 기여 ▶ 성취도, 태도 변화 등 목표 달성 정도를 평가할 수 있는 자료 수집 ▶ (예: 실제 이 교육의 효과가 있는가?)	순환

그림 10-1 CIPP 평가모형과 의사결정

출처 : 김영희 외(2013). **유아교육에서의 교육방법 및 교육공학**

(2) 4수준 평가모형

4수준 평가모형은 모든 교육 과정이 종료된 이후 프로그램의 효과를 4수준으로 나누어 평가해야 한다고 제안한다.

첫째 수준은 학습자의 반응(reaction)으로, 교육 프로그램이 종료된 후 교수자, 교육 내용, 방법 등에 대해 만족하는지를 객관적으로 측정하고 그것을 교육 프로그램의 성과로 판단한다.

둘째 수준은 학습(learning)으로, 해당 교육 프로그램이 종료된 이후 학습자의 지식, 기술, 태도에 변화에 일어났는지를 평가해 이를 해당 교육 프로그램의 성과로 판단한다.

셋째 수준은 행동(behavior)으로, 해당 교육프로그램을 통해 배운 내용을 학습자가 실제 생활에 적용하고 있는지를 측정해 이를 근거로 프로그램의 효과를 판단한다.

넷째 수준은 결과(outcome)로, 앞의 세 수준과는 달리 교육기관의 효과를 통해 해당 프로그램의 효과를 판단한다.

수준 1: 반응 평가	▶ 교육 프로그램에 대한 참가자들의 느낌이나 만족도
수준 2: 학습 평가	▶ 교육 훈련의 결과, 참가자의 지식/기능/태도가 향상된 정도
수준 3: 행동 평가	▶ 실제 상황에서의 행동의 변화, 학습한 기능이 전이되는 정도
수준 4: 결과 평가 (조직 차원)	▶ 교육 참가로 인하여 발생한 최종 조직 또는 경영의 성과 ▶ 프로그램을 활용한 교육훈련이 조직, 기업에 어떠한 공헌을 하였는가에 대한 총체적 평가

그림 10-2 4수준 평가모형

참고문헌

권대훈(2008). 교육평가. 학지사.

김대현, 김석우(2012). 교육과정 및 교육평가. 학지사.

김영희, 허희옥, 계보경, 김혜정, 김민정, 이현영(2015). 유아교육에서의 교육방법 및 교육평가. 학지사.

송인섭, 정미경, 최지은, 박소연, 이희현, 김영아(2013). 교육평가. 양서원.

한정선, 김영수, 주영주, 강명희, 조일현, 이정민(2011). 21세기 교사를 위한 교육방법 및 교육공학. 교육과
학사.

황정규, 이돈희, 김신일(2003). 교육학개론. 교육과학사.

황정규(2002). 학교학습과 교육평가. 교육과학사.

Gronlund, N.(1993). *How to make achievement tests and assessment*. Needham Heights, MA:
Allyn & Bacon.

Kirkpatrick, D.(1994). *Program evaluation: 4 levels*. San Francisco: Berret-Koehler.

Stufflebeam, D. L.(1971). The relevance of the CIPP evaluation for educational accountability.
Journal of Research and Development in Education, 5, 19-25.

4부

진로교육의
발전 방향

11장

해외의 진로교육

이지연

해외 진로교육의 정책 방향은 각 국가들이 처한 정치·경제·사회적 맥락에 따라 차이를 보인다. 국가마다 진로교육이 지향하는 최종 성과를 내기 위한 전달방식, 콘텐츠, 서비스 유형 등이 상이하고 무엇보다도 국가별 정책적 주요 관심사의 우선순위가 다르기 때문에, 하나의 일관된 잣대로 비교하면 학문적·정책적 우(愚)를 범할 수 있다.

유럽 국가들은 일반적으로 평생학습의 맥락에서 성인교육·평생학습까지를 포함하여 진로교육 정책을 수립하기 때문에, 학령기 대상 학교 체제 안의 교육과정에 머물지 않는 콘텐츠와 전달방식을 지향하는 경향을 보인다. 반면 캐나다와 미국 등과 같이 지방분권화가 발달한 국가들과 국가 교육과정이라는 틀이 없는 국가들은 학생들의 '진로'문제를 도와주는 집단 중심의 진로지도와 개별 진로상담, 신뢰롭고 정확한 진로정보 전달 서비스에 큰 비중을 두고 있다.

수년 간의 해외 진로교육 정책에서 공통적으로 지향하는 방향성은 다음의 8가지로 요약할 수 있다. 첫째, 성공적인 직업세계 준비가 모든 교육활동의 중요한 목적이 되어야 한다. 둘째, 교사는 모든 교과목 성격과 일치되는 직업과의 성공적 연계가 가능하도록 도와주어야 한다. 셋째, 직업 생활에서 요구하는 필수적인 기초 직업능력들이 교과 학습내용과 연계되어 학생들의 진로개발에 대한 동기를 유발해야 한다. 넷째, 직업세계의 준비에는 실질적인 직무 관련 기술 습득뿐만 아니라 일에 대한 긍정적 가치와 태도, 사회적 역량, 진로를 성공적으로 전환하는 기술(career transition skill) 등도 포함되어야 한다. 다섯째, 진로교육의 학습 환경은 학교 울타리 안의 교실·교과서·교사를 포함하되 가정, 지역사회, 고용안정기관 등에서도 동일하게 진로개발 학습이 이루어지도록 조성되어야 한다. 여섯째, 유치원부터 평생학습자 모두에게 필요한 진로교육은 진로개발 역량을 지속적으로 강조해야 하며, 직업 경험을 하기 위해 학교를 떠나서도 다시 복귀할 수 있는 성인 학생을 위해 다양한 진로정보와 서비스를 마련해야 한다. 일곱째, 개인의 생애 전반에 필요한 진로개발을 지원하기 위해서는 교육과정 안의 진로교육, 집단 진로지도, 개별 진로상담, 적절한 진로정보 등의 서비스가 개별적 특성에 적합하게 제공되어야 한다. 여덟째, 이러한 진로서비스는 어느 누구도 소외되거나 차별받지 않도록 정책적인 의도적 개입을 필요로 한다.

호이트(Hoyt)와 그의 동료들(1974)은 "공교육과 지역사회는 모든 개인이 일의 가치를 알도록 도와야 하며, 이러한 가치들이 개인의 가치체계와 통합되어 의미 있는 일을 통해 개인이 직업에 만족할 수 있도록, 그리고 개인적 생활에 이러한 가치들이 관련될 수 있도록 도와주는 교육"으로 진로교육을 정의했다. 따라서 진로교육의 가장 핵심적 개념은, 첫째, 자신의 특성을 정확히 인식하고 자신이 희망하는 진로방향을 진단하는 자기탐색, 둘째, 일(work)의 가치와 중요성의 인식, 셋째, '삶'과 '일'이 총체적으로 관련되는 실제적 경험, 넷째, 평생학습을 통해 변화하는 직업 환경에 대응하는 진로개발 역량(career development competency) 또는 진로관리 기술(career management skill)의 함양으로 요약할 수 있다.

따라서 시대와 국가적 특성에 따라 다소 차이는 있으나, 진로교육의 궁극적 의미는 교과교육의 일 부분이며, 다른 교과교육과 차별화된 교육이 아니라 교육 자체가 지향하는 본질적인 기능인 동시에 평생학습의 맥락 안에서 모든 개인이 자신의 소질과 적성에 적합한 교육과 훈련을 받으며 행복한 삶을 사는 것이다. 즉 진로교육은 모든 개인이 자신과 직업세계를 탐색해 자신에게 가장 적합한 진로를 설정하고 준비하며 적응하고 발전시킬 수 있도록 도와주는 교육의 참 기능이다. 동시에 개인 측면에서는 생산적 사회 구성원으로서 행복한 삶의 질을 영위하고, 국가·사회적 측면에서는 건강한 직업윤리를 가진 다양한 인력을 적재적소에 배치함으로써 국가 인적자원의 효율화를 도모하고 노동시장의 실업률 및 사회 범죄율을 경감시키는 역할과 기능을 갖고 있다.

1 OECD 국가의 진로교육 정책

OECD(경제협력개발기구)는 평생학습, 노동시장, 복지정책에 대한 적극적인 측면에서 진로지도·상담[1]서비스 정책을 수립했다. 2003~2005년에 OECD 교육위원회(Education Committee)와 고용노동사회위원회(Employment, Labour and Social Affairs Committee)는 'Policies for Information, Guidance and Counselling Service' 사업을 통해 참가 중인 14개 국가의 서로 다른 진로정보·지도서비스 시스템의 정책 경험을 분석했다. OECD는 '모든 이에 대한 평생학습 실현'을 위해 다음의 조건을 전제로 한다. 일반 교육과 직업교육·훈련, 성인의 계속교육 간의 강력한 사회적 연계체제와 그 실현이 일반 성인의 학습장애를 제거할 수 있기에 각국의 진로지도서비스의 중요성을 강조하였다. 그리고 현장에 실제적으로 적용하기 위해 3가지 정책 방향을 제안하였다. 첫째, 일반 교육과 직업 교육, 교실 학습과 직업 현장학습 간의 연계 확대, 둘째, 학생의 관심과 재능을 전반적으로 충족시키는 기초교육 내의 경로(path)[2] 확대 및 관련 프로그램 제공, 개인차에 따른 학습요구 만족을 가져오는 다양한 학습모델 및 장소 개발, 셋째, 학교 교실, 직업 현장, 지역사회 등에서 획득한 지식과 기술의 학습 가치를 인정하는 사회 메커니즘이다.

이러한 OECD 진로지도서비스 정책의 기본 방향은 현재까지 OECD에서 다루어진 진로지도서비스 관련 보고서의 핵심내용과 일치한다. 특히 학교에서 직업 선택의 전환(school to work transition) 시기에 있는 청소년 및 성인 모두에게 정확하고 효과적인 진로정보·진로지도서비스를 지원해 평생학습자의 진로결정에 긴요한 '이정표'

---

1 '지도'(guidance)와 '상담'(counselling)이란 용어는 OECD 국가에 따라 각기 상이하게 사용되고 있다. 국가마다 다소 이견을 가지고 있는 이 용어의 구별은 아직도 진행 중인 미해결된 논의 사항이므로, OECD는 불필요한 이견과 혼란을 피하기 위해 두 용어를 함께 사용한다. 이 장에서는 진로지도서비스로 통일해 사용한다.

2 OECD는 "학습에서의 수요자(학생) 중심을 강조해 수업 내용, 형식, 교육장소에 대한 개인의 선택 폭을 확대해서 기초교육·계속교육·직업훈련을 통한 '일의 체험'이 성별 및 나이의 제한 없이 모두에게 제공되는 유연한 통로"라고 정의해 사용하고 있다.

를 제공하는 역할로서 진로지도서비스를 국가 핵심 정책과제로 주목하고 있다. 아울러 OECD는 진로지도서비스가 모든 이의 평생학습 지원을 위한 '이정표'의 역할을 수행하기 위해 진로전환기 학생과 성인 대상의 고용과 복지 서비스 내의 상호 보완적 발전이 필요하다는 논지를 강조하고 있으며, 이러한 논지는 지속되는 OECD 연구를 통해 강조되고 있다.

OECD 국가의 진로지도서비스는 각국의 교육체제 특성과 진로지도서비스 역사에 따라 정책 실천 면에서 차이를 보이고 있으나, 일반적으로 복지 및 고용정책과 많은 관련성을 가지고 있다. 일반적인 형태는 정부의 재정 지원 아래 개인이 교육, 훈련 또는 직업 탐색에 적극적으로 참여할 수 있는 연계체제를 구축하는 것이다. 예를 들어 미국의 '복지에서의 근로 정책'(General Accounting Office, 1999), 덴마크, 노르웨이, 스웨덴의 '학교 퇴학자를 위한 지역관리 조기개입프로그램'(Moeller & Ljung, 1999), 영국의 '실업자를 위한 뉴딜'(Irving & Barker, 2000) 등의 정책이 이러한 경향을 대표한다. 하지만 이러한 정책의 실질적 실현은 인적·물적·제도적 차원의 다양한 지원을 전제로 하고 있어, 표준적 공식에 따른 특혜적 정보를 포함해 현장 활용성이 높은 교육, 훈련 및 고용서비스, 개인의 심리적 상담을 제공하는 전문 진로지도 조언자와 카운셀러의 지원이 동시에 만족되어야 효과적 정책 수행이 가능함을 강조하고 있다.

특이한 점은 각 나라마다 아주 다른 방식의 진로지도서비스 조직을 가지고 있다는 것이다. 어떤 국가의 경우, 진로지도서비스가 학교 졸업, 교육 선택, 직업 선택, 취업알선(placement) 등에 도움을 준다면, 어떤 국가는 다른 방식의 진로지도서비스 체제를 조직해 제공하고 있다. 예를 들어 독일의 경우 연방고용서비스 (Bundesanstalt für Arbeit, BA)가 광범위한 직업지도서비스 제공의 중추 역할을 담당한다. 주요 타깃은 청소년부터 성인, 지체부자유자 등으로, 1998년에 법이 바뀔 때까지 공적기관으로 독점적인 진로지도서비스 활동을 했다. 학생에게 진로지도를 제공하고, 의무교육기관에서 직업생활에 대한 일반적 오리엔테이션을 담당하는 교사를 지원하는 것이 연방고용서비스의 가장 중요한 역할이다.

일본의 경우, 학교가 청소년을 위한 진로지도서비스의 중심이다. 정규 교사 중 진로지도 교사가 선정되면 교과과정 내에 있는 진로지도 수업을 할당받게 되고, 직업체험을 위한 진로지도의 일환으로 학생과 기업 고용주 간의 인터뷰도 주선한다. 또한 일반 교사들도 어느 정도는 모든 학생을 대상으로 한 진로지도 목적의 개별상담을 담당한다. 미국 학교의 경우에는 진로지도 전문가가 전문적인 상담자격증을 소지해야 한다. 영국과 뉴질랜드에서는 주요 직업지도서비스를 학교나 공공고용서비스에서 담당하지 않고 별도의 '직업서비스'에서 담당하고 있으며, 오스트리아에서는 법·제도적 장치 및 관련 정책 입안자의 협력을 통해 다양한 형태의 직업정보와 직업지도를 제공하며 지역이나 지방 고용주와 노동조합 조직들이 청소년을 위한 진로지도센터를 운영하고 있는데, 이는 학교와 고용국의 서비스에 부가적인 기능을 한다.

프랑스, 독일, 뉴질랜드, 영국 등에서는 진로지도서비스가 공식적인 법적 틀 안에서 운영된다. 예를 들어 프랑스는 개인적 권리로서 진로지도서비스 사항을 법으로 명시하고 있다. 프랑스는 1989년에 교육과 진로지도 및 정보에 관한 권리를 교육받을 권리의 하나로 정했다(Guichard, 2000). 1985년의 프랑스 법률은 고용인 스스로 자신의 동기와 적성뿐만 아니라 직업적 및 개인적 능력도 평가받을 수 있는 권리를 부여했다. 1991년에는 이를 위해 교육유급휴가도 받을 수 있는 권리를 제정해서 법제도 측면의 틀 내에서 진로지도서비스가 현실화될 수 있도록 강화했다(Killen, 1996). 이러한 배경 하에 네덜란드, 프랑스, 영국에서 진로지도서비스 분야와 관련된 민간 시장이 늘어나고 있음을 주목할 필요가 있다(Rees et al., 1999). 이들 나라에서는 민간 부문의 컨설팅회사와 고용업체에 일정 재원을 지원하고 국민의 진로지도서비스 지원 역할을 실행하고 있다. 이 외에 미국에서도 민간 부문의 진로·교육정보 시장이 활발하게 움직이고 있으며, 호주는 정부가 진로지도에 특화된 민간 기업에 공적인 국가 진로 가이드의 제작을 위탁하기도 한다. 프랑스와 북미는 개인적인 진로지도 또는 조언서비스를 유료로 제공하기도 한다.

대부분의 OECD 국가는 정부가 진로정보·지도서비스를 통해 교육 및 직업정보를 제공하는 데 주체적 역할을 하고 있다. 그러나 위에서 살펴본 바와 같이, 민간 부문에서의 진로지도서비스 기회가 점차 확대되면서 민간과 공공 부문에서 제공하는 서비스의 장·단점 상호 비교와 지역사회, 공공·민간 고용서비스, 복지기관, 직업교육, 일반교육, 민간 컨설턴트, 온라인 서비스 등의 다양한 서비스 전달방식에 대한 장·단점 비교가 면밀히 검토되지 않고 있어 향후 정책 집행을 위한 선행 과제로 남아 있다.

2 OECD 국가들의 연구 동향

OECD는 1990년대 중반에 '교육개발 및 혁신센터' 주관으로 청소년을 위한 진로지도의 국가적 접근 사례 연구를 실시한 바 있다. 이 연구는 진로지도의 중요성에 대한 인식이 학문적 문건으로부터 실제적 정책으로 옮겨 가게 된 시발점으로 평가받고 있다(OECD/CERI, 1996). 이 보고서에서 논의된 결과는 학교 진로지도가 청소년의 학습목표를 달성하는 데 긍정적인 요인으로 인식되며(Killen, 1996), 진로정보의 접근 확대와 의사결정력 향상이 바로 노동시장의 투명성과 유연성을 향상시킨다는 것이다. 아울러 진로정보 및 진로지도의 효율성 제고와 양질의 서비스 제공이라는 측면에서 학문적·정책적 논의가 지속적으로 이루어져야 함을 강조했다.

이후 1990년대 중반에 발표된 '공공고용서비스'(Public Employment System, PES)에 관한 보고서인 '덴마크와 핀란드의 리뷰'(OECD, 1996)에서는 진로지도서비스에 대해 학교체제 중심의 연령에서 일반 성인을 지원하는 국가의 공공고용서비스로 그 기능과 역할을 확대해 서술하고 있다. '플란더스 고용 및 직업훈련국'의 상세 보고를 포함한 2000년 7월 OECD PES 회의에 제출된 자료에서는 급격한 정보통신의 발전으로 전산시스템화된 직업정보은행(job banks)과 취업 연결(job-matching)의 구체적 가능성을 설명했다(Verkammen & Geerts, 2000). '직업교육 첫해에 대한 주제별 검토'(OECD, 1998) 보고서에서는 취업알선과 진로상담의 개념이 현장에서 이행되지 않았음을 발견하고, 진로지도서비스가 직업교육기관의 교육과정과 수업에 효과적으로 반영되어야 한다는 강력한 진로지도서비스의 개입을 강조했다. 이 외에 연구 보고서(OECD, 1999)에서는 국가의 복지정책을 실현할 때 노동 프로그램으로의 이행 과정에서의 전문 진로상담가의 역할을 제시하면서, 이들의 효과적 서비스 전달 활동에 요구되는 지식·기술·태도·

습관 등을 소개해 진로지도 담당 인력의 훈련과 전문성이 중요함을 강조했다.

'기초교육에서 직업생활로의 이행에 관한 주제별 검토'(OECD, 2000)에서는 효율적으로 체계화된 진로정보 및 지도서비스를 효과적인 6개 국가 이행시스템 중 하나로 지적하고 이에 대한 토론을 한 장(chapter)에 할애했으며, 후속 과제로 교육위원회와 고용노동사회위원회가 공동으로 주관하는 각국의 진로지도서비스 체제 분석을 했다.

'진로지도·상담·정보정책'(Polices for Information, Guidance and Counselling Services, 2000-2003)에서는 '기초교육에서 직업 생활로의 이행에 관한 주제별 검토'의 후속과제로 OECD 14개국[3]이 공동으로 참여해 각국의 진로지도·상담서비스의 정책 및 실천 사례를 수집해서 각국의 발전적 정책 방향을 제시했다. OECD는 이 연구를 통해 국가별 '진로지도' 정책 교환을 위한 OECD 웹사이트를 제공하고, 사업 결과로 수집되는 각국의 사례 정보를 비회원국가 또는 사업에 참여하지 않는 OECD 국가와도 공유해 각국에서의 진로지도서비스 정책의 중요성을 환기시켰다.[4]

이 외에 '진로지도·상담·서비스 정책' 연구에서는 아래의 6가지 주제를 중심으로 OECD 국가 간의 진로지도서비스 정책 활성화를 위한 기본 방향을 제시했다. 특별히 OECD 국가마다 사용되는 다양한 용어에 대한 정의를 다음과 같이 정리해 발표했다 (Sweet & Watts, 2004).

---

3   Australia, Austria, Czech Republic, Denmark, Finland, Germany, Ireland, Korea, Luxembourg, Netherlands, Norway, United Kingdom, Canada, Spain.

4   인터넷 주소는 http://www.oecd.org/els/education/re이며, 웹사이트 우측 상단에 있는 "Career Guidance Policy Review"를 클릭하면 이 사업과 관련된 아래 정보를 얻을 수 있다.

  • Background information on the Review
  • The proposal for the Review approved by the relevant OECD committees
  • The national questionnaire
  • The Newsletters
  • The consultants' papers produced to date

- career guidance: 생애 모든 단계와 모든 연령의 사람들에게 교육, 훈련, 직업에 대한 선택과 이들의 진로를 관리하도록 돕는 서비스[Career guidance services intended to assist people, of any age and at any point throughout their lives, to make educational training and occupational choices and to manage their careers (OECD, 2004, p.19)]
- career counselling: 개인이 직면한 특징적인 진로문제에 집중해서 일대일 기반 또는 소규모로 수행되는 서비스(Career counseling conducted on a one-to-one basis or in small groups, in which attention is focused on the distinctive career issues faced by individuals)
- career education: 교육과정의 일부로 개인과 그룹이 자신의 진로개발을 관리하는 데 필요한 역량을 개발하도록 돕는 과정에 집중(Career edcuation as part of the curriculum, in which attention is paid to helping groups of individuals to develop the competencies for managing their career development)

1) 진로지도서비스의 질적 수준

진로지도서비스의 질적 수준에 대한 문제에서는 새로운 공공정책과 관련해 질적인 통제에 의한 관리 또는 분권화를 강조한다. 특히 질적 수준을 유지하기 위한 지침으로 다음의 요소를 중점적으로 검토해야 함을 제안했다.

- 교육 및 직업정보의 질
- 진로지도서비스 직원의 자격과 능력
- 진로지도서비스의 전달방식

질적 수준을 위한 표준은 적법한 인증 절차를 통해 구체적이고 직접적인 성격을 갖는 반면, 지침들은 좀 더 일반적이고 덜 강제적 성격을 갖고 있기 때문에 진로지도의 접근 방식과 관련된다. 즉 관리 중심 접근의 경우 진로지도 과정에 초점을 둔 반면, 투입-과정-산출모형에서의 접근은 학습 결과 또는 경제적 결과물, 윤리적·환경적 고려 요인을 포함한 사회적 결과물에 초점을 두고 있다. 각 국가마다 다양한 진로지도서비스의 질적 수준을 높이기 위한 규준과 지침을 마련하고 그 접근 방법도 다양하지만, 정부, 사회단체, 진로지도·진로상담 전문협회 등 다양한 주체가 상호 긴밀하게 연계된 방식으로 접근하고 국가적인 큰 틀 안에서 또는 그 안의 지역적 특수성이 결합된 상태로 수행되는 정책들이 강조되었다.

2) 진로지도 담당자의 기술·훈련·자격

진로지도 담당자에게 요구되는 훈련의 본질과 범위는 국가들 간에 그리고 국가들 내에서 다양한 변인으로 존재한다. 민간 영역에서는 형식적인 필수 조건이 제시되지는 않지만, 일반적으로 학교 부문에서는 진로지도 담당자에 대한 훈련 및 자격의 조건이 다른 영역보다 형식적이다. 대부분의 국가들에는 교육과 노동시장 영역에서 일하는 진로지도 담당자의 자격에 관한 상호 인정이 없으며, 비전문가 수준에서 전문가 수준으로 향상할 수 있도록 돕는 훈련 프로그램이 필요하다. 진로지도 담당자의 전문성 향상을 지원하는 교육훈련의 경로 개발은 고객에게 좀 더 질적 수준이 높은 서비스를 제공할 수 있는 핵심이 될 수 있기 때문에, 노동시장에서 요구하는 내용을 고객에게 잘 전달할 수 있는 서비스 역량을 갖추기 위해 진로지도 담당자에 대한 기술, 훈련, 자격 등의 양성체제를 강조한다. 또한 2000년대에 이슈가 된 정보통신공학(ICT)과 원격교육은 진로지도상담 근로자들을 위한 초기교육 및 재순환교육에서 거의 사용되지 않고 있어, 이들을 위한 훈련 내용에서 다음과 같은 요소들에 좀 더 많은 관심을 가질 필요가 있다.

- 진로정보 및 지도상담서비스의 제공에 정보통신공학(ICT)의 활용
- 전문가들과 함께 일하고, 전문성에 기반한 서비스의 제공
- 교육과 고용의 국제화와 세계화 향상

3) 지역 간의 진로정보 및 지도서비스 연계

진로지도와 상담, 진로정보서비스는 다양한 조직과 환경 속에서 제공되고 있다. 효과적인 서비스 체제를 만들기 위해서는 지역사회 수준에서부터 국가 수준으로 올라가는 탄탄한 협조체제가 필요하다. 이러한 협조체제 구축은 국가와 지역의 정책 실천과 파트너십에서 강력한 리더십을 요구한다. 협조의 수준은 공동배치와 원스톱(one-stop) 모형과 같은 네트워크 모형에서부터 완전한 통합모형에 이르기까지 다양하다. 많은 국가의 사례들을 보면, 진로정보와 진로지도·상담은 교육과 훈련, 고용 및 기타 사회서비스들에 의해 제공되는 넓은 분야의 한 작은 부분이라는 사실로 제한받을 수 있다. 따라서 정책적 연계와 같은 적절한 수단을 사용해 지역적인 통합서비스를 제공하는 국가정책이 중요함을 강조하거나 예산 사용에서의 우선권을 부여해야 한다. 특히 교육과 고용 부문의 서비스, 청소년과 성인을 위한 서비스 사이에서 강조되어야 할 통합의 수준에 좀 더 많은 관심이 필요하다.

4) 연계된 진로정보·지도체제에서의 정보통신기술의 역할

정보통신공학(ICT)은 진로정보와 진로지도·상담서비스의 전달 과정에서 폭넓게 활용되고 있다. 정보통신기술에 의한 접근성의 증가와 상호작용성의 증가, 좀 더 확산된 정보통신 기반 자원의 발명 등이 핵심 경향으로 나타나고 있다. 진로지도·상담에서 정보통신공학의 역할은 도구, 대체물, 변화 요인의 3가지 측면에서 제시될 수 있다. 기술적으로 조정된 서비스 전달 형태로서 웹사이트와 도움라인의 성장은 변화 요인으로서 정보통신공학의 잠재력이 과거 그 어느 때보다도 거대하다는 사실을 의미한다. 면대면 시설들과 함께, 전화와 웹사이트, 이메일 등으로 서비스를 대체할 수 있거나 폭넓고 유연하게 잘 조화를 이룬 네트워크 서비스로 종합 서비스화(portals)할 수 있다. 공공정책은 이러한 조화를 지원하거나 방해할 수 있다. 따라서 정보통신공학에 기초한 진로정보와 진로지도·상담서비스의 제공과 관련해 공공정책의 잠재적인 역할은 진로지도상담 영역에 대한 재정을 지원하거나 제한하는 것이다. 재정 지원은 정보통신공학에 기반을 둔 서비스 공급에 하는 것이며, 재정 제한은 정보통신공학의 역할이 진로정보와 진로지도·상담의 질적 보장을 하지 못하고 실패해서 시장에서의 확대를 줄이는 것이다. 최근 4차 산업혁명과 AI의 등장에 발맞춘 새로운 진로지도서비스의 전달방식의 검토도 필요하다.

5) 진로정보 및 진로지도 전달에서 시장의 역할

진로정보와 진로지도서비스를 전달하는 과정에서 대중적이고 자발적인 민간 영역의 개별적 역할을 평가하고, 특히 이러한 영역에 의해 전달되던 서비스의 효율성과 형평성을 국가들의 정책적 쟁점으로 강조해야 한다. 진로지도서비스의 재정 지원을 받고 있는 경우에 또는 받을 수 있는 방법을 조사해서 이러한 방법을 유사시장 메커니즘(quasi-market mechanisms)에 적용해 보고, 이러한 평가들의 효과성을 적용한 몇몇 국가의 절차를 반영해, 각 국가는 시장의 역할을 다각화하는 정책을 강조해야 한다.

6) 진로정보 및 진로지도서비스의 전달에서 얻은 성과의 평가

투입(input)을 구체화할 수 있는 진로정보와 진로지도서비스 체제에서 그 전달 과정에서 얻은 결과물, 즉 학습 결과와 행동 결과들, 장기간의 경제·사회적 결과물 등을 포함하는 성과에 대한 다양한 평가 방법을 검토해야 한다. 각 평가 방법 사례들과 이러한 평가 방법을 사용하는 유용한 증거에 대한 요약과 검토(review)는 향후 증거에 기반한(evidence based) 정책 수립과 예산의 효과적인 공유와 분배를 위해 우선적으로 강조되어야 한다.

OECD 국가에서는 진로지도서비스 개입이 어떤 효율성을 가져왔는지에 대한 증거를 찾기가 어렵다. 반면, 미국의 연구 결과들에서는 진로지도의 개입이 청소년의 학습목표 달성에 긍정적인 것으로 보고(Killen, 1996)하고, 진로정보·지도서비스가 개인의 진로정보 접근을 확대시키고 의사결정력 향상의 성과를 가져오기 때문에 결과적으로 노동시장의 투명성과 유연성을 향상시킨다는 예측을 제시하고 있다. 하지만 이러한 논거에 대한 경험적 증거를 제시하는 연구 결과를 찾기는 어렵다. 진로지도서비스가 중요하다고 강조함으로써 청소년의 진로탐색 활동이 증가되기는 하지만, 바로 이러한 개입이 청소년의 취업 연결 (job-matching)과 직업 탐색의 효율성 또는 실업기간 등에 미치는 영향력을 확실히 제시하고 있지는 않다(Killen, 1996).

이와 같이 진로지도서비스의 성과를 확인하고 증거를 확보하고자 하는 연구 시도는 진로지도 효과를 단기간에 수량적으로 접근해서 파생될 수 있는 다양한 오류를 가져오기 때문에 아직도 미해결 과제로 남아 있다. 비록 진로지도서비스의 성과가 즉각적인 문제해결에 도움이 되지는 않더라도, 진로정보, 진로지도·상담서비스는 노동시장 프로그램(Martin, 1998; OECD, 1999), '복지에서의 노동'프로그램(McIntyre & Robins, 1999), 중등교육(Lapan et al., 1997), '학교에서 직업으로의 이행'(OECD, 2000) 등의 정책을 효율적으로 집행하는 데 핵심요소라는 점에는 모든 국가가 동의하고 있다.

따라서 OECD 각국은 일반적으로 서로 다른 집단 간의 진로지도서비스에 우선권을 설정하고, 수요자의 특성 차이만큼 상이한 서비스 전달 방식의 접근을 증가시켜 그 효율성을 제고하며, 이로 인해 진로지도서비스의 질적 향상을 가져올 수 있는지의 여부에 주목하고 있다. 이를 위해 OECD는 지원 인력의 다양성에 따라 차별적으로 요구되는 기술과 자격요건을 파악해서 진로지도서비스의 조직 및 보급 방식에 적용해야 함을 강조하고 있다.

3 OECD 국가의 진로지도서비스 정책 이슈

진로지도서비스와 관련된 주제는 2000년대까지 OECD 국가들로부터 실질적인 주목을 받지 못했다. 예외(Hiebert & Bezanson, 2000)가 있으나 진로지도서비스 자체를 정책적 분석 대상 분야로 보기보다는 아주 일반적인 예로 치부하는 경향이 있었기 때문이다.

따라서 현재까지 진로지도서비스 분야의 정책 이슈를 겨냥한 제한적 연구 결과물은 결과적으로 OECD 국가 간에 어떤 진로지도서비스가 제공되고, 누가, 누구에게, 무슨 특혜를, 얼마의 비용으로 수행되는지 등에 대한 포괄적 정보 접근을 불가능하게 했다. 관련 정보가 있다고 하더라도 각국의 현실성과 상당한 괴리를 야기하는 것으로 평가하고 있기 때문에, 이 같은 정보 괴리를 메우고 서비스 제공의 자세한 조감도를 작성하기 위해 2000년부터 OECD 교육위원회와 고용노동사회위원회는 '진로지도·상담서비스 정책' 사업을 진행하였고, 이 사업 참가국인 14개 국가는 다음과 같은 정책적 이슈에 동일한 의견을 제시했다.

이러한 정책적 이슈에서는 궁극적으로 모든 이를 위한 평생학습의 실현을 위해 고용 및 복지정책과 발맞추어 실행할 수 있는 진로지도서비스가 어떻게 조직되고 운영되며 전달되어야 그 공공정책적 목적의 달성이 촉진될 수 있는지를 핵심으로 삼아 접근하고 있다.

1) 전달 모델

청소년과 성인 모두를 대상으로 할 때 서로 차별되는 진로지도 모델·전달체제(교실 중심의 진로교육, 개인상담·집단상담, 전화상담서비스, 컴퓨터 기반 상담 및 정보서비스, 지역공동체 중심 서비스) 사이의 적절한 균형이란 무엇인가? 정보서비스, 어드바이스서비스, 지도 및 상담서비스 간의 경계는 어떻게 정의되고 운영되며 직원이 구성되고 정보가 조달되는가?

2) 비용과 특혜

진로정보·지도서비스의 필요 수준은 어떻게 설정되는가? 가장 필요한 정보를 수집·분석·평가·보급하는 일련의 서비스와 특정 집단 수요자의 요구에 적합하게 특성화해 제공하는 정보제공서비스 중 어느 것이 일반 대중에게 더 큰 이익을 주는가? 고객 요구에 부응하는 서비스 제공을 위해 공공고용안정센터(PES)에서 사용하고 있는 요구분석 도구의 예측력은 과연 정확한가? 각 국가들이 진로지도서비스를 전달할 경우 각 모델에 대한 비용과 특혜는 얼마나 되는가? 고객 집단과 제공 서비스의 종류에 따른 비용과 특혜는 어떻게 달라지는가? 어떻게 하면 최적의 혼합된 전달모델을 선택해서 비용효과를 극대화할 수 있는가?

3) 이해관계자의 역할

진로지도서비스의 제공에서 교육기관, 노동시장, 고용주, 노동조합, 지역기관 및 민간 부문의 적절한 역할은 무엇인가? 어떤 상호보완성이 이 역할들 내에 존재하는가? 각기 다른 고객 집단의 요구에 부응하기 위한 각 주체자의 역할 서비스는 무엇인가?

4) 진로지도 근로자의 기술·자격·훈련

효과적인 진로정보·지도서비스를 제공하는 근로자에게 요구되는 자격과 훈련은 무엇인가? 국가의 통합 진로지도의 기틀 내에서 근로자의 자격과 훈련의 범위 및 적절한 배합은 무엇인가? 교육·고용, 복지 서비스 내의 새로운 진로지도 정책 요구는 이의 실제적 정착을 위해 어떤 기술과 자격을 요구하는가?

5) 재정

효과적인 진로지도서비스 전달을 위해 어떤 재정모델이 필요한가? 재정과 관련해 정부와 고용주, 개인 스스로가 감당해야 하는 재정 측면의 상호 역할은 무엇이고, 고객과 그들의 필요 정도에 따라 재정 정도는 어떻게 변화하는가?

6) 질적 수준

정보 서비스(인쇄매체와 인터넷)와 조언, 관련된 진로지도서비스의 질적 수준은 어떻게 정의되고 측정되며 평가되는가? 질적 수준과 그 표준을 설정하고 평가하는 데 국가와 지역은 어떤 역할을 할 수 있는가?

7) 질적 근거

이 문제에 대한 기존의 국가 연구기관의 견해는 어떠한가? 비용과 특혜에 대한 질적 기준 설정과 그 판단을 뒷받침하기 위해 어떤 연구와 평가 기초가 필요한가? 진로정보, 지도, 상담서비스의 효율성을 평가하는 데 어떤 기준이 필요한가?

8) 운영 절차

진로지도서비스는 다른 여러 유형의 서비스와 중복되는 부분이 많다. 취업알선(placement), 개인상담, 지역 밀착형의 개인지도, 정부의 복지제도 안내, 임상심리학적 접근 등이 그 예가 될 수 있다. 이들 서비스는 종종 진로정보, 지도, 상담을 담당하는 사람들에 의해 제공되기 때문에, 진로지도서비스 연구에서 학문적·실제적 경계에 대한 논란이 제기되고 있다. 이러한 서비스의 궁극적 목적은 청소년과 성인의 교과목과 직업 선택을 지원하는 진로지도서비스이며, 이러한 서비스가 진로지도의 목적 달성에 도움이 된다고 설정하고 있다. 하지만 과연 전문적이고 특성화된 진로지도서비스의 제공을 위한 운영 절차는 무엇인가?

4 마무리

OECD는 최근 평생학습, 노동시장, 복지정책에 대해 좀 더 적극적이고 포괄적인 측면에서 진로지도서비스의 정책 수립을 모색하고 있다. 이는 진로지도의 중요성 인식이 학문적 문건에서 각국의 정책적 이슈로 전환되었다는 점에서 매우 커다란 변화라고 할 수 있다. 동시에 초·중·고등단계에서 제공되는 전통적 진로지도서비스의 내용, 즉 상급학교 진학과 최초 입직 지원 정보 측면의 경계로부터 평생학습시대를 살아가는 모든 개인의 학습장애 극복을 지원하는 개입으로 진로지도의 기능과 역할이 전환되고 있어, 사실상 평생학습시대를 살아가는 개인 인생 전반(life span)에 대한 진로지도의 중요성 인식이 강화된 총체적 변화라고 평가할 수 있다.

이러한 변화는 태어나서 죽을 때까지 모든 일의 총체적(totality of work) 의미가 진로(career)라고 정의되는 학문의 본질적 개념과 맥을 함께하는 것으로, 학문적 개념이 현장에서 정책화되어 그 순기능을 담당하고 있다고 평가할 수 있다. 이러한 '진로' 개념의 현실화 순기능에 대해, OECD 국가는 개인이 변화하는 외부환경에 긍정적으로 대처할 수 있도록 진로정보·지도서비스 제공의 질적 제고, 효과적 전달방식, 진로상담자의 자질, 이를 뒷받침하는 법과 제도적 지원에 초점을 두는 핵심 정책 이슈로 접근하고 있다.

개괄적으로 살펴보면, 전통적으로는 주로 심리학을 기초로 훈련받은 전문 상담자들에 의한 면대면, 일대일 지도의 전달방식을 평생학습 관점에서 가장 큰 문제로 야기되는 비용문제로 접근했고, 모든 이를 대상으로 한정된 전문가가 일대일 상담서비스를 하기 위해 소요되는 비용 측면의 비효율성을 거론했다. 또한 이를 위한 대응책으로 검토된 것이 교실 중심의 진로교육이었으나, 교실 중심의 진로교육이 단위비용에 대한 문제를 해결할 수 있지만 졸업자, 경력전환자, 조기은퇴자와 같이 학교 밖 성인에게는 진로지도서비스가 공유되지 못한다는 비형평성 문제가 제기되었다. 그리고 교사들이 가지고 있는 진로정보의 한계성이 외부 직업세계의 정보와 괴리될 수 있다는 점도 거론되었다. 이를 위해 정확하고 신뢰로운 정보를 전달하는 데서 부딪히는 '정보의 투명성' 측면을 정책적 이슈로 다루고 있다.

이러한 문제점을 전략적으로 해결하고자 시도된 것이 영국의 '런디렉트(Learn-direct) 서비스'의 시행으로, 이는 국가전화번호를 통해 모든 이가 접근할 수 있도록 하여 비용 측면의 문제를 축소했다. 그러나 이러한 접근의 질적 서비스 수준, 그 규모의 균형, 전달모델 등에 대한 평가 작업이 필요함을 OECD는 지적하고 있다.

우리나라 경우에는 다른 OECD 국가에 비해 진로교육·진로지도의 역사가 일천하다. 기본적으로 우리나라의 국민성은 자신의 문제를 타인에게 개방해서 해결점을 찾는 경향보다는 자신의 문제를 개인적 차원(가족 단위 또는 친구나 선후배와 같은 비공식적 정보원)의 한정된 영역에서 밀폐해 해결하려는 경향을 많이 갖고 있다. 따라서 입시 준비 중심의 학교체제라는 독특한 한국적 교육 풍토와 자신의 진로문제를 학교교사 또는 전문상담기관에 개방해 해결하려는 경향이 높지 않은 특징을 지니고 있다. 그럼에도 '평생학습'시대에서 세계화 물결과 국가수준의 강력한 진로교육 강화 정책으로 우리나라에서는 점차 진로지도서비스의 중요성이 강조되고 있다. 더욱 빠른 정보통신기술의 발달, 잦은 직업세계의 변화, 경력 전환에 대한 개인적 요구의 증대 등은 좀 더 빠르고 신뢰로우며 정확한 양질의 진로정보·진로서비스를 요구하고 있어, 그 잠재적 수요는 점차 증가하는 추세이다. 따라서 우리나라 진로지도서비스 역시 다른 OECD 국가와 마찬가지로 '모든 이를 위한 접근'과 '질'에 대한 보장, 이를 개선하고자 하는 노력을 정책 입안자, 학교 현장, 연구기관 내에서 활발히 해야 한다.

우선적으로 해결되어야 하는 측면은 양질의 진로지도서비스 제공 성과에 대한 측정과 평가 작업이라고 할 수 있다. 각 단위 학교 현장과 공공고용안정센터에서 제공하는 진로지도서비스의 내용을 세분화하고, 각 내용별 성과를 항목별로 구조화하여 측정·평가하며, 그 결과를 각 단위학교 현장의 진로교육과 공공고용안정센터의 상담 기능과 연계해 진로교육에 대한 기능과 역할을 재정립해야 한다. 이러한 진로지도서비스의 질적 제고(assuring quality)를 위해 시행되는 성과 측정과 평가 작업은 우선적으로 법과 제도적 측면에서 보장되어야 한다.

후속적으로 진로지도서비스를 제공하는 진로교사, 진로상담자, 공공고용안정센터 직업훈련 상담원 등의 전문성과 상호 자격인정 시스템이 강화되어야 한다. 즉 진로전문가 스스로 자신의 진로지도 역량을 계속적으로 개발할 수 있는 기회를 제공하고 진로전문가들의 자격이 공공기관과 민간기관에서 상호 인정되는 체제를 갖추어야 한다. 아울러 비장애인과 장애인을 위한 진로지도서비스 전달 균형의 재조절, 취약계층에 특화된 진로지도서비스의 운영체제 강화, 이를 위한 정부의 지원 확대, 양질의 진로지도·상담서비스를 위한 고용주, 노동조합, 지역기관 및 민간의 적절한 역할 분배가 중요하다. 이를 위한 논의가 정책 입안자, 학교교사, 공공고용안정센터, 민간 진로지도서비스 기관, 진로전문가 등과 연계해 활발히 진행되어야 한다.

마지막으로 우리나라는 개인의 평생학습 촉진과 적극적 노동시장 정책의 전달 도구라는 진로지도서비스의 기능과 역할을 실현하기 위해 그림 11-1과 같은 숙제를 남겨두고 있다. 첫째, 진로지도 행정 및 정책과 관련해서, 과거의 진로교육은 지엽적이고 부수적인 교육부 업무로 인식되었기 때문에 이벤트성 정책으로 지속성을 갖지 못하고 나아가 정권 교체에 따라 민감하게 변화했다. 앞으로의 진로교육은 모든 '교육·고용·복지'정책의 핵심요소로 강조되고, 진로교육의 성과 증거 데이터를 기반으로 장기적 정책을 수립하며, 현장을 모니터링하면서 실효성 있는 정책이 학교와 지역사회 전체에서 지속적으로 발전할 수 있도록 노력해야 한다. 둘째, 진로지도 수요자와 공급자와 관련해서, 과거의 진로교육은 주류 학생 중에서도 입시와 상대적으로 관계가 적은 중학교 단계에 상대적 무게감이 주어졌으며, 2011년부터 시행된 교육부 진로전담교사 배치 정책으로 학생 수와 관계없이 배치된 1명의 진로전담교사에게 전교생 대상의 진로교육의 책무를 지우고 있다. 앞으로 진로교육의 수요자는 모든 국민을 대상으로 하며, 학교의 모든 인력들, 예를 들어 진로전담교사, 담임교사, 교과교사, 교장, 교감, 지역사회의 모든 이해관계자들이 상호협업하는 새로운 진로교육 문화를 정착시켜야 한다. 셋째,

진로지도 제공 시기와 관련해서, 과거에는 진로교육이 진로선택 시점이라고 할 수 있는 중3, 고3의 진학 및 취업 선택 시기에 중점을 두었고, 특정한 진로문제가 발생하면 이를 해결하고자 하는 의도로 진로상담이 개입되는 특징을 보였다. 앞으로의 진로교육은 선택과 결정 시기 이외에도 전생애적 접근 안에서 그리고 문제 발생 이후의 사후 처리적 관점보다는 이를 사전에 예방한다는 관점에서의 개입을 필요로 한다. 넷째, 진로지도 콘텐츠와 관련해서, 과거의 진로교육은 주지주의적 교과 중심으로 교사의 일방적 강의 형태로 제공되었고, 주로 개인의 적성과 흥미, 직업, 진학 등의 정보 제공에 초점을 두었다. 앞으로의 진로교육은 다양한 체험과 활동으로 교사와 학생 간의 상호작용을 강조하고, 개인의 진로 요구에 초점을 둔 맞춤형 진로설계가 가능한 콘텐츠로 전환해 진로교육 자체가 학생 개인에게 삶의 실제적 의미를 부여하고 언제 어디서나 전환이 필요한 시기에 효과적이고 성공적인 전환을 이룰 수 있는 역량을 강조하는 콘텐츠로 변화되어야 한다. 다섯째, 진로지도 제공과 관련해서, 과거의 진로교육이 국가가 정한 정책의 테두리 안에서 규제되지 않은 서비스를 제공했다면, 앞으로의 진로교육은 지속된 전달방식의 효율화와 성과를 지향하면서 개인의 진로 요구에 초점을 둔 서비스 전달로 지역과 개인의 특성화에 초점을 두고 제공되는 정보와 내용에 타당성과 신뢰성을 담보하며 질적 수준이 우수한 서비스로의 전달을 필요로 한다.

이러한 한국 진로교육의 향후 발전 방향 5가지는 해외의 진로교육이 지향하는 주요 정책 방향과 보조를 같이하면서 진로교육이 평생학습사회와 적극적인 고용을 견인하는 역할을 극대화하는 데 필요한 우리의 향후 정책 과제이기도 하다.

	before		**now and future**
진로지도 행정/정책	• 지엽적, 부수적, 추가적 업무 • 이벤트성 정부부처 및 기관의 정책으로 이용 • 국가정권 변화에 민감하게 반응		• 핵심적/중심적 업무 • 증거기반의 정책수립-모니터링-실천의 장기적 추진
진로지도 수요자/ 공급자	• (수요자)중등학교 학생/학부모 • (공급자)진로전담교사		• (수요자)모든 국민 대상 • (공급자)진로전담교사, 담임교사, 교과교사, 교수, 지역사회 모든 이해관계자 등
진로지도 제공 시기	• 결정이 필요한 시기 • 진로문제가 발생한 시기		• 생애 전반 • 사후대처보다는 예방적 관점
진로지도 콘텐츠	• 주지주의적 교과 중심의 일방적 강의 • 정보(자기이해, 직업정보, 진학정보 등) 제공 중심 • 선택 강조		• learning by doing을 통한 상호작용 • 개인 맞춤 진로설계에 활용 • 삶의 실제적 의미를 부여 • 유연한 '전환' 역량
진로지도 제공 방법	• 정책에 기반 • 중앙 관리 • 대규모 집단을 대상으로 • 커리큘럼 밖에서 수행 • 규제되지 않음 • 교육과 노동시장 정보의 괴리 존재		• 수요자 요구에 기초한 서비스 기반 • 분권화된 서비스, 중앙 관리 모니터링 • 서비스 제공의 특성화 강조 • 국가교육과정, 대학커리큘럼, 평생학습프로그램 안 등 • 서비스 제공의 '표준', 기준' 설정 • 새로운 ICT 적극 활용 등

그림 11-1 미래의 진로교육

출처 : 이지연. (2016). **해외 진로교육체제 발전과 시사점**, 한국직업능력개발원 개원 19주년 기념세미나 발표 논문

11장 진로교육 평가 **289**

참고문헌

이지연(2016). 해외 진로교육체제 발전과 시사점. 한국직업능력개발원 개원 19주년 기념세미나 발표 논문.
이지연(1998). 한국인의 진로유형에 따른 진로교육모형 개발. 한국직업능력개발원

Bezanson, L. & Kellett, R.(2001). *Integrating career information and guidance services at a local level.* Paris: OECD.

General Accounting Office(1999). *Welfare Reform: Assessing the Effectiveness of Various Welfare-to-Work Approaches.* Washington, DC.

Guichard, J.(2000). Career development and public policy in France, in Hiebert, B. and Bezanson, L.(Eds.). *Making Waves: Career Development and Public Policy.* Ottawa: Canadian Career Development Foundation.

Hiebert, B. and Bezanson, L.(Eds.)(2000). *Making Waves: Career Development and Public Policy.* Ottawa: Canadian Career Development Foundation.

Hoyt, K.B., Evans, R.N., Mackin, E.F., & Mangam, G.L(1974). *Career Education:What it is and how to do*(2nd Ed.). Salt Lake, Utah: Olympus Publishing co.

Irving, B and Barker, V.(2000). A new deal? Meeting the career guidance needs of the long-term unemployed. *International Careers Journal, Apriil.*

Killen, J.(1996). The learning and economic outcomes of guidance, in Watts, A.G., Law, B., Killen, J., Kidd, J., and Hawthorn, R.(Eds.) *Rethinking careers edudcation and guidance: Theory, policy and practice.* London: Routledge.

Lapan, R., Gysbers, N., and Sun Y.(1997). The impact of more fully implemented guidance programs on the school experience of high school students: A Statewide evaluation. *Journal of Counseling and Development,* Vol. 75.

Martin, J. P.(1998). *What works among active labour market policies: Evidence from OECD countries experiences,* Labour Market and Social Policy Occasional Papers, No. 35. Paris: OECD.

McCarthy, J.(2004). The skills, training and qualifications of guidance workers. *International Journal for Educational and Vocational Guidance.*

McIntyre, J. L. and Robins, A. F.(1999). *Fixing to Change: A Best Practices Assessment of One-Stop Job Centres Working With Welfare Recipients.* Fiscal Policy Centre, University of Washington.

Moeller. G. and Ljung. V.(1999). The Korsor production school and the Danish production schools. *Preparing Youth for the 21 Century: The Transition from Education to the Labour Market.* Paris: OECD.

OECD/CERI(1996). Mapping the Future. *Young People and Career Guidance*. Paris.

OECD(1998). Redefining Tertiary Education. Paris.

OECD(1999). *The Local Dimension of Welfare-to-Work : An International Survey.* Paris.

OECD(2000). *From Initial Education to Working Life : Making Transitions Work.* Paris.

Plant, P.(2001). *Quality in Careers Guidance.*

Rees, T., Bartlett, W. and Watts, A. G.(1999). The marketisation of guidance services in Germany, France and Britain. *Journal of Education and Work*, Vol. 12, No. 1.

Sweet, R. & Watts, A. G.(2004). *Career guidance and public policy: Bridging the gap.* Praeger/ Greenwood.

Verkammen, E. and Geerts, E.(2000). *Computer Touchscreen and Internet Job-Broking-services.* DEELSA/ELSA/PES(2000)5, OECD, Paris.

Watts, A. G.(2002). The role of information and communication technologies in integrated career information and guidance systems: A policy perspective. *International Journal for Educational and Vocational Guidance.*

Watts, A. G. & Sultana, R. G.(2004). Career guidance policies in 37 countries: Contrasts and common themes. *International Journal for Educational and Vocational Guidance.*

12장

진로교육의 발전 방향

이지연

모든 초·중·고등단계 학생들의 진로교육 학습 권리와 국가와 지방자치단체의 진로교육 제공에 대한 책무가 진로교육법(2015. 12. 23)에 명시되어 있다. 이는 진로교육이 다른 교과교육과는 달리 법에 의해 국가가 주체자로서 진로교육을 제공해야 한다는 영역적 특성을 강조한 것이다. 이러한 관점에서, 이 장에서는 국가 진로교육이라는 용어를 사용하며, 향후 국가 진로교육이 법에 명시된 책무와 역할을 감당하기 위해 요청되는 학문 및 정책적 발전 방향을 다루고자 한다.

진로교육(career education)[1]이란 넓은 의미의 직업교육을 말하며, 개인이 지니고 있는 가능성을 계발해 개인에게 가장 적합한 진로를 선택하게 함으로써 개인이 의미 있고 생산적인 활동에 종사해서 행복한 삶의 질을 영위할 수 있도록 도와주는 생애 전반을 아우르는 교육적 활동이다. 최근 평생학습의 보편화와 진로교육 역할론이 크게 부각되면서, 진로교육은 개인의 일생 전반을 아우르며 학령기, 성인기, 노년기를 포함한 전생애 영역에서 개인의 진로개발을 촉진하도록 도와주는 교육적 활동으로, 동시에 교육·훈련·복지를 연계하는 가교(bridge)로, 진로교육 대상의 범위, 전달 내용, 방식 등의 진로정보와 진로지도(상담)서비스와 함께 점차 강조되고 있다. 진로교육의 중요성은 시대와 국가의 특성에 따라 차이를 보이지만, 개인·교육·국가적 측면에서 요약하면 다음과 같다.

첫째는 진로개발에 대한 개인의 '책무성' 강조와 행복한 삶의 질과 관련된다. 평생 동안 자신의 고용 능력을 환경 변화에 맞추어 지속적으로 함양하는 진로활성화(career resilience)[2]의 개인책무성(Brown, 1996)이 중요해지면서, 이를 사전에 준비하고 행복한 삶의 질을 이룬다는 맥락에서 진로교육이 주요한 기제로 강조된다. 따라서 진로교육은 자신을 좀 더 잘 이해하고 의미 있는 삶을 이끄는 주체자로서 다양한 직업의 가치 등을 탐색하며 자신에게 적합한 더 나은 삶을 생각하고 설계하도록 도와준다.

1　진로교육(career education)이라는 용어는 1970년에 'United Stated Commissioner of Education인 James Allen'에 의해 처음 사용되었으며, 진로교육 이론과 실제적 측면에서 미국의 공교육을 접목시킨 사람은 시드니 P. 마랜드(Sidney P. Marland)(Calfrey C. Calhoun & Alton V. Finch, 1989)이다. 우리나라의 진로교육은 일반적으로 초·중등단계 학생을 대상으로 이들의 진로계획과 준비를 도와주는 학교 중심 교육으로 이해된다. 이는 우리나라의 진로교육 정책 전반을 주관하는 교육과학기술부의 주요 고객이 초·중등학교와 밀접한 것과 관련되지만, 이 장에서는 평생학습 맥락과 적극적 고용 정책의 가교로 모든 이의 생애 전반 진로개발을 지원하는 진로교육(OECD, 2004)의 관점을 취한다.

2　진로활성화(career resilience)란 변화하는 환경에 적응하려는 개인의 의지와 노력을 지칭한다(Collard et al., 1996). 이러한 개념은 평생직장이 평생직업으로 변화되면서 개인이 빠르게 변화하는 직업세계의 특성에 적응해 새로운 진로경로(career path)를 준비할 필요성이 대두되면서 강조되기 시작했다.

둘째는 교육에 대한 궁극적인 의미와 목적과 관련된 측면이다. 이는 모든 개인이 인생 전반에 걸쳐 자기 주도적으로 진로개발을 위해 요구되는 역량을 학교 체제에 머무는 동안 학습해야 한다는 당위성과 맥을 같이한다. 즉 학교에서 직업세계로의 성공적인 전환을 준비하는 것이 모든 교육활동의 주요 목적(Bell & Hoyt, 1974)이며, 개인은 변화하는 직업세계에 맞추어 자신의 진로를 활성화하고, 생애 전반에 걸쳐 노동시장의 고용패턴 변화에 부응하며, 자신의 직업 생활을 업그레이드하는 생애 진로개발(life-long career development) 역량을 학교교육을 통해 함양한다는 관점이다. 이러한 의미에서 진로교육은 '진로개발 역량이 무엇이며, 어떻게 학교 교육과정을 통해 전달할 수 있을까?'의 영역을 강조한다. 최근에 '진로교육 목표와 성취기준'(교육부, 2015)에서 제시하는 진로교육 목표와 내용체계에서는 미국, 캐나다, 영국 등의 진로개발지침에 기초해 초등학교부터 고등학교 학교급에 이르기까지 필요한 진로개발 역량을 제시하고 있다. 이처럼 학교 졸업 이후에도 생애 전반에 걸쳐 필요한 진로개발 역량이 모든 교육의 핵심 부분에 녹아 있을 때 학생들은 좀 더 명확한 진로목표를 수립하고 자연스럽게 학습동기와 몰입이 증진되어 높은 교육성과를 이룰 것이라고 기대하는 관점은 지속적인 진로교육 성과 추적의 증거(evidence based)를 통해 확인되기도 한다. 이러한 관점의 진로교육 기능은 일반교육의 기능과 상호 배치되는 차별적인 교육이 아니며, 교육이 수행하는 본질적인 기능인 동시에 평생학습의 연장선상에서 개인의 진로개발을 지원하는 도구적 역할을 한다.

셋째는 국가의 공공정책 활성화 측면이다. 이는 진로교육이 학생들의 제한적인 한 시점에서의 '진학과 취업'을 지원하는 국한된 서비스 제공이 아니라 국가적인 차원에서 모든 국민을 대상으로 이들의 삶의 질과 관련된 고용·복지·교육정책의 주요한 부분을 구성하는 핵심요소로 인식되기 시작(CEDEFOP, 2004)한 것과 맥을 같이한다. 즉 진로교육이 교육·훈련 및 노동시장의 접근 기회와 정보가 봉쇄된 청소년에게 교육·훈련으로의 진입과 노동시장 참여를 제고시키고 이들의 사회적 평등 및 통합을 개선시키는 윤활유적 역할을 담당하기 때문에 국가 공공정책을 촉진하는 역할이 있음을 지지하는 관점이다. 이러한 관점은 최근 진로교육법에 명시된 '사회적 배려자'를 위한 진로교육이 그렇지 않은 학생들과의 형평적 차원에서 동일하게 제공되어야 한다는 강조점을 재조명한다.

진로교육의 기본 철학은 그림 12-1과 같이 8개 요소로 요약된다. 진로교육은 ① 모든 사람을 대상으로 ② 진학과 취업의 한 시점뿐만 아니라 개인의 모든 생애주기를 포함해서 ③ 좀 더 합리적인 개인의 선택과 결정이 이루어지도록 지원하며 ④ 지속적인 진로발달을 지향하고 ⑤ 학습, 일, 여가, 취미활동 등의 모든 활동을 포괄하며 ⑥ 다양한 직업 분야와 일 가치를 탐색할 수 있도록 지원해서 ⑦ 사회적 생산성을 지향하고 ⑧ 개인 차원에서는 진로개발 역량 및 평생 구직기술 습득과 취업 등의 성과를 지향한다.

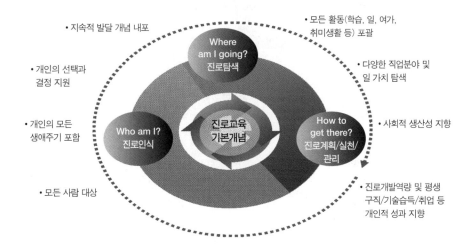

그림 12-1 진로교육의 기본 철학 8가지

출처: Bell & Hoyt(1974). 재구성함. **창의인재 양성을 위한 진로교육 과제**(이지연, 정윤경, 이종남, 한국직업능력개발원, 2010)

따라서 진로교육의 핵심적 개념은 첫째, '자신이 누구인지?'와 관련된 자기 특성을 정확히 이해하고 일의 가치와 중요성을 바로 아는 진로인식 둘째, '삶·학습·일'의 총체적 맥락 안에서 '자신이 어디로 가야 하는지?'와 관련된 진로목표 설정을 위한 신뢰롭고 정확한 진로탐색 셋째, 진로목표를 구체화하기 위해 '어떻게 목표를 달성할 것인가?'와 관련된 진로계획·실천·관리라고 할 수 있다. 이러한 진로인식·탐색·계획·실천·관리의 요소들은 진로교육을 통해 함양되는 진로개발 역량의 학습경험으로 요약될 수 있다. 개인의 진로개발 역량을 지원하는 진로교육, 진로지도, 진로상담이 사회통합,

사회평등, 정신적·신체적 건강, 범죄율 감소에 이바지하고 있음을 개념적으로 도식화한 것이 그림 12-2이다.

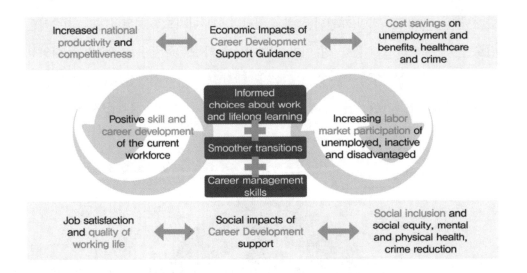

그림 12-2 진로교육의 성과와 역할

출처: Hirsch, W(2006) cited in Career development at work – a review of career guidance to support people in employment.
CEDEFOP European Centre for the Development of Vocational Training (2008). 이지연(2016), **해외 진로교육체제 발전과 시사점**,
한국직업능력개발원 개원 19주년 기념세미나 발표 논문

1980년대에 한국교육개발원에서 진로교육 사업이 시작된 이래, 국가 진로교육은 과잉학력, '전공·적성·직업' 불일치, 중소기업 구인난, 청년층 구직난, 청소년 진로쏠림 현상, 학교폭력 등의 사회적 이슈를 근본적으로 해결하기 위한 장기적 방안으로 그 중요성이 한층 강조되어(이지연, 2009, 2010) 오늘에 이르렀다.

진로교육의 중요성과 기본 방향성을 종합하면, 체계적인 국가 진로교육은 대국민 평생학습(life-long learning)과 적극적인 고용 정책(active labour policy)을 촉진하는 주요한 가교(OECD, 2004; CEDEFOP, 2004)로 학교교육의 핵심사항이며, 취약 청소년의 노동시장 참여뿐만 아니라 이들의 사회평등 및 통합에 기여(Watts & Sultana, 2004)하는 국가 공공정책과의 상호 호혜적인 역할을 해서 이를 강화하는 학문적, 정책적 방향으로 나아가야 한다.

1) 국가 교육과정 안에서의 진로교육

우리나라 진로교육의 가장 큰 특징은 국가 교육과정에 진로교육 교과목이 편제된 것과 아울러 국가 교육과정의 목적에 진로교육이 지향하는 철학과 기본 방향성이 녹아 있다는 것이다. 제6차 교육과정에서 실업·가정교과의 선택과목의 하나로 '진로·직업'(6단위)이 존재했으며, 제7차 교육과정에서는 '진로와 직업'의 독립된 교과목이 일반선택 보통교과로 개편되었다. 2002년도부터 적용된 제7차 교육과정의 '진로와 직업' 교과는 일반계 고교 2, 3학년 시기에 4단위를 이수하도록 지정되었다. 이처럼 제6차 교육과정 이후 '진로·직업' 교과는 제7차 교육과정 시행으로 학교장 재량에 따라 선택할 수 있는 독립된 교과목으로 자리매김했으며, 점차 초·중·고등학교로 확대되었다. 아울러 2008년부터 시작된 교과통합 진로교육 운동은 진로교육 내용을 필수교과목(국어, 영어, 수학, 사회, 과학 등)과 연계해 교과와 진로교육 목표가 함께 달성될 수 있도록 하는 교육과정으로 학교 단위의 실천력을 높이기 위한 매뉴얼을 개발하고, 교수·학습자료를 학교 일선으로 보급·확산(임언 외, 2008; 이지연, 2009; 정윤경 외, 2010, 2011)했으며, 교사를 위한 진로교육 연수에 주요 내용으로 등장했다. 이때부터 국가 교육과정에서의 진로교육은 과거와는 다른 체계성·전문성·특화성의 모습으로 일반교과와 통합적으로 운영되는 것을 지향하기 시작해 오늘에 이르렀다.

그림 12-3은 국가 교육과정에서 지향하는 방향성에 진로교육의 모습이 명료하고 포괄적인 모습으로 서술된 사례이다. 2009 개정교육과정이 목표하는 첫 번째 인간상은 "전인적 성장과 함께 진로를 개척하는 사람"으로, 학교급별 교육내용에서는 진로이해·탐색·개척을 주요 골격으로 평생학습 역량과 진로교육의 역할과 중요성을 확고히 강조했다. 또한 창의적 체험활동이 자율·동아리·봉사·진로활동으로 확대되어 학생들의 진로탐색을 지원하기 시작하였다.

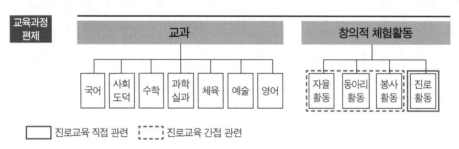

	인간상 1	인간상 2	인간상 3	인간상 4
인간상	전인적 성장의 기반 위에 개성의 발달과 진로를 개척하는 사람	기초능력의 바탕 위에 새로운 발상과 도전으로 창의성을 발휘하는 사람	문화적 소양과 다원적 가치에 대한 이해를 바탕으로 품격 있는 삶을 영위하는 사람	세계와 소통하는 시민으로서 배려와 나눔의 정신으로 공동체 발전에 참여하는 사람
교육내용 고등	• 성숙한 자아의식 • 다양한 분야 지식, 기능 • 진로 개척 • 평생학습 역량 및 태도	• 새로운 이해, 가치 창출 • 비판적, 창의적 사고력, 태도	• 우리 문화 향유 • 다양한 문화 가치 수용 자질 및 태도	• 국가 공동체 발전 • 세계 시민으로서 자질 및 태도
중등	• 심신 건강 및 조화 • 다양한 분야 경험, 지식 • 적극적 진로 탐색	• 학습 및 생활 기초능력, 문제 해결력 • 창의적 사고력	• 경험 토대 다양한 문화, 가치 이해 확장	• 다양한 소통능력 • 민주시민으로서의 자질 및 태도
초등	• 풍부한 학습경험 • 심신 건강 및 균형 • 다양한 일의 세계 기초적 이해	• 학습 및 생활 문제 인식, 해결 기초능력 개발 • 상상력	• 우리 문화 이해 • 문화 향유 태도 함양	• 자신의 경험 및 생각 다양하게 표현 • 타인 공감 및 협동

교육과정 편제

교과: 국어 / 사회도덕 / 수학 / 과학실과 / 체육 / 예술 / 영어

창의적 체험활동: 자율활동 / 동아리활동 / 봉사활동 / 진로활동

□ 진로교육 직접 관련   ┌┄┐ 진로교육 간접 관련

그림 12-3 2009 개정교육과정에 녹아 있는 진로교육

출처: 교육과학기술부(2009). **2009년 개정교육과정: 초·중등학교 교육과정 총론**. 이지연, 정윤경, 이종범(2010). **창의인재 양성을 위한 진로교육 활성화 방안**. 한국직업능력개발원

향후 국가 교육과정에서의 진로교육이 확고한 자리매김을 하고 모든 교과에 통합되는 진로교육 실현을 위해, 지속적인 양질의 교수·학습매뉴얼과 비교과 영역에서 운영되는 창의적 체험활동을 진로체험과 연계해 운영할 수 있는 다양한 지도서와 지침서가 요구된다. 아울러 모든 교과들의 상대평가 방식에 대한 전환을 모색해 진로체험의 학생 평가방식에 대해 다각적으로 고민하고 논의할 필요가 있다.

2) 국가 진로교육 담당교사의 전문성

'진로교육을 누가 담당하는가?'의 문제는 진로교육의 질적 성과와 관련이 깊다. 최근 교육과학기술부(2011년)는 2015년까지 중·고등학교에 진로교사(진로진학상담교사)

표 12-1 진로진학상담교사의 직무

진로진학상담교사의 직무	중학교	일반고	특성화고
1) 진로·진학 상담부장 등으로서 학교 진로교육 총괄	○	◎	●
2) 학교 진로교육과정 운영 계획 수립 및 프로그램 운영	○	◎	●
3) '진로와 직업' 교과수업	○	◎	●
4) 창의적 체험활동 중 진로활동 계획 및 지도	○	◎	●
5) 진로·진학 관련 학생상담 및 지도	○	◎	●
6) 진로 관련 에듀팟 관리	○	◎	●
7) 진로 포트폴리오 지도	○	◎	●
8) 커리어넷 등의 진로·직업 관련 심리검사의 활용 및 컨설팅	○	◎	●
9) 교내외 진로교육 관련 각종 체험활동 기획·운영	○	◎	●
10) 교원 및 학부모 대상 진로교육 연수 및 컨설팅	○	◎	●
11) 교육기부 등 지역사회 및 유관기관과의 네트워크 관리	○	◎	●
12) 입학사정관전형 지원		◎	
13) 대학 학과 안내 및 상담		◎	
14) 취업 희망 학생 지원		◎	
15) 선취업 후진학 및 취업 촉진 지원			●
16) 산업체와의 네트워크 구축 지원			●
17) 특성화고 배치 산학 협력 및 취업 지원 인력과의 협력			●
18) 고교 계열 선택을 위한 상담	○		
19) 직업체험 프로그램의 기획 및 운영	○		
20) 자기주도적학습전형 지원	○		
21) 학습계획서 작성 지원	○		

출처: 교육부(2012.6.18). 진로교사배치. 보도자료

를 배치하고, 이들의 전문성을 향상시키는 연수를 수준별로 제공하는 정책을 시행하고 있다. 과거에 우리나라의 학교 진로교육이 주로 재량활동에 배정된 일부 시간을 통해 행사성 교육을 실시하거나 사회, 도덕 또는 기술·가정(실과) 교과에 포함된 단원을 통해 이루어진 것에 비해, 오늘날의 진로교육은 국가 교육과정 안에서 독립된 또는 포괄적 부분에서 강화되고 있어 담당인력의 전문성이 비중 있게 요구되고 있다. 2016년을 기준으로 전국 초·중·고등학교에 진로진학상담교사가 배치되었으며, 모든 초·중등단계 학교급에 전문성을 지닌 진로교육 담당교사를 배치하고 이들의 전문성을 업그레이드하는 연수가 제공되고 있다.

다수의 진로진학상담교사를 대상으로 한 연구를 살펴보면, 이들의 직무 과중, 전문성 부족, 직업윤리 등에서 문제점이 지적되고 있으나, 학교 현장에서 학생과 학부모의 진로고민을 바로 해결해 주는 일선의 담당자로 진로교육 성과에 큰 영향을 미치는 핵심요소로서 그 역할의 중요성이 강화되고 있다. 2011년 진로진학상담교사 배치 정책과 함께 교육부 및 시·도 교육청은 지속적으로 새롭게 배치되는 교사 인력에 대한 부전공 자격연수와 동·하계 방학기간과 학기 중 연수를 기획해서 각 연수 시기마다 기본이수 과목과 선택·교직과목 등을 편성해 운영 중이다. 2017년부터는 대학교 교육대학원에서 진로진학상담교사 과정을 시작해 일선 학교에서 진로진학 상담을 희망하는 중·고교 교사들에게 진로진학상담 자격증을 부여하는 정책도 시행된다.

사후에 이루어지는 진로교사의 진로 전문성 함양보다는 사전에 교사 양성단계부터 예비교원 모두에게 진로전문성이 축적되어야 한다는 논의도 강하게 제기되었다(이지연·정윤경·이종범, 2010). 이러한 주장은 첫째, 초·중등교원을 양성하는 교육대학교 및 사범대학에서 진로교육을 가르칠 수 있는 역량 배양을 위한 과목 편성과 운영이 거의 이루어지지 않고 있고 둘째, 고등교육 단계의 대학 및 학과에도 진로교육 전공과목이 편성되지 않으며 셋째, 한 학교에 1명으로 배치된 진로진학상담교사의 직무 과다는 내실 있는 진로교육의 장애요인이 되므로 담임교사 및 교과교사들과의 협업이 필요(이지연 외, 2015)하고, 담임 및 교과교사를 대상으로 별도의 진로교육 연수를 제공하는 것은 시간과 예산의 낭비를 초래할 수 있다는 지적과 관련된다. 앞으로 국가 진로교육의 책무를 바르게 실천하기 위한 근본적 관점에서 진로교사의 역할론이 학교 현장에서 부각되기 위해서는 다음의 정책 이슈를 검토해야 한다. 첫째, 적합한 전문성을 지닌 진로교사의 양적 확대 둘째, 진로교사의 지속적 전문성 향상을 위한 전담 교육기관의 확대 지정 및 운영 셋째, 교원 양성과정에서 예비 교원들이 진로교육에 대한 이해 및 전문성을 습득할 기회를 가질 수 있도록 사범대학과 교육대학원 등에 '진로교육' 전공 설치 마지막으로 진로교사와 담임 및 교과교사가 상호 보완적 관계에서 협업하는 학교 진로교육 문화 확산 등이다.

3) 국가 진로교육 목표와 성취기준

'학교 진로교육, 무엇을 가르쳐야 하는가?'의 문제는 진로교육 목표와 성취기준이 무엇인지와 깊은 관련성을 갖는다. 이를 위해 학교 진로교육 목표와 내용체계(이영대 외, 2004; 최동선 외, 2008)에 관한 연구가 시도되었는데, 이 연구들은 미국의 NC-DA(National Career Development Guideline), 캐나다 BLWD(Blueprint for Life/Work Designes), 영국의 진로개발지침 등의 선행 연구에 기초해 우리나라 학교 진로교육 상황에서 요구되는 목표와 내용체계를 제시한 것이다. 미국, 캐나다, 영국의 진로개발지침의 공통점은 생애 단계에 따라 개인에게 필요한 진로개발 역량 요소를 강조했다는 것이다. 우리나라의 진로교육 목표와 내용체계에서 진로개발 역량 측면을 강조하기 시작한 것은 과거 심리검사를 통한 소위 'test & tell' 중심의 학교 진로지도가 자기이해와 단순 수준의 직업정보는 제공하지만 좀 더 장기적이며 생애 전반의 관점에서 요구되는 지식, 기술, 습관, 태도 측면에서는 미흡했다는 문제의식과 관련된다(이지연, 2012). 진로개발 역량(career development competency)이란 개인이 진로개발을 하는 데 필요한 역량으로, 자신이 누구인지 지속적으로 성찰하며 삶의 지향점을 설정하고 진로를 선택하며 그러한 선택이 실제로 구현될 수 있도록 준비하고 노력하는 과정에서 요구되는 지식, 태도, 기술, 습관의 가치와 성향을 말한다. 즉 인생 전반에 걸쳐 경험하는 총체적 일을 성공적으로 수행하는 데 필요한 개인의 기본적인 특성을 의미한다.

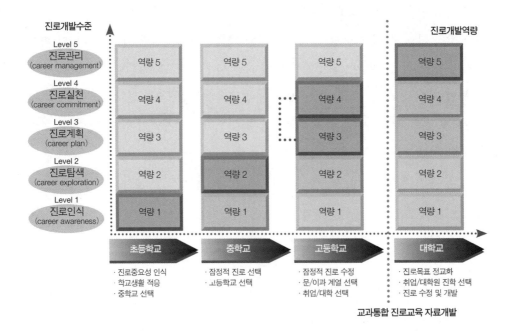

그림 12-4 학교급별 진로개발 역량의 수준

출처 : 이지연 외(2009), **교과과정과 연계된 진로교육 운영모형 구축(Ⅱ)**, 한국직업능력개발원. 59쪽

 그림 12-4의 5개 범주[3] 진로개발 역량 요소를 보면, 진로개발 수준(진로인식·탐색·계획·실천·관리)과 학교급별(초·중·고·대학교)에 따라 그 강조 역량 요소가 달라질 수 있음을 알 수 있다. 학교 진로교육에서는 학교급에 따라 요구하는 진로개발 역량 강조 수준을 고려하고, 이전 단계에서의 학습내용을 점차 다음 단계의 학습내용과 연계해 좀 더 발전된 형태로 학습할 수 있도록 전달하고 모니터링하며 피드백하는 과정을 강조해야 한다.

 2012년에 이어 2015년에 교육부는 생애에 걸친 진로개발 역량을 초·중등학교에서 체계적으로 개발하기 위해 진로교육 목표를 체계화했다. 이와 같이 국가 수준에서 학교급별로 진로교육의 목표와 성취기준을 제시한 노력은 다음의 몇 가지 측면에서 시

3 　역량 1, 자기이해 및 긍정적 자아개념과 태도 형성 역량 2, 직업세계의 이해 및 긍정적 가치태도 형성 역량 3, 정확하고 신뢰성 있는 진로정보탐색·해석·활용 역량 4, 진로계획의 수립·관리·실천 역량 5, 진로 및 개인 삶의 목표 달성을 위한평생학습참여를지칭한다[이지연 외(2009), **교과과정과 연계한 진로교육운영 모형 구축Ⅱ**, 한국직업능력개발원].

사하는 바가 크다. 첫째는 초등학교부터 진로교육이 좀 더 적극적인 형태로 전개되어 상급 학교로 올라갈수록 진로교육의 수준이 점차 심화되어야 하며, 초·중·고등학교에서의 진로교육은 상호 밀접한 연계성이 있어야 함을 전제하고 있다. 둘째는 양질의 우수한 진로교육 서비스 제공과 운영을 위한 기준과 지침으로서 진로교육의 질적 수월성(OECD 2004; Plant, 2004)을 보장하는 데 도움이 될 수 있다. 셋째는 이러한 진로교육의 목표와 성취기준이 진로를 담당하는 인력의 '선발·양성·훈련'을 위해 활용될 수 있는 측면이다. 현장의 진로교육 담당 인력이 갖추어야 하는 전문성을 국가 수준에서 통일된 틀을 제공함으로써 질적 편차를 줄이는 결과를 가져올 수 있다. 넷째는 학교, 시·도 교육청뿐만 아니라 민간 영역에서 학생들의 진로개발을 위한 프로그램을 개발할 때 국가가 정하는 틀과 공통적으로 상호 의사소통을 할 수 있는 이점을 제공한다. 다섯째, 내용적 측면에서 진로교육의 목표와 성취기준은 단순한 자기이해·직업이해·합리적 의사소통에 국한하지 않고 문제해결, 정보 활용, 대인관계, 의사소통, 자기관리 등 평생의 진로개발을 위해 지속적으로 요구되는 공통된 부분을 강조하고 있다. 즉 지속 가능한 진로개발(sustainable career development)을 위해 요구되는 역량이 학교 진로교육 안에서 이루어지는 것을 지향하고 있다.

앞으로 진로교육의 목표와 성취기준을 위해 다음의 몇 가지 정책적 이슈가 검토되어야 한다. 첫째, 생애 단계별 진로교육 목표 및 성취기준의 적용 가능성과 보편 타당성을 위한 다각적 검토와 논의가 지속되어야 한다. 둘째, 진로교육의 목표와 성취기준이 일선 학교 현장에서 교육과정 또는 프로그램으로 전환될 때 어떻게 구현되어야 하는지에 대한 친절한 안내를 필요로 한다. 셋째, 대학생과 성인을 대상으로 평생학습사회에서 진로교육이 어떻게 발현되어야 하는지에 대한 검토가 필요하다. 넷째, 진로교육의 목표와 성취기준에 부합하는 진로교육 예비교원 양성과 지속적 전문성을 지원하는 연수체제 간의 연계가 체계화되어야 한다.

4) 진로교육 집중학년·학기제

"자유학기를 통한 진로탐색 경험이 학교급에 따라 교육과정 안에서 진로교육과 연계되는 방안은 무엇인가?"의 질문이 진로교육 집중학년·학기제이다. 진로교육법 제13조 '진로교육 집중학년·학기제' 및 동 법 시행령 제6조 '진로교육 집중학년·학기제 운영'에는 진로교육 집중학년·학기제를 통해 초·중·고 특정 학년 또는 학기 동안 진로체험 교육과정의 집중 운영을 명시하고 있다. 즉 진로교육 중심 및 진로체험 교육과정 편성을 통해 진로탐색 기회를 집중적으로 제공해야 함을 의미한다. 이를 위해 단위학교에서 진로교육 집중학년·학기제 적용을 위한 다양한 운영 모델을 개발하고 이를 체계적으로 확산시키기 위한 연구학교 및 매뉴얼을 개발·보급·확산하는 사업을 진행하고 있다. 한 학기 또는 학년에 걸쳐 진로교육이 강화된 교육과정을 편성·운영하며, 자유학기 앞(선행)·뒤(후행) 또는 통합형의 다양한 안을 마련하고 진로검사, 현장 진로·직업체험 실시 등을 함께 운영할 것을 제안하고 있다. 특히 연구·시범학교를 중심으로 교과와 학교 진로교육 목표와 성취기준을 결합한 교과통합 운영을 확대하고 창의적 체험활동의 강화 등을 강조하고 있다.

앞으로 진로교육 집중학년·학기제가 성공하기 위해서는 다음의 몇 가지 정책 이슈의 종합적 검토가 필요하다. 첫째, 진로교육 집중학년·학기제 운영을 위한 단위학교 모든 교사들의 협업과 진로교육에 대한 전문성이 요구된다. 따라서 앞에서 지적한 진로전담교사를 포함한 모든 예비교원 대상에게 고등교육 단계에서 선행적 학과를 개설하고 운영하는 것이 우선적으로 필요하다. 둘째, 자유학기제와 연계된 심화된 진로교육 교육과정 운영이다. 중학교 교육과정에서 경험한 1학기의 자유학기 학습 성과가 학교급에 따라 차별화되면서 체계화와 연계성을 필요로 한다. 셋째, 진로교육 집중학년·학기제의 성과가 다음 단계로의 학생 진로전환 과정에 피드백이 되는 제도적 장치의 마련이 필요하다. 취업 또는 진학 등의 진로전환기에 진로교육 집중학년·학기에서 경험한 진로성숙의 학습 성과가 다음 단계로의 전환에 긍정적으로 피드백이 되도록 취업 및 진학 과정을 정비해야 한다.

5) 국가 진로교육의 법적 근거 강화

단위학교급별로 체계적이며 양질의 진로교육을 제공하기 위해서는 국가와 지역 수준의 진로교육 책무, 업무, 행정 절차의 기준이 법에 명확히 근거해야 한다. 그럴 때 그 실천력이 강하다. 과거의 진로교육은 지역 수준으로 내려갈수록 특성화된 진로교육 담당기구의 부재로 진로교육 업무의 혼선과 행정적 절차의 비효율성이 초래되었다. 이러한 문제점은 관련 법적 근거의 부재와도 관련될 수 있다. 학교 진로교육이 왜, 무엇을 위해, 어떻게 운영되어야 하는지와 관련된 법령의 부재는 이를 개선하고자 하는 유사 법령 재정비(나승일·김재식·정철영, 1999; 정철영, 2002; 이지연, 2005)와 특화된 새로운 법령의 필요성을 강조했고, 나아가 2015년의 진로교육법 제정이라는 성과를 거두었다.

표 12-2는 총 4장 23개 조항으로 이루어진 진로교육법의 내용을 나타낸다. 이를 통해 진로교육을 모든 학생의 학습 권리로 인정하고 국가와 지방자치단체가 진로교육을 제공해야 하는 책무를 명료하게 제시함으로써 국가 진로교육을 실천하기 위한 법적 뼈대를 갖추었다.

표 12-2 진로교육법 4장 23조항의 주요 내용

	제1조 (목적)	이 법은 학생에게 다양한 진로교육 기회를 제공함으로써 변화하는 직업세계에 능동적으로 대처하고 학생의 소질과 적성을 최대한 실현하여 국민의 행복한 삶과 경제 사회 발전에 기여함을 목적으로 한다.
제1장 총칙	제2조 (정의)	이 법에서 사용하는 용어의 뜻은 다음과 같다. 1. "진로교육"이란 국가 및 지방자치단체 등이 학생에게 자신의 소질과 적성을 바탕으로 직업세계를 이해하고 자신의 진로를 탐색·설계할 수 있도록 학교와 지역사회의 협력을 통하여 진로수업, 진로심리검사, 진로상담, 진로정보 제공, 진로체험, 취업 지원 등을 제공하는 활동을 말한다. 2. "진로상담"이란 학생에게 진로정보를 제공하고 진로에 관한 조언과 지도 등을 하는 활동(온라인으로 하는 활동을 포함한다)을 말한다. 3. "진로체험"이란 학생이 직업 현장을 방문하여 직업인과의 대화, 견학 및 체험을 하는 직업체험과, 진로캠프·진로특강 등 학교 내외의 진로교육 프로그램에 참여하는 활동을 말한다. 4. "진로정보"란 학생이 진로를 선택할 때 필요로 하는 정보로 개인에 대한 정보, 직업에 대한 정보, 노동시장을 포함한 사회환경에 대한 정보 등을 말한다. 5. "수업"이란 「초·중등교육법」 제24조에 따른 수업을 말한다.

	제3조 (다른 법률과의 관계)	진로교육에 관하여 다른 법률에 특별한 규정이 있는 경우를 제외하고는 이 법을 적용한다.
	제4조 (진로교육의 기본 방향)	① 진로교육은 변화하는 직업세계와 평생학습사회에 적극적으로 대응할 수 있도록 스스로 진로를 개척하고 지속적으로 개발해 나갈 수 있는 진로개발 역량의 함양을 목표로 한다. ② 모든 학생은 발달 단계 및 개인의 소질과 적성에 맞는 진로교육을 받을 권리를 가진다. ③ 진로교육은 학생의 참여와 직업에 대한 체험을 바탕으로 이루어져야 한다. ④ 진로교육은 국가 및 지역사회의 협력과 참여 속에 다양한 사회적 인프라를 활용하여 이루어져야 한다.
	제5조 (국가 및 지방 자치단체 등의 책무)	① 국가 및 지방자치단체는 학생의 발달 단계 및 소질과 적성에 맞는 진로교육을 활성화하는 데 필요한 시책을 마련하여야 한다. ② 국가 및 지방자치단체는 장애인, 북한이탈주민, 저소득층 가정의 학생 및 학교 밖 청소년 등 사회적 배려대상자를 위한 진로교육 시책을 마련하여야 한다. ③ 중앙행정기관, 지방자치단체, 「공공기관의 운영에 관한 법률」에 따른 공공기관(이하 "공공기관"이라 한다) 및 「지방공기업법」에 따른 지방공기업은 교육부장관이 정하는 바에 따라 진로체험의 기회를 제공하여야 한다.
	제6조 (진로교육 현황 조사)	① 교육부장관은 진로교육 정책 수립을 위하여 진로교육 관련 인력 및 시설, 진로교육 프로그램 운영 등 현황을 조사하고 그 결과를 공개하여야 한다. ② 제1항에 따른 진로교육 현황조사의 구체적인 내용, 절차 및 결과 공개에 필요한 사항은 대통령령으로 정한다.
	제7조 (직무상 알게 된 사실의 누설 금지)	진로교육을 담당하는 사람 또는 담당하였던 사람은 업무처리 중 알게 된 사실을 정당한 사유 없이 다른 사람에게 누설하여서는 아니 된다.
제2장 초 · 중등 학교의 진로교육	제8조 (진로교육의 목표와 성취 기준)	① 교육부장관은 「초 · 중등교육법」 제2조에 따른 학교(이하 "초 · 중등학교"라 한다) 학생의 발달 단계 및 학교의 종류에 따른 진로교육의 목표와 성취기준의 기본적인 사항을 정하고, 교육감은 교육부장관이 정한 범위에서 지역의 실정에 맞는 진로교육의 목표와 성취기준을 정할 수 있다. ② 교육부장관과 교육감은 제1항에 따른 진로교육의 목표와 성취기준을 교육과정에 반영하여야 한다. ③ 제1항 및 제2항에 따른 진로교육의 목표와 성취기준의 수립 · 시행에 필요한 사항은 대통령령으로 정한다.
	제9조 (진로전담 교사)	① 교육부장관과 교육감은 초 · 중등학교에 학생의 진로교육을 전담하는 교사(이하 "진로전담교사"라 한다)를 둔다. ② 교육부장관과 교육감은 초 · 중등학교에 진로전담교사를 지원하는 전문인력을 둘 수 있다. ③ 진로전담교사는 해당 담당교사와 협의를 거쳐 수업시간에 진로상담을 제공할 수 있으며, 이 경우 진로상담시간은 수업시간으로 본다. ④ 진로전담교사의 배치 기준, 제2항에 따른 전문인력의 자격 및 운영 등에 필요한 사항은 대통령령으로 정한다.

	제10조 (진로 심리검사)	① 초 · 중등학교의 장은 학생이 소질과 적성을 이해하고 진로상담의 자료로 활용할 수 있도록 진로에 관한 심리검사(이하 "진로심리검사"라 한다)를 제공할 수 있다. ② 교육부장관은 학생의 발달 단계에 맞는 진로심리검사의 운영 기준을 제시할 수 있다.
	제11조 (진로상담)	① 초 · 중등학교의 장은 학생의 진로탐색 및 선택을 지원할 수 있도록 진로상담을 제공하여야 한다. ② 초 · 중등학교의 장은 학생의 진로에 관하여 해당 학생의 보호자로부터 의견을 들을 수 있다.
	제12조 (진로체험 교육 과정 편성 · 운영 등)	① 교육부장관과 교육감은 학생에게 다양한 진로체험의 기회를 제공할 수 있도록 교육과정을 편성하고 운영하여야 한다. ② 학교 교육과정 운영에 따른 진로체험 시간은 수업시간으로 본다. ③ 진로체험 교육과정의 편성 · 운영 및 수업 인정에 필요한 사항은 대통령령으로 정한다.
	제13조 (진로교육 집중 학년 · 학기제)	① 「초 · 중등교육법」 제24조에도 불구하고 교육감은 특정 학년 또는 학기를 정하여 진로체험 교육과정을 집중적으로 운영하는 진로교육 집중학년 · 학기제를 운영할 수 있다. ② 제1항에 따른 진로교육 집중학년 · 학기제의 운영에 필요한 사항은 대통령령으로 정한다.
제3장 대학의 진로교육	제14조 (대학의 진로 교육)	① 「고등교육법」 제2조에 따른 대학, 산업대학, 전문대학(이하 "대학"이라 한다)의 장은 진로교육을 실시할 수 있다. ② 교육부장관은 대학의 진로교육에 필요한 지원을 할 수 있다.
제4장 진로교육 지원	제15조 (국가진로 교육센터)	① 교육부장관은 진로교육 지원을 위하여 전담기관을 지정하여 진로교육센터(이하 "국가진로교육센터"라 한다)로 운영하고 그 업무 수행에 필요한 경비를 지원할 수 있다. ② 국가진로교육센터는 다음 각 호의 업무를 수행한다. 　　1. 진로교육의 목표 및 성취기준 개발 　　2. 진로정보망 구축 · 운영 　　3. 진로심리검사 개발 　　4. 진로상담 지원 　　5. 진로체험 프로그램 개발 　　6. 진로교육 콘텐츠 개발 　　7. 진로전담교사 교육 　　8. 진로교육 현황조사 및 평가 　　9. 진로교육에 관한 국제 교류 · 협력 　　10. 그 밖에 진로교육을 위하여 교육부장관이 요청하는 사항 ③ 국가진로교육센터의 지정 · 운영 및 지원에 필요한 사항은 교육부령으로 정한다.
	제16조 (지역진로 교육센터)	① 교육감은 국가진로교육센터와 연계하여 지역 실정에 맞는 진로정보 제공, 진로심리검사 및 진로상담 제공, 진로교육 콘텐츠 개발 · 보급, 진로체험 운영 · 지원 등을 수행하는 지역진로교육센터를 설치 · 운영하거나 전담기관을 지정하여 운영할 수 있다. ② 제1항에 따른 지역진로교육센터의 구성 · 운영 및 전담기관의 지정 등에 필요한 사항은 조례로 정한다.
	제17조 (지역진로 교육협의회)	① 교육감은 지역의 진로교육을 지원하고 자문하기 위하여 지방자치단체, 공공기관, 대학, 지역사회단체 등이 참여하는 지역진로교육협의회를 구성 · 운영할 수 있다. ② 지역진로교육협의회의 구성 · 운영 등에 필요한 사항은 시 · 도 조례로 정한다.

제18조 (진로체험 지원)	① 국가와 지방자치단체는 학생이 다양한 진로체험을 할 수 있도록 학교 및 학생에게 진로체험을 제공하는 법인·기관·단체 등(이하 "진로체험기관"이라 한다)에 행정적·재정적 지원을 할 수 있다. ② 국가와 지방자치단체는 진로체험기관을 발굴하고 이에 관한 정보를 제공하는 시스템을 구축하여야 한다. ③ 제1항에 따른 지원 및 제2항에 따른 정보제공 시스템의 구축·운영에 필요한 사항은 대통령령으로 정한다.
제19조 (교육기부 진로체험기관 인증)	① 교육부장관은 학생에게 무료로 진로체험 기회를 제공하는 진로체험기관을 교육기부 진로체험기관으로 인증할 수 있다. ② 교육부장관은 제1항에 따른 인증 권한을 교육감에게 위임할 수 있다. ③ 제1항에 따른 인증 기준·절차 등에 필요한 사항은 대통령령으로 정한다.
제20조 (협력체계 구축 등)	① 교육감은 대학의 장 및 지방자치단체의 장과 진로체험 등을 활성화하기 위한 협력체계를 구축하여야 한다. ② 지방자치단체의 장과 교육감은 진로체험 시설 등 진로교육과 관련된 시설 및 프로그램을 설치·운영하거나 지원할 수 있다.
제21조 (보호자 등의 참여)	① 교육부장관과 교육감은 학생의 보호자, 지역사회 인사, 졸업생 등이 학생에 대한 진로교육에 참여할 수 있도록 필요한 시책을 마련하여야 한다. ② 교육부장관과 교육감은 제1항에 따라 진로교육에 참여한 보호자 등에게 진로교육 설명회·연수 등을 제공할 수 있다.
제22조 (진로교육 콘텐츠)	① 교육부장관과 교육감은 진로교육에 필요한 다양한 콘텐츠를 개발하고 보급하여야 한다. ② 교육부장관은 특별시·광역시·특별자치시·도·특별자치도(이하 "시·도"라 한다)의 교육청, 교육 관련 연구소 등이 진로교육 콘텐츠를 개발·보급할 수 있도록 지원할 수 있다.
제23조 (시·도 교육청 진로교육 평가)	① 교육부장관은 시·도의 진로교육 발전을 위한 지원 및 시·도 간 진로교육 격차 완화 등을 위하여 시·도 교육청의 진로교육을 평가하고 그 결과에 따라 행정적·재정적 지원을 할 수 있다. ② 교육감은 제1항에 따른 평가를 위하여 자체평가를 실시할 수 있다. ③ 제1항의 평가에 필요한 사항은 대통령령으로 정한다.

부칙 〈제13336호, 2015.6.22.〉
이 법은 공포 후 6개월이 경과한 날부터 시행한다.

출처: 국가법령정보센터(http://www.law.go.kr)

과거에 비해 진로교육법에 기초한 국가 진로교육이 운영되는 획기적인 성장과 발전을 이루어 낸 현 시점에서 향후 국가 진로교육이 한 걸음 더 큰 도약을 하기 위하여 다음의 정책 이슈를 검토할 필요가 있다. 첫째, 평생학습 맥락에서 진로교육이 개인의 전생애적 관점을 포함하도록 내용과 형식에서의 변화를 시도해야 한다. 진로교육법으로 말미암아 초·중등단계 중심의 진로교육이 고등교육 단계로까지 그 외연을 확대한 것은 나름대로 의미를 지니고 있다. 하지만 한 개인의 평생학습 맥락에서 대학을 졸업한 성인, 직업전환자, 은퇴자 등을 포함하는 생애 전반에서 지속적인 진로개발을 지원하는 국가 진로교육의 방향 또한 포함되어야 한다. 둘째, 학령기 중심의 주된 국가 교육정책을 관할하는 교육부 테두리 안에서 실천되는 진로교육법이 아니라, 학령기를 넘어선 성인의 취업과 직업훈련의 종합적 정책을 관할하는 고용노동부 공공고용서비스(Public Employment Service)와의 상호 보완적 관점에서의 연계점을 강화하는 법적 조항이 포함되어야 한다. 셋째, 진로교육법이 부처 간의 벽을 넘어 대한민국 국민 모두가 더 좋은 품질의 진로교육을 받을 수 있도록 범부처적 진로지도 서비스의 상호 보완적이고 상호 호혜적인 연계 고리가 마련되어야 한다. 마지막으로 관련 법령의 영역별 세부 지침이 시행착오 없이 현장에 적용되기 위한 시행령의 정교화 작업과 이를 데이터로 생성·분석함으로써 수요자의 효과성과 공급자의 적합성을 지속적으로 쫓아가는 연구 노력이 요청된다.

6) 국가진로교육센터

R&D에 기초한 진로교육 정책 개발과 학교 현장 적용은 진로교육을 성장·발전시키는 주요 원동력이다. 진로교육법 제15조 제2항에 따르면, 교육부장관은 진로교육 지원을 위한 국가진로교육센터를 지정하고 10가지의 업무 수행을 해야 한다. 국가진로교육센터의 업무는 ① 진로교육 목표 및 성취기준 개발 ② 진로정보망 구축·운영 ③ 진로심리검사 개발 ④ 진로상담 지원 ⑤ 진로체험 프로그램 개발 ⑥ 진로교육 콘텐츠 개발 ⑦ 진로전담교사 교육 ⑧ 진로교육 현황조사 및 평가 ⑨ 진로교육에 관한 국제 교류·협력 ⑩ 그 밖에 진로교육을 위해 교육부장관이 요청하는 사항 등을 전담하도록 명시되었다. 진로교육법에 명시된 국가진로교육센터의 역할은 지난 1999년에 한국직업능력개발원에 설치된 진로정보센터(현 국가진로교육센터)가 담당해 왔다. 이곳에서는 진로교육의 R&D 역할은 물론 단위학교 진로교육의 실천력을 향상시키는 기능을 해 왔다.

앞으로 국가진로교육센터가 새롭게 지정되고 법에 명시된 역할을 충실히 수행하기 위해서는 다음의 정책적 이슈를 검토해야 한다. 첫째, 국가진로교육센터는 중앙부처, 시·도 교육청, 지역진로교육센터, 단위학교와의 수직적인 연계는 물론 지역 유관기관과의 수평적 연계의 구심점 역할을 담당한다. 둘째, 진학 또는 취업지도라는 이분법적 접근을 탈피해 미래 사회가 요구하는 창의적인 진로 개척자를 양성하기 위해서 국가가 지향하는 진로교육 목표와 내용체계에 적합한 진로교육 콘텐츠를 개발하고 이를 보급·확산하는 역할을 강화한다. 셋째, 학교급과 학생들의 특성에 기초한 학교 진로지도(상담)의 시범 모델을 지속적으로 개발하고 학교 현실 타당화 작업을 거쳐 지역과 단위학교가 효과적으로 재생산하고 효과적으로 활용할 수 있는 R&D의 리더십을 발휘한다. 넷째, 국가진로교육센터의 개설 이후, 이와 유사한 기관과의 역할 차별화 또는 협력적 관계 등에 대한 사전검토 등의 논의가 필요하다. 마지막으로 중앙 부처가 지정한 소속센터라는 태생적 한계를 극복하면서 대한민국 진로교육 전반의 R&D를 리드하는 중립적·객관적·전문적 역할을 강화해야 한다.

3 국가 진로교육의 발전 방향

앞으로 국가 진로교육의 비전은 대한민국 모든 국민의 진로개발을 지원하는 것이다. 이를 위한 목표는 국가 진로교육 활성화를 통해 국가 공공정책의 실현을 촉진하는 것이다. 해외 사례와 마찬가지로 교육·고용·복지 등의 공공정책의 핵심에 국가 진로교육의 성과가 녹아들어 국가 공공정책과 국가 진로교육 간의 생산성 있는 협력관계를 수립해야 한다. 이러한 목표를 달성하기 위해 다음의 3가지 전략이 필요하다. 첫째, 국가 진로교육에 대한 범부처 간의 협력화 둘째, 국가 진로교육센터와 지역 간의 긴밀한 연계화 셋째, 미래 노동시장 요구 관점의 국가 진로교육에 대한 R&D 활성화이다. 이는 청소년의 진로쏠림현상, 청년실업, 학교폭력 등과 같은 교육·사회의 현안 문제해결을

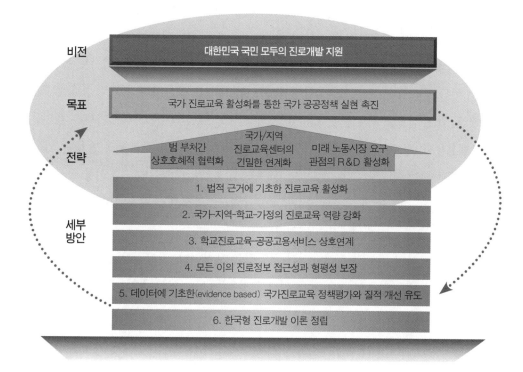

| 비전 | 대한민국 국민 모두의 진로개발 지원 |

그림 12-5 국가 진로교육 발전을 위한 비전 · 목표 · 전략 및 6대 세부 방안

위해 진로교육을 사후대처 방안으로 고려하는 것이 아니라 사전에 이러한 문제들이 발생되지 않도록 예방하고 변화무쌍한 노동시장의 요구와 변화를 미리 예측하고 탄력적으로 대응할 수 있는 역량에 중심을 둔 진로교육으로의 미래지향적 관점을 의미한다.

국가 진로교육 발전을 위한 향후 세부 방안은 크게 6가지로 요약된다.

첫째, 법적 근거에 기초한 진로교육의 활성화이다. 이를 위해 현재의 국가진로교육법의 세부적인 시행령 및 제도적 장치에 관한 깊이 있는 재검토 연구를 수행한다. 체계적이며 수준 높은 진로교육 실현을 위한 국가와 지역의 진로교육 주체, 내용, 역할, 책임, 업무, 행정 절차 등의 기준 등을 명료히 하고, 국가 진로교육 소비자의 진로교육 학습권리, 국가와 지역의 세부적 책무성, 진로지도서비스 수준 보장 등의 내용을 포함해야 한다.

둘째, '국가·지역·학교·가정'의 진로교육 이해관계자들의 진로교육 역량을 지원하는 것이다. 중앙부처의 정책 입안자, 지역 진로교육센터 담당자, 모든 학교급의 현교사(진로전담교사·담임·교사) 및 예비교원, 자녀의 진로지도를 위한 학부모 등을 대상으로 이들의 진로개발 전문성이 함양될 수 있는 체제를 강화한다.

셋째, 학교 진로교육과 공공고용서비스 간의 상호 보완적 관계에서 연계를 강화한다. 공공고용서비스는 학교 진로교육의 연장선상에서 성인이 국가로부터 받을 수 있는 일종의 진로지도서비스이므로, 학교 진로교육의 내용, 범위, 대상의 연장선상에서 공공고용서비스와의 상호연계 시스템을 구축하고 이를 효과적으로 활용하며 상호 보완할 수 있는 상호 호혜적 연계체제를 마련한다.

넷째, 모든 이의 진로정보 접근성과 형평성을 보장한다. 진로정보서비스에서 차별이 발생하지 않도록 접근성(accessibility)과 특정 집단을 소외하지 않는 형평성(equity)을 보장하는 것은 국가 공공정책의 핵심 요소이다. 따라서 지금까지 소외된 집단의 진로정보를 생성·보급·확산하며 이들에 대한 접근성이 확보될 수 있는 방향으로 나아간다.

다섯째, 국민 모두의 진로개발 성과에 대한 개인·학교·사회의 변화를 추적하는 데이터를 생성하고 축적한다. 국가 진로교육이 국가 공공정책의 가교로서의 역할을 담당하기 위해서 데이터에 근거한 증거(evidence only)를 통해 연차별 정책을 평가하고 질적인 개선을 유도한다. 단기 관점에서 양적으로 수량화된 정책 성과보다는 장기 관점에서 질적 성과를 모니터링할 수 있는 평가체제를 갖춘다.

여섯째, 한국형 진로개발 이론을 정립한다. 국가 진로교육에 관한 반성적 시각은 서구의 진로개발 이론에서 시작되어 접목된 우리나라 진로교육 현장과 맞지 않는 부분이다. 서구 진로개발 이론에 기초한 진로교육의 담론이 오늘날 한국적 상황에서 어떻게 작동되며 작동되지 않는 이유는 무엇인지 밝혀서 좀 더 발전된 형태의 한국형 진로개발 이론을 수립한다.

참고문헌

교육부(2015). 2015 학교 진로교육 목표와 성취기준. 한국직업능력개발원.

이지연(2005). 초·중등 진로교육의 실태 및 과제. **직업교육연구**, 24(3), 343-380.

이지연(2009). 교과통합 진로교육 이해, 공부가 참 재미있는 초등 교과통합 진로교육(pp. 1-16). 한국직업능력개발원.

이지연(2010). 입학사정관제와 연계한 진로교육 활성화 방안. 한국진로교육학회 추계학술대회 발표논문.

이지연(2012). 장기실업을 예방하는 상담 전략의 모색. **상담학 연구**, 제13권 제6호 통권 72호.

이지연 외(2015). **특수교육대상학생을 위한 전공과 운영 활성화 방안 연구.** 한국직업능력개발원.

임언, 정윤경, 최동선, 김나라, 장명희, 정연순, 장석민(2008). **교육과정과 연계된 진로교육 운영모델 구축(총괄보고서).** 한국직업능력개발원.

정윤경, 이지연, 이영대, 최동선, 김나라, 남미숙, 정영근, 장석민(2010). **교육과정과 연계된 진로교육 운영모델 구축(Ⅲ).** 한국직업능력개발원.

정윤경, 김나라, 서유정(2011). **직업체험 중심 진로교육 지원체제 연구.** 한국직업능력개발원.

정철영(2002). 진로교육 및 진로지도 운영 체제의 실태 및 개선방안. **진로교육연구**, 15(1), pp.1-28.

Brown, D.(1996). Brown's values-based, holistic model of career and life-role choices and satisfaction. *Career Choice and Development, 3*, pp.337-372.

Calhoun & Finch(1989). *Vocational Education: Concepts and Operations.* Wadsworth Inc..

Collard et al.(1996). *Career Resilience in a Changing Workplace.* Columbus: Eric Clearinghouse on Adult, Career, and Vocational Education(ED 396 191).

CEDEFOP(2004). *Guidance Policies in the Knowledge Society: Trends, Challenges, and Responses across Europe.* A CEDEFOP Synthesis Report.

OECD(2004). *Career Guidance and Public Policy: Bridging the Gap.* Paris: OECD.

찾아보기

저자 소개

김봉환

서울대학교 교육학과 박사(상담교육)

(전) 한국진로교육학회 회장

(전) 한국생애개발상담연구회 회장

(전) 교육부 정책자문위원

숙명여자대학교 교육학부 교수

김은희

숙명여자대학교 교육학과 박사(상담 및 교육심리)

(전) 사단법인 한국카운슬러협회 사무총장

(전) 수원여자대학교 학생상담센터 전임상담연구원

숙명여자대학교, 고려대학교 강사

김은희진로&심리상담연구소 소장

김효원

숙명여자대학교 교육학과 박사(교육심리 및 상담)

(전) 한국교육개발원 부연구위원대우

(전) 삼육대학교 특임교수

송원대학교 유아교육과 교수

문승태

건국대학교 대학원 박사(교육심리)

(전) 천안제일고등학교 등 교사

(전) 순천대학교 인력개발원장

(전) 교육부 진로교육정책과장

순천대학교 농업교육학과 교수

방혜진

숙명여자대학교 교육학과 박사수료(상담 및 생활지도)

(전) 고용노동부 성남지청 전임직업상담원

(전) 대림대학 강사

한국직업능력연구원 국가진로교육연구센터 전문연구원

이지연

오하이오 주립대학교 박사(진로교육)

(전) 교육부 정책자문위원

(전) 한국진로교육학회 학회장

(전) 한국직업능력개발원 진로직업정보센터장

한국직업능력연구원 선임연구원

조붕환

홍익대학교 교육학과 박사(교육상담)

(전) 서울양명초등학교 등 교사

(전) 공주교육대학교 기획연구처장

(전) 한국초등상담교육학회 회장

공주교육대학교 교육학과 명예교수

허은영

한국기술교육대학교 인력개발대학원 박사(진로 및 직업 상담)

(전) 커리어넷 사이버상담 교사

(전) 서울교육연구정보원 진로상담 교사

신남중학교 수석교사